educated

Tara
Westover

educated

Tara
Westover

泰拉・維斯托 TARA WESTOVER 著——————林師祺 譯

垃圾場長大的自學人生

從社會邊緣到劍橋博士的**震撼教育**

愛視界 010

垃圾場長大的自學人生：從社會邊緣到劍橋博士的震撼教育
Educated

作　　者　泰拉・維斯托 Tara Westover
譯　　者　林師祺
出 版 者　愛米粒出版有限公司
地　　址　台北市10445中山北路二段26巷2號2樓
編輯部專線　（02）25622159
傳　　真　（02）25818761

如果您對本書或本出版公司有任何意見，歡迎來電

總 編 輯　莊靜君
特約編輯　洪雅雯
行政編輯　曾于珊
校　　對　金文蕙、葉懿慧
印　　刷　上好印刷股份有限公司
電　　話　（04）23150280
初　　版　二〇一九年（民108）五月一日
六　　刷　二〇二一年（民110）一月十五日
定　　價　450元
總 經 銷　知己圖書股份有限公司　郵政劃撥：15060393
（台北公司）台北市106辛亥路一段30號9樓
電話：（02）23672044／23672047
傳真：（02）23635741
（台中公司）台中市407工業30路1號
電話：（04）23595819
傳真：（04）23595493
法律顧問　陳思成
國際書碼　ISBN：978-986-97203-5-9　CIP：528.1/108003343

愛米粒出版有限公司
Emily Publishing Company, Ltd.

獻給
泰勒

for tyler

目錄

往事之所以美好，乃是因為我們在當下無法體悟內心的感受。總要等到日後，情緒才能一一攤陳，所以我們無法完整地品味此時此刻，只能細細感受過去。

——維吉妮亞．吳爾芙（Virginia Woolf）

我終於相信，我們必須將教育視為持續重新建構經驗，而且教育的過程與目標毫無二致。

——約翰．杜威[1]（John Dewey）

1 John Dewey（一八五九—一九五二），美國哲學家和教育家，為美國實用主義哲學的重要代表人物。

自序

這本書不是摩門教的故事，也不講述任何宗教信仰。書裡提到各式各樣的人，有些是信徒，有些不是；有些很善良，有些不善良。作者不認為兩者之間有任何正相關或負相關。

以下根據字母順序列出書中化名：艾倫、奧黛莉、班哲明、愛蜜莉、艾琳、費兒、金恩、茱蒂、彼得、羅柏、羅蘋、莎蒂、珊儂、翔恩、蘇珊、凡妮莎。

前言

我站在穀倉旁邊的廢棄紅色火車廂上。風吹得頭髮遮住我的臉龐，寒意灌進上衣領口。山邊這裡的風勢很強，彷彿山岳本身會呼氣。底下的河谷一片祥和靜謐。此時此刻，我們的牧場舞動著：在氣流轉變之間，沉重的松樹緩緩搖擺，山艾樹和薊草顫巍巍地倒向地面。我背後的山坡和緩地往上延伸，漸漸交織到整片山脈中。只要抬頭，就能看到印地安公主的黝黑輪廓。

丘陵上遍布野麥。如果松樹和山艾樹表演的是單人舞，麥田就是芭蕾舞團，強風吹過金色麥穗時，麥稈的動作如出一轍，好比千百萬個芭蕾舞孃逐一彎腰。風在麥浪上吹出的凹痕只持續一會兒，如果風有清晰可見的形體，大概就是如此這般。

我轉向山坡上的家，看到不一樣的動靜，幾個高大的影子僵硬地逆風前進，那是起床的哥哥們出門探測天氣。我想像母親站在爐子前，忙著做麥麩煎餅。我想像父親駝背站在後門邊，綁好工作靴的鞋帶，將長滿繭的雙手套進焊接手套。山腳有部校車開過，卻沒停車。

這時我只有七歲，但我知道我們家之所以和別人不同，就是因為這一點，其他理由都不足以相提並論，那就是我們沒上學。

爸爸擔心政府會逼我們上學，結果不然，因為政府根本不知道我們的存在。爸媽的七個孩子中有四個都沒有出生證明，也沒有就醫紀錄，因爲我們在家出生，從沒看過醫生或護士。學校沒有我們的紀錄，因爲我們從沒進過教室。九歲時，我會拿到補發出生證，但是就愛達荷州與聯邦政府而言，目前我並不存在。

世界上**當然**有我這個人，我從小就準備迎接「大災難的日子」[2]，等著太陽黯淡不明，等著月亮滲出血光。每年夏天，我醃水蜜桃，冬天就盤點補給品。一旦末日來臨，我們一家仍舊平安無事。

我按著山岳的節奏學習，這些節奏中的改變向來不重要，只是周而復始。同一個太陽每天早上都升起，掠過溪谷，落在山頂後方。冬天落下的冰雪總在春季融化。我們的生活就是一個周期，日復一日，春去秋來。這些不間斷的改變循環往復，繞完一整圈之後又回到原點，什麼也沒變。我深信我們一家是天行健，所以也會生生不息。然而永存不朽的只有山岳。

父親對我們說過山頂的故事。這座山峰壁立千仞，高聳參天。整片山脈千岩萬壑，許多山嶺壯麗陡峭不在話下，但巴克峰猶如鬼斧神工之作。山腳約莫一哩寬，蓊鬱山岳拔地而起，彷彿對稱無瑕的尖塔。遠觀山壁就能看到彷若女子的身形，雙腿是壯闊的溝壑，北峰的松柏是她的秀髮。女子英姿颯颯，一腳豪邁地往前叉，猶如邁開大步。

父親稱她「印地安公主」，每年開始融雪時，她就會現身，望著南方的野牛回到山谷。他說游牧的印地安人看到她出現，就知道寒冬結束，春天降臨，他們可以回家了。

父親的故事都和我們的山岳、溪谷，或愛達荷州居處附近的方寸之地有關。倘若我離開這座山，倘若我跨海前往其他洲陸，置身陌生國度，倘若我再也看不到公主，到時我該怎麼辦，他卻隻字未提。屆時哪個蛛絲馬跡可以提醒我返鄉，他從未告訴我。

2 Day of Abomination，即 Abomination of Desolation。

第一部
PART ONE

第一章／擇善

我最深刻的記憶不是回憶，而是我的想像，只是我後來當它眞實發生過。之所以有那個記憶是父親鉅細靡遺講述一個故事，當時即將進入六歲的我，和哥哥姊姊各自建構出栩栩如生的畫面，其中摻雜著槍聲、叫喊。我的版本有蟋蟀聲，因爲我們一家擠在關了燈的廚房，躲避屋外眾多聯邦探員，那時傳來蟋蟀聲。有個女人伸手取水，背後還映著月光。槍聲的回音彷彿皮鞭落地，她也應聲倒下。記憶中，倒下的永遠是母親，懷裡還抱著一個寶寶。

寶寶的出現一點也不合理，因爲我是她七個子女中的老么。但我說過，這件事情從未發生。

父親敘述這個故事的一年後，某天晚上，我們坐在一起聽他讀關於以馬內利的預言，也就是《以賽亞書》。他坐在芥末色沙發上，腿上攤著一本巨大的《聖經》。母親坐在他身邊，我們小孩席地坐在粗糙的棕色地毯上。

「他必吃奶油與蜂蜜，」爸爸的聲音低沉、單調，因爲拖了一整天廢鐵，已經疲累不堪。「因爲他已經曉得棄惡擇善[1]。」

他停下來，氣氛凝重。我們都安靜坐著。

父親不高，卻能震懾全場。他有領袖風範，具備智者的莊嚴威儀。雙手厚實、強韌，因爲一生都辛苦工作，此時這雙手牢牢地握著《聖經》。

他又大聲唸出這段，接著唸了第三次、第四次。每唸一次，語調越高亢。這時疲倦到腫脹的眼睛睜得又大、又警醒。他說，這段隱含神的啓示，他要請教主。

隔天早晨，爸清空冰箱裡的牛奶、優格、起司，晚上回家時，卡車載了五十加侖的蜂蜜。

「以賽亞沒說奶油或蜂蜜，哪個好哪個不好，」哥哥們把白色桶子搬到地下室時，爸爸咧嘴笑。「不過只要你問了，主就會告訴你！」

爸唸這節給奶奶聽時，她當面譏笑他。「我皮包裡還有些銅板，」她說：「你拿去吧，因爲你的常識就只值這幾毛。」

奶奶面容消瘦、有稜有角，細瘦的脖子和手指總是戴著成堆的印地安假珠寶，又是銀飾又是綠松石。因爲她住在山腳高速公路附近，我們管她叫「山下的祖母」。這是爲了區別外婆，也就是「鎮上的外祖母」，因爲她住在十五哩外的南邊，郡裡唯一的小鎮，那裡有一個紅綠燈和一間雜貨店。

爸爸和他媽水火不容。他們可以談上一週，卻沒有一件事能取得共識，但兩人都熱愛這片山脈。父親家族定居巴克峰山腳已經一世紀，幾個姑姑結婚後都搬走，爸爸留下來，在母

1 出自《以賽亞書》（*Isaiah*）第七章第十五節。由先知以賽亞執筆。《以賽亞書》的中心思想乃是：基督是神在人性裡成為肉體，來作人的救主，使神所造而墮落的全宇宙，得以復興並終極完成為新天新地，直到永遠。

親家的山上蓋了簡陋的黃色房屋，而且一輩子都沒蓋完，其中一座廢鐵場更是硬生生矗立在她修剪整齊的草皮邊。

他們每天吵架，不光爲了那堆亂七八糟的垃圾，更常因爲我們這幾個孩子而意見不合。奶奶認爲我們應該去上學，而不是「像野人一樣在山上遊蕩」。爸說政府用公立學校引誘小朋友遠離主。「要我把孩子送到那間學校，不如直接把他們交給魔鬼算了。」

上帝要爸爸與巴克峰附近的農民分享天啓。每週日，幾乎所有人都會上教堂，那是高速公路邊一座核桃木色小教堂，有著摩門教教會常見的小小尖塔。每家的父親離開座位時，爸爸就集合他們。他先點名他堂弟吉姆，爸爸揮舞著《聖經》，敘述牛奶有多罪孽時，他耐著性子聽完。接著便拍拍爸的肩膀，說公正的上帝才不會剝奪人們在仲夏午後，享受一球手工草莓冰淇淋的樂趣。吉姆的太太用力拉他胳膊，他走過我們身邊時，我聞到一絲糞肥的味道。這時我才想起：吉姆在巴克峰北方一哩外有座酪農場。

爸爸到處阻止親友喝牛乳之後，奶奶在冰箱裡塞滿牛奶。她和爺爺只喝脫脂牛奶，卻買了各式各樣的乳製品，如百分之二脂肪含量的鮮奶、全脂牛奶，甚至還買了巧克力奶。她似乎認爲有必要買齊全系列。

早餐就是考驗我們的忠誠度。每天早晨，我們全家坐在改裝過的紅橡木大餐桌邊，不是吃七穀麥片搭配蜂蜜和糖蜜[2]，就是吃七穀鬆餅，同樣搭配蜂蜜和糖蜜。因爲我們全家有九人，鬆餅總是草草煎過。如果能用牛奶徹底浸泡，我不介意吃麥片。但自從爸爸得到天啓之後，我們就只能用水泡麥片，簡直就像吃下整碗泥巴。

我很快就想到奶奶冰箱裡放到過期的牛奶。所以我每天早上都不吃早餐，直接進馬廄。餵完豬，接著在乳牛和馬兒的水槽倒水，我便跳過畜欄，繞過馬廄，穿進奶奶家的側門。

一天早晨，我坐在流理台上看奶奶倒玉米片，她說：「妳想上學嗎？」

「我一定不喜歡。」我說。

「妳怎麼知道？」她嚴厲叱責。「妳又沒去過。」

她倒了牛奶之後將碗遞給我，就坐在我對面的吧檯邊，看著我大口舀進嘴裡。

「我們明天要去亞利桑那。」她說，其實我早就知道。每當天氣轉涼，她和爺爺就會去亞利桑那。爺爺說他已經太老，受不了愛達荷州的冬天，酷寒會害他骨頭痛。「明天早早起床，」奶奶說：「大概五點。我們帶妳一起走，幫妳註冊上學。」

我重新在凳子上坐好。我努力想像學校的畫面，卻沒概念，只能想到主日學，雖然每週都得去，但我不喜歡。有個男孩艾倫告訴所有女生，說我不識字，因爲我沒上學，這下沒有女生願意和我說話。

「爸爸說我可以去？」

「沒有，」奶奶說：「但是他發現妳不見時，我們早就開很遠了。」她將碗放進水槽，

---

2 molasses，蔗糖的副產品，原料是甘蔗汁。甘蔗原汁煮沸濃縮會結成糖塊，經過三次煮沸濃縮所餘的黑色黏液即糖蜜。味道微苦，富含維生素及礦物質。

望向窗外。

奶奶很強勢，沒什麼耐性、好鬥、自信十足。要將她整個人收進眼裡，還得往後退一步。她將頭髮染成黑色，五官看起來更嚴峻，每天早上還特地畫出兩條粗黑的眉毛。她畫得太寬，臉孔似乎被拉長，也畫得太高，表情彷彿了無可戀，幾乎帶點挖苦嘲諷。

「妳應該上學。」她說。

「爸不會逼妳送我回來嗎？」

「妳爸才逼不了我。」奶奶起立站挺。「他要妳回來，就得親自去接妳。」她遲疑了一下，似乎略顯羞愧。「我昨天和他談過，他會有很長一段時間都沒辦法去找妳。他幫鎮上蓋的那間儲藏室進度落後，也沒辦法說去亞利桑那就去，因爲他和妳哥哥要趁沒下雪前趕快工作。」

奶奶的計畫天衣無縫。初雪之前，爸爸一定日出而作，日落而息，努力回收廢鐵、幫人蓋穀倉攢錢，因爲冬天就沒有零工可打。就算他母親帶著么女逃家，除非堆高機徹底結冰，否則他也無法放下工作。

「離開之前，我必須先餵牲口。」我說：「如果牛衝出來找水，他一定會發現我不見了。」

那晚，我徹夜未眠。坐在廚房地上，等著時間一分一秒過去。凌晨一點、兩點、三點。四點，我站起來，穿上放在後門邊的靴子。靴子沾滿結塊的牛糞，奶奶絕對不會讓這雙鞋上她的車。我想像靴子孤零零地擱在門廊上，我赤腳前往亞利桑那。

我開始想像家裡發現我失蹤之後的景象。哥哥理查和我通常整天在山間遊蕩，所以大家可能不會發現，除非理查回家吃飯，我卻不見蹤影。我想像哥哥出門找我。他們一定會先去廢鐵場，翻開鐵板，確定不是突然掉落的金屬砸中我。接著他們會往農莊去，爬上樹頂或進穀倉閣樓找人。最後才會進山林。

那時早過了黃昏，夜幕低垂，景色昏黑，與其用眼睛看，不如用五感體驗周遭的世界更敏銳。我想像哥哥們分頭進入山區，搜索烏漆墨黑的森林。沒有人開口，大家想的都是同一件事。山區危險四伏，一個轉身就是峭壁懸崖。爺爺放養的野馬在茂密的毒芹叢中狂奔，溪畔更不乏響尾蛇，以前我們進山林裡找過走失的小牛。在溪谷之間可以找到受傷的牲口，在山林之間迷路便必死無疑。

我想像爸爸回家告訴媽媽說他們沒找到我，她則站在後門，視線掃過黑暗的山脊。姊姊奧黛莉會建議大家去找奶奶，媽會說奶奶當天早上已經出發去亞利桑那。那句話可能久久迴盪不去，大家就知道我的下落了。我想像爸爸的臉，深色瞳孔縮小，不悅地拉緊嘴角，轉向我母親。「妳覺得她想跟去？」

他低沉、哀傷的聲音在屋裡迴盪，繼而淹沒在虛構回憶的聲音中，先是蟋蟀聲，接著是槍響，最後一片寂靜。

後來我才曉得那是大事，好比「傷膝河大屠殺」[3]或「韋科慘案」[4]。但是父親第一次提起時，彷彿全世界只有我們一家知道。

當時裝罐季節進入尾聲，也就是其他孩子口中的「夏季」。我們家總是趁天氣暖和時醃製水果保存，因爲爸爸說「大災難的日子」就派得上用場。某天，爸爸從廢鐵場回來，神色不安。晚餐時，他在廚房踱步，幾乎一口也沒吃。爸說，我們必須準備妥當，時間不多了。

隔天，我們忙著將桃子煮沸、剝皮。天黑時，我們已經裝了好幾個廣口瓶，剛從壓力鍋拿出來的瓶子排得整整齊齊。爸爸監督我們趕工，邊數瓶子邊喃喃自語，然後轉向母親說：「不夠。」

當天晚上爸爸便召開家庭會議，我們圍在餐桌邊，因爲桌子夠大夠寬，坐得下所有人。他說我們有權利知道自己要對抗的敵人。他站在餐桌一端，其他人坐在長凳上，盯著紅橡木桌面的紋理。

「附近有戶人家，」爸爸說：「是自由人權鬥士。他們不肯送孩子到公立學校給政府洗腦，所以聯邦探員來抓人。」爸爸長長嘆一口氣。「政府包圍小木屋好幾個星期，有個飢餓的小男孩想溜出來打獵，探員開槍殺死他。」

我打量幾個哥哥們，路克露出我前所未見的害怕神情。

「他們還困在小屋裡，」爸說：「不開燈，在地上爬行，遠離門窗。我不知道他們儲存多少食物，可能會在探員放棄前就先餓死。」

沒有人開口，最後當時十二歲的路克問我們是否幫得上忙。「沒辦法，」爸說：「誰也幫不上。他們困在自己家裡。不過他們有槍，所以探員才不敢衝進去。」他歎口氣，緩慢、僵硬地坐到矮凳上。在我看來，他又老又累。「我們幫不了他們，但是救得了自己。等聯邦探員來巴克峰，我們已經準備妥當。」

那天晚上，爸從地下室拖出一堆軍隊舊背包，他說「上山」要用到。我們趕緊放進必需品，如草藥、淨水器、打火石和鋼製品。爸還買了一大堆野戰口糧，我們拚命塞進背包，到時如果要棄屋逃進溪邊的梅樹林，就吃這些食物度日。幾個哥哥還帶了槍，但我只有一把小刀，而且我整理完之後，背包幾乎和我一樣大。我請路克幫忙把包包抬到衣櫃架子上，但是爸爸要我放在低處，到時才能迅速揹上，最後包包就放在我的床上。

我練習揹上包包奔跑，因爲我想跟上大家。我想像全家半夜逃到「公主」安全的懷中，在我看來，山林是我們的盟友。「公主」照顧熟悉地形的當地人，對陌生人而言卻十分險峻，因此我們占上風。但是既然要逃進山裡，我不懂我們何必醃桃子。我們不可能拖著奇重無比的玻璃罐登山，難道我們要像韋佛家[5]一樣，躲在屋裡抗爭？

3 Wounded Knee，發生於一八九〇年十二月二十九日的美國南達科塔州。美國上校率領五百騎兵屠殺印地安人，其中包括手無寸鐵的婦孺。

4 Waco，美國菸酒槍砲及爆裂物管理局在德州韋科大衛教牧場執行搜索令，導致七十六人喪生。

5 這是所謂的紅寶崖事變（Ruby Ridge Incident）。一九九二年，Randy Weaver 一家與朋友在愛達荷州北部與聯邦探員發生對峙，導致兒子、妻子與一名法警喪命。起因是聯邦政府以為韋佛一家寫恐嚇信給總統。

留守對峙似乎有可能，尤其幾天後爸爸帶回十幾把軍用來福槍，多數是SKS半自動步槍，刺刀就俐落地折在槍管下。這些槍都放在窄窄的錫盒裡，外面裹著「柯斯莫林」[6]，這是質地類似豬油的棕色物質，使用前必須先剝掉。清除之後，哥哥泰勒選好一把，用黑色塑膠袋裹好，再纏上銀色膠布。他扛在肩上下山，丟在紅色火車廂旁，然後開始挖洞。他挖得夠大夠深之後，才把來福槍丟進去。我看他用泥土鋪蓋，肌肉隨著動作起伏，從頭到尾都閉著嘴。

沒多久，爸就買了一個可將用過的彈殼改成子彈的機器。他說，這下我們被圍攻時可以撐更久了。我想到放在床上的「上山」背包和埋在車廂附近的槍，便擔心起這部製造子彈的機器。機器笨重，而且拴在地下室的工作站。如果政府發動奇襲，我們大概沒時間去搬，也許應該把機器和來福槍埋在一起。

我們不斷醃桃子，爸爸補充事件後續時，我已經不記得過了幾天、裝了多少罐。

「藍迪·韋佛中彈，」爸的聲音微弱、古怪。「他到屋外查看兒子的屍體，聯邦探員對他開槍。」我從未看過父親哭，現在他臉上卻掛著兩行眼淚。他沒擦掉，任憑淚水流到衣服上。「他的妻子聽到槍聲後衝到窗邊，懷裡還抱著一個嬰兒，對方又開槍了。」

媽媽本來抱胸坐著，這時一手放在胸口，一手摀住嘴巴。爸爸說人們抱開寶寶時，她的臉還沾著母親的血，我只能盯著斑駁的油布地板。

在那之前，有一部分的我**希望**聯邦探員殺來，巴不得親自體驗這種刺激。現在我真心覺得恐懼，想像幾個哥哥摸黑匍匐前進，汗涔涔的雙手握著來福槍。我想像母親又累又渴地離開窗邊，我一動也不動地躺著，豎起耳朵聽野外蟋蟀唧唧叫。一道白色閃光、一聲槍響，她應聲倒地，我跳起來接住嬰兒。

爸爸始終沒告訴我們事件結局。我們沒有電視或收音機，也許他自己都不曉得。我記得他對那件事的結語是：「下次可能就是我們。」

我久久無法忘懷那些字句；有時蟋蟀鳴叫、桃子落入罐子、半自動步槍發出金屬撞擊聲時，還能聽到那句話的回音。早上，每當我經過火車廂，在泰勒埋來福槍的繁縷草叢與茂密異薊之間駐足時，就會聽到那句話。後來爸爸早忘記以賽亞的啓示，母親又開始將塑膠牛奶瓶放進冰箱，我卻沒忘記韋佛一家。

時間將近凌晨五點。

我回到房間，腦袋裡都是蟋蟀和槍聲。下層床鋪的奧黛莉正在打呼，怡然自得的低鳴聲慫恿我一起加入。我逕自爬上床，盤腿看著窗外。五點過了，接著是六點。七點時，我看到奶奶出現，在陽台上來回踱步，每隔一會兒就往山上我們家的方向瞧。後來她和爺爺上車，開上高速公路。

車子開走之後，我下床，喝水配麥麩。出門走向穀倉途中，路克的山羊「神風特攻隊」過來輕咬我的上衣，我經過理查用舊除草機改裝的卡丁車。我餵豬，在水槽添水，將爺爺的

---

6 Cosmoline，防腐潤滑油。

馬兒趕到另一片草地。

做完這些工作，我爬上火車廂，望向河谷對岸。幻想飛快奔馳的火車將河谷遠遠拋在後頭並不難，我一作這個白日夢就能發呆好幾個小時，今天卻怎麼樣也無法想像。我不看東方的草地，轉而望向西邊的山峰。

「公主」的身影在春季最明顯，那時松柏剛從雪地鑽出，深綠色的針葉在黃褐色土壤與樹皮襯托下幾乎是一片墨黑。現在已經入秋，我還看得到她，只是越來越模糊，夏末的紅、黃枯葉遮蔽她的深色輪廓。很快就要下雪，河谷的初雪會融化，但山上的白雪會淹沒「公主」。隔年春季，她才會再度現身，眼觀四方。

第二章／產婆

「妳有金盞花嗎？」產婆說：「我還需要半邊蓮和金縷梅。」

她坐在流理台看母親在三夾板櫃子裡翻找，有個電子秤就放在她們兩人之間，母親有時拿來秤草藥。那是春天，儘管陽光燦爛，早晨依舊寒意逼人。

「我上週剛做了一批金盞花。」母親說：「泰拉，趕快去幫我拿。」

母親將我取來的酊劑[7]和藥草一起放進塑膠袋。「還要什麼嗎？」母親笑著問，拔高的聲音顯露緊張情緒。產婆讓她心生畏懼，而母親一旦被嚇到，整個人就像失去重心，產婆每個緩慢、篤定的動作，都會惹得她像無頭蒼蠅般慌張。

產婆檢查清單。「這樣就夠了。」

將近五十歲的產婆身形矮胖，育有十一個子女，下巴長了一顆黃褐色的疣。我沒見過有人的頭髮比她長，她解開緊實的髮髻時，長髮便傾瀉到膝蓋，髮色猶如田鼠。她的五官輪廓分明，低沉的聲音帶著權威性。她沒有助產士執照或證書，能當產婆純粹因爲她自認有能力，這一點最重要。

7 以酒精為溶劑，萃取花草、果皮等有效成分，做法類似浸泡油。

母親計畫當她的助理。我記得第一次看到她們，就暗暗比較兩人的差異。母親皮膚柔嫩，波浪狀的鬈髮在肩膀上彈跳著，眼皮閃爍著眼影。她每天早上化妝，如果沒時間打理，她會忙不迭地道歉，彷彿不化妝造成我們的不便。

產婆似乎十年沒注重過外表，舉止態度更讓人覺得打理儀容是蠢事。

產婆點頭說再見，兩手提滿母親的藥草。

下次產婆帶著她女兒瑪莉亞一起來。九歲小女孩站在她母親身旁，纖瘦的身子揹著一個寶寶，一舉一動都模仿產婆。我滿懷希望地盯著她。除了奧黛莉之外，她是我第一個見到沒上學的女孩。我默默接近，希望吸引她的注意，但她全神貫注聽她母親說話，產婆正在解釋服用益母草治療產後收縮的原理。瑪莉亞連連點頭，目光始終停留在她母親臉上。

我獨自疲憊地穿過走廊回房間，正要轉身關門，就看到她站在門口，寶寶依舊揹在身上。小男嬰胖嘟嘟，她被壓得上半身都往前彎。

「妳會去嗎？」她說。

我聽不懂她的問題。

「我每次都去。」她說：「妳現場看過嬰兒出生嗎？」

「沒有。」

「我看過很多次。妳知道寶寶胎位不正是什麼意思嗎？」

「不知道。」我的語氣有點不好意思。

母親第一次幫忙接生就兩天沒回家。從後門進屋時，臉色蒼白得幾乎透明，慢慢走到沙發邊，不住發抖。「好可怕，」她輕聲說：「就連茱蒂都說怕。」母親閉上眼睛。「但是她**看起來**不像。」

媽媽休息了幾分鐘才恢復血色，娓娓道出來龍去脈。產婦經歷了痛苦的長時間陣痛，寶寶終於出生時，產婦的傷口嚴重撕裂，血流滿地而且遲遲不止。這時母親才發現臍帶纏住新生兒的喉嚨，他全身發紫、毫無動靜，母親以爲他已經沒命。她敘述這些細節時，面孔蒼白無血色，最後才坐下，兩手環抱自己身子。

奧黛莉泡了菊花茶，我們扶母親上床。當晚爸爸回家，母親又說了同樣的故事。「我做不來，」她說：「茱蒂可以，但我沒辦法。」爸爸一手環抱她的肩膀。「這是上帝指派的任務，」他說：「有時主的要求不容易達到。」

母親不想當產婆，這是爸的主意，才能幫助他完成自給自足大業。他最痛恨我們仰賴政府，總說有朝一日要徹底擺脫公共設施。只要存夠錢，他計畫安裝水管接山泉水，然後在牧場四處裝太陽能面板。等到世界末日來臨，我們不缺水、電，其他人就只能喝泥漿，生活在漆黑中。母親會製作草藥，就能照顧我們的健康，只要再學會接生，孫子出生時就能幫上忙。

母親第一次幫忙接生幾天後，產婆來家裡，那次她也帶了女兒。瑪莉亞又跟我回房間。

「妳媽第一次就碰上那麼糟糕的狀況眞可憐，」她笑著說：「下一個一定比較輕鬆。」

幾週後便有機會測試這個預言。當時是午夜，因爲我們家沒有電話，產婆只好打去山下祖母家。披掛著許多首飾的老人家步行上山，疲憊地大叫，說媽媽該去「玩醫生家家酒了」。她沒待幾分鐘，全家都被她吵醒。「爲什麼你們不能像我或其他人一樣去醫院？」她咆哮之後，摔門離開。

母親拿了過夜的背包與裝滿深色酊劑的收納箱，緩緩走出門。我很著急，睡得很差，母親隔天早上回來時頭髮蓬亂、眼睛下出現黑眼圈，但臉上掛著燦爛微笑。「是個女孩。」她說，然後上床睡了一整天。

這種情況持續了好幾個月。母親隨時都可能出門，回家時全身顫抖，慶幸一切都結束了。到了枯葉紛飛的季節時，她已經接生過十幾個寶寶。冬末，她已經有幾十次的經驗。隔年春天，她告訴父親，她學夠了，以後有必要或世界末日到臨，她也有能力接生。所以她不要再去了。

她說這句話時，父親臉色一沉。他提醒她，這是神的旨意，我們一家也能因此蒙福。「妳需要當產婆，」他說：「妳必須獨力接生。」

母親搖頭。「我辦不到。」她說：「況且大家可以雇用茱蒂，何必找我？」

這句話招來厄運，她這是挑戰上帝。沒多久，瑪莉亞告訴我，她父親在懷俄明州找到新工作。「媽說妳母親應該接手。」瑪莉亞說。我的腦海浮現一個刺激的畫面，我想像自己就像瑪莉亞，是自信又知識淵博的產婆女兒。但是我轉身看站在旁邊的母親，想像立刻幻滅。

愛達荷州的產婆並不合法，沒有政府核准許可，也未受任何培訓。所以接生過程如果出問題，產婆可能會因爲非法行醫遭到指控；要是問題**非常**嚴重，她可能會被告過失殺人，甚至得坐牢。沒有幾個女人願意冒險，所以產婆人數稀少。茱蒂搬去懷俄明州之後，百哩之內只有母親一個產婆。

身懷六甲的婦人找上門，哀求母親幫忙接生，母親光想到後果就不寒而慄。有個女人坐在我們褪色的黃沙發上，垂著眼解釋她丈夫出遠門工作，他們沒有錢上醫院。母親默默地坐著，目光灼灼，抿緊嘴巴，表情瞬間變得堅定。但那也只是浮光掠影，她很快就會小小聲地說：「我不是產婆，只當過助理。」

那名孕婦來了好幾次，每次都坐在沙發上描述前幾次生產有多快速。每當爸從廢鐵場看到那女人的車子，就會悄悄回家，從後門進屋，假裝找水喝。然後在廚房慢慢喝水，豎起耳朵聽客廳的對話。那女人一走，爸爸幾乎無法按捺興奮之情，所以媽媽後來就舉白旗投降，原因不是因爲那個孕婦太無助，是因爲爸爸太興高采烈，也可能是兩者兼具。

那次接生很順利。那個女人有個孕婦朋友，母親也幫她接生，那個女人又有另一個朋友，後來母親雇了助理。沒過多久，因爲媽常去接生，她只好載著奧黛莉和我在河谷裡奔波。我們兩姊妹看她幫人做產前檢查、開草藥。因爲我們沒機會在家上課，她開始教起從未教授我們的知識。她解釋每種藥方和緩和劑，如果某某某的血壓太高，就該用山楂強化膠原質、擴大心血管。如果某太太過早宮縮，就泡薑水澡，提高子宮的供氧量。

成爲產婆之後，母親也變了。母親是育有七名子女的成年人，但這肯定是她這生頭一次發號施令。她接生過後那幾天，有時篤定轉頭或專橫地挑眉時，我會看到如同茱蒂的威嚴氣度。她不再化妝，也不再因爲不化妝而道歉。

母親每次接生收費五百美元，這也是這份工作改變她的原因，她手邊突然有錢了。爸認爲女人不應該工作，但他可能覺得母親接生賺錢並無不妥，因爲這也是給政府一點顏色瞧瞧，況且我們也需要錢。在我認識的人當中，爸爸工作最勤奮，但是撿廢鐵、蓋穀倉和倉庫賺得並不多，母親可以用皮包裡裝小鈔的信封袋買日用品，對家裡經濟不無小補。如果我們整天在河谷間穿梭，忙著送藥草、做產前檢查，媽媽有時候會用那些錢帶我和奧黛莉出門吃飯。鎮上的外祖母曾送我一本粉紅色的筆記本，封面有隻棕色泰迪熊，我在本子上寫著母親第一次帶我們上餐廳：「好漂亮、有菜單等等。」根據那天的紀錄，我點的那一餐要價三塊三美元。

媽媽也用那些錢改良接生技術。她買了氧氣筒，以防寶寶出生時無法呼吸。她還去學縫合，才能幫助產道嚴重撕裂的產婦。茱蒂打發產婦去醫院縫合，母親卻決定自己來。我猜，她的心態是要做到**自立自強**。

母親用剩餘的收入裝了電話。有一天來了一部白色廂型車，幾個穿深色連身褲的男子開始爬上高速公路旁的電線杆。爸從後門衝進家裡，要搞清楚狀況。「我以爲你**想要**電話。」母親說，眼神滿是驚訝，父親無從指責。她繼續說，語氣急促。「你說如果有人開始陣痛，媽又不在家，沒人接電話，到時就麻煩了。我心想：他說得對，我們需要電話！我眞傻，我誤會了嗎？」

爸愣了幾秒，嘴巴微張。他說，產婆當然需要電話，然後就回廢鐵場，這件事情就此落幕。我有記憶以來，家裡就沒有電話，但是隔天就出現了青綠色的電話，在升麻、美黃岑的昏暗藥罐旁，光滑的質地尤其突兀。

路克問媽媽能否申請出生證明時是十五歲，因爲他想去上駕駛課。大哥東尼開半拖車賺很多錢，他之所以能有那份工作就是因爲他有駕照。東尼底下的翔恩和泰勒也有出生證明，老四路克、老五奧黛莉、老六理查和我就沒有。

母親開始塡表格。我不知道她是否和爸爸先商量過，如果有，我不知道他爲何改變心意，爲何十年來都不肯向政府報備，現在卻輕易改變看法。也許是因爲那支電話。父親似乎接受事實，如果他要和政府對峙，有些風險非冒不可。母親當產婆就是挑釁醫療體系，但是當產婆就需要電話。也許相同的邏輯也適用於路克的案例，路克需要收入成家立業，需要採購裝備等待世界末日來臨，因此需要出生證明。另一個可能就是母親自作主張，壓根沒問爸爸，他事後也能接受。或者，爸爸即使平常魅力超凡，一時也難敵她的強勢。

母親開始申請路克的出生證明，便決心一次幫其他孩子搞定，結果不如預期容易。首先，她翻遍屋子，找資料證明我們是她的親生骨肉，卻一無所獲。就拿我來說吧，沒有人確定我的生日。母親記得一個，父親記得另一個，山下的祖母到鎮上宣誓，證明我的確是她的孫女，可是她給的日期也不一樣。

母親打到鹽湖城的教會總部，有個職員找到我出生命名的證明。摩門教兒童八歲受洗，對方也找到我的文件。母親申請副本，幾天後就收到。母親拆開信封時說：「老天爺！」兩份文件的出生日期不一樣，沒有一份吻合祖母的宣誓文件。

那一週，母親每天都講上好幾個小時的電話。她歪著頭把話筒夾在肩上，電話線拉得老長，一邊下廚、打掃、製作白毛茛、聖薊的酊劑，一邊重複同樣的對話。

「顯然我當初在她出生時就該去申請，但我沒有，所以今天才要打這通電話。」另一端低聲回話。

「我已經**說過**，也告訴過你的下屬，你下屬的下屬，這星期還和其他幾十個人說過。她沒有學校文件或病歷，就是沒有！我沒弄丟，所以無法去要副本，打從一開始就沒有這些資料。」

「她的生日？就說是二十七號吧。」

「我不確定。」

「我沒有證明文件。」

「好，我等。」

每當母親承認她不知道我的生日，話筒彼端一定會請她等上級處理，彷彿不知道我哪一天出生，我就沒資格擁有身分。他們似乎認定，人一定要有確切生日，原因我不得而知。在母親決心幫我申請出生證明前，我從來不覺得不知道生日很奇怪，我知道我是九月底出生，所以我每年都錯開週日，自己選日子，否則在教堂過生日就不好玩了。有時我眞希望母親把電話交給我，我就能親自解釋。「我和你一樣都有生日，」我會對話筒裡的聲音這麼說：「只是每年不一樣。你不希望換個日期嗎？」

最後母親說服山下的祖母重新宣誓證明我二十七日出生，即使她深信我的生日是二十九日，最後愛達荷州發出補發出生證明。我記得收到信的那天，拿到第一張證明我存在的法律文件，反而感到格外無依無靠；因爲在那刻之前，我從未想過需要這種證據。

最後我比路克早拿到出生證明。母親對話筒說我是九月最後一週出生，對方沉默不語。當她說她不確定路克是五月或六月生日，電話筒另一端卻鼓噪不安。

那年秋天，我滿九歲之後，隨同母親去接生。幾個月以來，我都求她帶我去，提醒她說瑪莉亞在我這個年紀已經去過幾十次。「妳又不是沒斷奶，」她說：「沒理由隨時帶著妳，況且妳也不會喜歡。」

終於有個孕婦請母親過去，但是她家有幼童，所以我負責在接生過程中照顧小孩。

那通電話半夜響起。電話鈴聲響徹走廊，我屏氣凝神，希望不是撥錯號碼。一分鐘後，母親到我床邊。「要出發了。」她說，我們一起衝上車。

在這十哩車程中，母親不斷和我演練，如果發生最糟的狀況，聯邦探員上門，我該如何應對。我絕對不能說母親是產婆，如果他們問起我們爲何在場，我只要沉默不語。母親說這是「閉嘴的藝術」。「妳只要說妳睡著了，什麼也沒看到，什麼也不知道，妳也不曉得我們爲何過去。」她說：「我已經夠慘，千萬別提油救火。」

母親接下來不發一語。我觀察她開車的模樣，儀表板的光打在她臉上，襯著漆黑的鄉間道路更顯得她如鬼魅般慘白。她皺著眉、緊閉著嘴，恐懼深深刻在她的臉上。身邊只有我的時候，她會卸下她在人前的面具，恢復脆弱又慌張的模樣。

我聽到低語聲，發現她自言自語，喃喃敘述著「如果如果」。如果出狀況怎麼辦？如果他們漏掉哪個病史沒告訴她，因而引發併發症怎麼辦？如果只是普通狀況，她突然慌了手腳、動彈不得，以致沒及時止血怎麼辦？我們再過幾分鐘就會抵達目的地，到時兩條生命就交在她手裡。以前我從沒想過她冒著多大的風險。「人們都在醫院過世。」她輕聲說，雙手緊緊抓著方向盤，彷彿失了神。「有時上帝會召喚他們回家，凡人也無能為力。但如果產婆出問題——」她轉頭對我說：「只要一個失誤，妳以後就只能到牢裡看我了。」

車子開到之後，母親成了另一個人。她對那家父親、孕婦和我發出一連串指令，我差點忘記她交代的事情，只是目不轉睛地看著她。如今我明白，那晚我才見到眞正的她，見識到她的祕密力量。

她大聲喝令，我們沉默照做。寶寶順利出生，沒有任何併發症。能見證生命週期的這一環，這個經驗虛幻又浪漫，但是母親說得對，我不喜歡。過程又長又累，而且透著腰腿間的汗腥臭。

下一次，我沒再吵著要跟去接生。母親回家時面色蒼白、渾身打顫。她對我們兩姊妹敘述時，聲音還發抖。她說到腹中胎兒的心跳驟降，微弱到有生命危險，還說她打電話叫救護車，但等不及，乾脆直接開車送孕婦上醫院。因為她瘋狂飆車，警車護送她到醫院。她對急診室醫生報告孕婦狀況，又不能說得太詳盡，免得他們懷疑她是無照產婆。

醫院緊急剖腹。產婦和寶寶在醫院住了幾天，他們出院時，母親已經停止顫抖。事實上，她似乎興高采烈，還從不同角度敘述事情經過，細細回味警察攔下她的那段，說對方發現後座有個哀號的陣痛孕婦有多驚訝。「我假裝自己緊張抓狂，」她告訴我和奧黛莉，提高音量。「只要能拯救走投無路的笨女人，男人都會得意洋洋。我只要閃邊站，讓**他**扮演英雄就行了！」

對母親而言，最危險的時刻是孕婦被推走之後。有個醫生攔下母親，問她為何在分娩婦人身邊。她回想起這段便微笑。「我提出我所能想到的最蠢問題。」她裝出非常不像她的嬌滴滴高頻語調。「喔！那是寶寶的頭嗎？寶寶不是應該腳先出來嗎？」醫生因此相信她不可能是產婆。

懷俄明州沒有母親這般高明的藥草師，那件事發生的幾個月後，茱蒂回巴克峰找母親買藥。兩個女人在廚房閒聊，茱蒂坐在高腳椅上，母親懶洋洋地托腮靠在流理台上。我拿著清單到儲藏室，揹著另一個寶寶的瑪莉亞跟在我後面。我從架子上取下乾藥草和混濁的酊劑，一邊說著母親的豐功偉業，最後提到醫院那件事。瑪莉亞也有閃避聯邦探員的故事可說，但是當她開口時，我打斷她。

「茱蒂是個好產婆，」我抬頭挺胸地說：「但是說到面對醫生和警察，**沒有人**能像我媽一樣裝瘋賣傻。」

第三章／米色鞋子

我的母親費兒是郵差的女兒。她在鎮上長大，住在黃色的屋子裡，庭院有白色圍欄，圍欄邊種著紫色的鳶尾花。她的母親是裁縫師，有人說這座河谷就數她手藝最好，所以費兒年輕時總穿著剪裁合身的美麗衣裳，從絲絨外套、人造布料長褲到羊毛褲裝、軋別丁洋裝都不缺。她上教堂、上學，參加社區活動。她的人生井然有序、正常不脫軌，高尚莊重得無懈可擊。

那種端莊自持的氣質是由她的母親精心建構。我的外婆拉露在一九五〇年代長大，當時第二次世界大戰剛結束，理想主義甚囂塵上。拉露的父親有酒癮，但是那個年代還不認識所謂的癮頭或同理心，有酒癮的人只會被人說是酒鬼。她就是出自「糟糕」的家庭，並且在虔誠的摩門教社區長大。這些教徒和其他人無異，認定上梁不正下梁歪，鎮上自重的男性也將她歸類為「不能娶」的女人。嫁給剛從海軍退役的好脾氣外公之後，她決心打造出完美家庭，至少外表看起來要體面。外婆深信，如此一來，女兒不會遭人看輕，不必像她一樣承受創傷。

成果就是乾淨整齊的白色圍欄和一整櫃的手工裁製衣服。另一個後果則是導致長女嫁給一名簡樸年輕人，這個頭髮烏黑的青年行事作風還驚世駭俗。

說得確切點，這就是母親反擊繁文縟節的方式。外婆希望女兒擁有她自己未曾享受過的好處，也就是**良好**的出身。但是費兒不屑一顧。母親不是反動分子，即使叛逆到最極致時，她依舊保有摩門教信仰，願意爲婚姻與子女付出。只是一九七〇年代的社會風氣似乎對她有某方面的影響，所以她不要白色圍籬、不要軋別丁洋裝。

母親說過許多她孩提時期的小故事，說過外婆叨唸她這個長女的社會地位，囉嗦她的凹凸紋布洋裝剪裁是否合身，或是絲絨長褲的藍色得不得體。這些小故事說到最後，幾乎都以我父親出現，她從此改穿牛仔褲收場。有件事情最令我印象深刻。當時我七、八歲，正準備換衣服上教堂。我擰了濕布擦臉、手、腳，只擦衣服之外的肌膚。母親看著我套上棉布洋裝，我特地選這件長袖款式就是因爲懶得擦手臂，當時她的眼裡閃過嫉妒的光芒。

「如果妳是外婆的女兒，」她說：「妳就得一早起來整理頭髮。接下來整個早上，她都會煩惱該搭配白色或米色鞋子，才能給人留下最好的印象。」

母親擠出醜陋的笑容。她想表現幽默感，那段回憶卻已經偏頗。「即使我們終於選定米色，到頭來也會遲到。因爲妳外婆會在最後一分鐘驚慌失措，去找我堂姊唐娜借**她的**米色鞋子，因爲那雙跟比較矮。」

母親出神，目光飄向窗外。

「白色或米色？」我說：「這不是同樣的顏色嗎？」我只有一雙上教堂的正式鞋子，而且是黑色，至少姊姊穿的時候是黑色。

穿上洋裝之後，我轉向鏡子，擦掉脖子上的汙垢，心想母親眞幸運，再也不必追究白色和米色的差別，不必耗費整個早上研究這種事，反而可以在爸爸的廢鐵場流連忘返，身邊還有路克的山羊作伴。

有些年輕男子一本正經，又不失慧黠，我的父親金恩就是這種人。他相貌英俊，一頭黑髮，臉型有稜有角，挺直的鼻梁緊挨著炯炯有神的深邃雙眼。他常常閉緊嘴巴，露出愛打趣的笑容，彷彿全世界都是他插科打諢的題材。

雖然我和爸爸都在同一座山長大，都用同樣的食槽餵豬，我卻不太曉得他孩提時代的事情。他從來不提，我只能靠母親的敘述拼湊。她說山下的祖父以前年輕時脾氣火爆，母親口中的「以前」總讓我覺得好笑。我們都知道不要惹火爺爺，他很容易暴跳如雷，河谷間每個人都這麼說。爺爺的外表和內心都飽經風霜，就像他放養到山上的野馬一樣緊繃、狂暴。

爸的母親在鎮上賣保險。他長大之後極度反對婦女就業，這個想法即使在我們鄉間摩門教社區都太過偏激。「女人就該待在家裡。」每次看到鎮上的已婚職業婦女，他就要說一次。如今我年紀較長，有時不禁納悶父親這種強烈主張恐怕與他自己的母親有關，而不是宣揚教義。他是否希望祖母能留在家裡，他就不需要獨自長時間面對爺爺的火爆脾氣。

爸爸小時候都在農場忙，可能從未考慮上大學；我甚至懷疑他有沒有念完高中。但是根據母親的說法，以前爸爸活力充沛、笑聲爽朗、神采飛揚。他開粉藍色的福斯金龜車，穿著鮮豔衣料的奇特西裝，蓄著時髦的濃密八字鬍。

他們在鎮上相識。某個週五晚上，費兒在保齡球館上班時，金恩和一群堂兄弟剛好晃進去。她從未見過他，所以知道他不住在鎮上，一定來自附近河谷的山區。在牧場長大的金恩與其他小夥子截然不同，比同年齡的青年穩重，體格更好，也更有主見。

山林生活有種獨立、隱密、與世隔絕，甚至自封爲王的氛圍。在山巒原野間，可以獨自遨遊，爬樹、攀岩，幾小時都無人干擾。遼闊的黑山白水自有一股靜謐，那片宏偉壯觀令人心曠神怡，更顯得人類的渺小。金恩就來自這片恬靜的松林山野，自外於嘈雜俗氣的凡人俗世。

住在鎮上的費兒努力不理睬小鎮的流言蜚語，但是外界的想法依舊從窗戶、門縫鑽進家裡。母親常描述自己乖巧聽話，無法阻止自己揣測別人對她的期望，繼而扭曲本性，強迫自己迎合。費兒住在鎮中心的體面洋房，左鄰右舍近在咫尺，東西南北都有鄰居包夾，因此她的一舉一動都有人盯著，難逃議論，她更覺得不自由。

我常想像金恩第一次帶費兒攀上巴克峰頂的情景，她在那兒看不到鎮民的臉孔，也聽不到他們的聲音，一切是那麼遙遠，在大山面前顯得如此渺小，在強風吹拂下都灰飛煙滅。

後來兩人很快就訂婚。

母親提過她婚前某個小故事。她以前和她弟弟林恩頗要好，所以帶他去見她希望能成爲丈夫的男人。那是仲夏黃昏，爸爸的堂兄弟在收割之後一如往常般打打鬧鬧。林恩到了現場，看到整間O形腿的無賴對彼此大吼大叫，還朝空中揮拳，他以爲看到西部片的鬥毆場景，打算報警處理。

「我要他仔細聽。」母親總是笑到流眼淚地說。每提到這件事，她的敘述方式總是一模一樣，因爲我們太愛聽，只要她的說法有一點出入，我們也會糾正她。「我要他豎起耳朵，聽清楚他們吼什麼。每個人的**口氣**都像憤怒的黃蜂，其實對話內容很有趣。你必須聽他們說什麼，而不是他們怎麼說。我說，這就是維斯托家人說話的方式！」

想到一本正經的教授舅舅去見爸爸那群瘋狂親戚，不等她說完，我們多半已經倒在地上，笑到肋骨發疼。林恩討厭那種場面，所以再也沒去過，我從小到大都沒見過他上山。他罪有應得，誰叫他多管閒事，竟然想拉母親回到那個軋別丁洋裝和米色鞋子的世界。我們知道母親家庭分崩離析，才造就我們這個家。有他們就沒有我們，只有一個家庭可以擁有她。

母親從未說過她的家庭反對這樁婚事，可是我們心知肚明，有些蛛絲馬跡在幾十年後都無法抹滅。父親鮮少去鎮上外婆家，就算去了也拉長臉，否則就是盯著門口看。小時候我和阿姨、舅舅、表兄弟姊妹都不熟，我們很少去拜訪他們，我甚至不知道他們住哪裡，他們更少上山看我們。媽媽的小妹安姬阿姨是例外，她住在鎮上，堅持要來看母親。

我靠著母親斷斷續續的敘述，拼湊出他們訂婚的過程，因爲虔誠的摩門教男子都要去傳教，我知道她在父親出發前拿到戒指。林恩利用爸爸去佛羅里達傳道的這兩年，向姊姊介紹落磯山脈這區的每個未婚男子，但是沒有一個可以讓她忘掉馳騁山林的牧場青年。

金恩從佛州回來之後，兩人便結婚。拉露爲她縫製婚紗。

我只見過婚禮一張照片，父母站在象牙白薄紗窗簾前留影。母親穿著鑲珠飾、縫有蕾絲花邊的傳統絲綢婚紗，領口位置還蓋過鎖骨，頭上則披著刺繡頭紗。父親穿黑色寬翻領的米色西裝，兩人都一臉幸福洋溢。母親隨和地微笑，父親咧嘴笑，從八字鬍邊緣都能看到他笑開的嘴角。

我很難相信照片中那個無憂無慮的年輕人就是我的父親。他總是緊張不安、焦慮恐慌，在我看來，他就是個疲憊不堪的中年男子，成天忙著囤積糧食和彈藥。

相片中的男子不曉得何時成了我眼中的父親，也許不是在某個時刻突然轉變。爸爸二十一歲結婚，長子在他二十二歲時出生，也就是我哥哥東尼。二十四歲時，爸問母親能否請草藥師接生我哥哥翔恩，她同意了。那是第一個線索嗎？還是金恩就是這樣，古怪又激進，總把姻親嚇得目瞪口呆？總之，二十個月後，泰勒在醫院出生。但爸爸二十七歲時又添了路克，他就是在家裡由產婆接生。當時爸爸決定不申請出生證明，後來奧黛莉、理查和我也沿用前例。幾年後，父親約莫三十歲時，他禁止哥哥們去上學。我不記得那件事，因爲我還沒出生，也許那就是轉捩點。接下來那四年，爸爸拆了電話，決定不更新駕照。他不去監理所登記家裡的車，也不買保險，接著便開始囤糧。

最後階段就像是我父親會做的事情，卻不是前幾個哥哥印象中的爸爸。聯邦探員圍攻韋佛一家時，爸爸剛滿四十歲，那件事證實他最大的恐懼其來有自。此後他便開始打仗，儘管那場戰爭只在他腦海中上演。所以東尼看這張照片可以找到他的父親，我卻只看到一個陌生人。

韋佛事件的十四年後，我坐在大學教室，聽心理學教授講授躁鬱症。之前我從未聽過任何精神病，我知道有人會發瘋，例如把死貓當帽子戴，或是愛上一顆白蘿蔔，但我從沒想過一個人即使正常過日子、頭腦清晰、辯才無礙，也不代表他心理健康。

那位教授以單調、樸實的語調敘述事實，躁鬱症患者的平均發作年齡是二十五歲，之前可能毫無徵兆。

諷刺的是，即便爸爸有躁鬱症或其他符合症狀的精神病，這些疾病所致的妄想症也會阻止他去看醫生、接受治療。所以答案永遠不得而知了。

鎮上的外婆三年前過世，享壽八十六歲。

我不太了解她。

過去我進進出出外婆廚房那麼多年，她看到長女離群索居，遭到心魔、妄想症的禁錮，卻從沒對我說過她的看法。

我的記憶彷彿是卡住的幻燈片投影機，因爲現在想到她，我只看得到一個畫面。她坐在放了軟墊的長凳上，頭髮是整齊的小波浪，彬彬有禮的微笑似乎是焊接固定。眼神愉悅卻空洞，好像觀賞舞台劇。

我無法忘記那個笑容。只有那個笑容恆常不變，難以理解，超然冷靜。如今我年紀較長，大費周章向阿姨、舅舅打聽她的事蹟，便知道她的個性大相逕庭。

我去參加葬禮，因爲親友可以瞻仰遺容，我發現自己看得目不轉睛。大體化妝師沒把她的嘴唇畫好，原本鐵面具般從來不褪的優雅微笑已不復見。這是我頭一次看到她不笑，我也才終於想到，世上可能只有外婆了解我的遭遇。她了解妄想症和基本教義如何主宰我的人生，如何奪走我重視的親人，取而代之的只有空泛的學位和證書，只剩下這些世人看重的身外之物。現在發生的事情以前都發生過，母親與女兒恩斷義絕的情節二度上演，故事從頭再來。

第四章／阿帕契女人

沒有人看到車子駛離道路。當年十七歲的哥哥泰勒開車開到睡著。那是早上六點，他大半夜都在開車，默默地開著我們家的五門掀背車駛過亞利桑那州、內華達州和猶他州。當時車子開到巴克峰南方二十哩的農鎮科尼許，開始衝向對向車道，離開高速公路。車子跳過水溝，衝過兩根西洋松電線杆之間，撞上播種拖拉機才停下。

那趟旅行是母親的主意。

幾個月前，樹葉開始飄落地面預示夏末到來時，爸的情緒高昂。早餐時，他的腳會隨著音樂打節拍，晚餐時常指著山上，眼睛發亮地描述要接水管引泉水。他保證那年一下雪，他就要做個愛達荷州最大的雪球。他說他要到山上，做個小雪球，然後推下山，看著雪球翻山越嶺越滾越大。等到雪球推到我們家，也就是河谷邊最後一座山丘頂時，雪球已經大得像爺爺的穀倉，高速公路上的人都會抬頭看得目瞪口呆。我們只要先找到合適的雪，那些雪花必須又厚又黏稠。每次下雪之後，我們都會抓一把給他，看他在手指間摩挲雪花。那些雪太細，這些雪太濕。等聖誕節過去吧，他說，那時候才會有**真正的**雪。

但是聖誕節之後，爸就像洩了氣似的。他不再提到雪球，後來更是完全不開口。他的眼神逐漸黯淡，最後成了兩個黑窟窿。他走路時垂頭喪氣，彷彿有東西抓住他，將他往下拖。

一月時，爸爸已經無法下床。他仰躺著，茫然地看著圖案複雜的灰泥天花板。我每晚端餐盤進去，他眼睛眨也不眨，不知道他是否曉得我進去過。

母親就是那時宣布我們要去亞利桑那。她說爸就像向日葵，在雪中會枯萎，所以二月得離開家鄉，重新栽種在陽光下。我們便擠進掀背車，開十二小時穿過峽谷、黑暗的高速公路，最後終於看到亞利桑那沙漠中的拖車，也就是祖父母避冬的住處。

我們在日出幾小時後抵達。爸爸走到奶奶陽台之後就不再移動，頭枕著編織的枕頭，長滿繭的手就擱在肚子上。他維持這個姿勢兩天，始終張著眼睛，沉默不語，靜止不動，如同乾熱天候下的矮樹叢。

第三天，他好像回過神，開始注意到周遭的動靜，會傾聽我們用餐時的閒聊內容，不再只是毫無反應地盯著地毯。那天晚餐過後，奶奶打開電話留言，大部分是鄰居、朋友打來問候。後來有個女人的聲音提醒奶奶隔天要去看診。那則留言對爸有戲劇性的影響。

起初爸只是問奶奶，例如爲何看診、要找誰，又說母親可以開酊劑，她何必找醫生。

爸向來相信母親的藥草，但我感覺他那晚的反應又不一樣。他的心裡似乎起了某種變化，又產生新的信念。他說藥草學就是區分麥子和稗子、信徒與異教徒的神聖教理。接著他用了我前所未聞的字眼「光明會」，無論這個字彙是什麼意思，總之聽起來充滿異國風情，強而有力。他說奶奶不知不覺中成了光明會的幫凶。

上帝不能忍受不信主的人，爸說。所以無法下定決心的罪人最可恨，這些人用藥草也用藥物，週三來找母親，週五就去看醫生，或者如同爸爸說的：「一天在聖壇前敬奉上帝，隔天又向撒旦獻祭。」這些人就像古代的以色列人，因爲他們得到眞信仰，卻去膜拜偶像。

「醫生和藥丸，」爸幾乎是嘶吼了。「就是他們的神，而且他們跟上去還行邪淫。」

母親本來盯著盤子裡的食物，聽到「行邪淫」便站起來，憤怒地看了爸一眼便走進房間，用力甩門。母親並不盲目附和爸爸，他不在時，我曾聽到她說出他覺得褻瀆上帝的話，例如：「藥草只是用來輔助，碰上嚴重的問題還是應該去看醫生。」

爸對母親的空椅子不以爲意。「那些醫生不會救妳，」他告訴奶奶：「他們想**殺死**妳啊。」

回想起那頓晚餐，場景歷歷在目。我坐在桌邊，爸正在發言，語氣急切。奶奶坐在我對面，歪著嘴一再咀嚼蘆筍，模樣就像一頭山羊。她啜飲冰開水，爸爸說的話她彷彿一個字也沒聽進去，只是不時惱火地望向時鐘，發現時間還早，她無法上床就寢。「妳明明知情，還幫忙壯大撒旦聲勢。」爸說。

這種情況每天上演，有時一天好幾次，情況都大同小異。爸爸的宗教狂熱一旦被點燃，就會滔滔不絕地講上一個多小時，台詞不斷重複，儘管我們已經聽到失神，他依舊講得慷慨激昂。

每次爸爸布道結束，祖母便會發出令人難忘的笑聲。有點像是嘆息，又像是長抽一口氣，最後還會懶洋洋地翻白眼假裝生氣，彷彿想高舉雙手抗議，又累到舉不起來。然後她才微笑，不是爲了安撫別人，而是自嘲、不解，我總覺得那個笑容的意思是：**我就說吧，沒什**

麼比真實人生更可笑了。

那是個炎熱的午後，人行道燙到無法赤腳行走。奶奶開車帶我和理查穿越沙漠，但因為我們從不繫安全帶，她還得先逼我們就範。馬路後來變成上坡路，柏油路也成為滾滾黃沙，車子依舊往前開。奶奶繞啊繞進慘澹山間，黃土路盡頭出現健行步道，車子才停下來。我們下車步行，奶奶走幾分鐘就上氣不接下氣，便在平坦的紅石頭上坐下，遙指遠方砂岩岩層群，要我們過去找黑色礦塊。那些岩層就像搖搖欲墜的尖塔。

「大家管這叫做阿帕契之淚，」她從口袋拿出一顆髒兮兮又凹凸不平的黑色小石頭，上面有灰色、白色條紋，猶如有裂痕的玻璃。「打磨之後就變成這樣。」她從另一個口袋拿出第二顆石頭，整顆是墨黑色，而且好光滑，感覺似乎軟綿綿。

理查認出兩顆石頭都是黑曜石。「這是火山岩，」他裝出最博學多聞的音調。「但是這個不是，」他踢開一顆淡色的風化石頭，向岩層的方向揮了幾下。「這是沉積岩。」理查有豐富的科學小常識。我通常不理會他講學，今天卻聽得入迷，這片奇特的乾涸大地也看得我如痴如醉。我們在岩層附近走了將近一小時，胸前口袋裝滿石頭才回去找祖母。她很高興，因為她可以拿去賣。奶奶將石頭放在後車廂，開回車屋的途中，她說起阿帕契之淚的傳說。

奶奶說，一百年前有支阿帕契族在那片灰撲撲的岩原上與美利堅騎兵作戰。原住民戰士寡不敵眾敗陣，戰爭就此結束，接著只能等死。其實開打沒多久，戰士就困在懸崖上。他們不肯坐以待斃，想衝出敵陣卻一個個死於刀下。最後便躍上馬匹，衝下懸崖。阿帕契婦女在山下發現他們慘死的骨骸，悲戚地落下大顆大顆的淚珠，落到地面時就成了黑色的石頭。

奶奶沒說到那些女子的遭遇。阿帕契人還在打仗，戰士卻已經捐軀，也許她認爲結局太殘酷，故意略而不提。當時我便想到「宰殺」這個詞，因爲這就是用來形容戰爭中的一方無力反擊。我們牧場就用到這個詞，宰殺雞隻可不需要作戰對抗。英勇的戰士最後可能遭到屠殺，他們死了是英雄，妻女卻淪爲奴隸。

我們快開到拖車時，夕陽西下，餘暉灑在高速公路上。我想到那些阿帕契女人。喪命在那片砂岩祭壇上的女人就像那些岩石，早在紅栗色的馬兒縱身躍下懸崖之前，她們的命運已有定數。戰士投崖自殺前，阿帕契女人怎麼活、怎麼死早成定局。在世時長伴戰士，死時孤苦伶仃。命運早有安排。多如海沙般無法盡數的抉擇早就層層疊疊、壓縮成沉積岩，形成岩石，堆成石碑。

我以前從未離開山區，早想走得老遠，才能觀賞到山壁松柏林間的「公主」。我發現自己不時望著廣闊的亞利桑那州天邊，期待她的身影拔地而起，占據半邊的青空，但是我沒看到她。除了想念「公主」的模樣，我還懷念她的溫柔輕撫，懷念每天早上從山壑掠過我髮間的和風。亞利桑那悶熱無風，只有一小時接著一小時連綿不絕的燠熱。

我每天從拖車一端走到另一端，然後穿過後門，經過陽台、吊床，繞回前廊，跨過出神的爸爸，再回到屋裡。第六天，祖母的車子拋錨，泰勒和路克只好拆開來找問題，當時我才覺得如釋重負。我坐在藍色水桶上看他們修車，心裡想著究竟何時才能回家，想著爸爸何時不再提起「光明會」，想著媽媽何時不會再看到爸爸進屋就離開。

當天晚餐後，爸爸說我們該回家了。「去收拾收拾，」他說：「我們半小時後上路。」當時才剛入夜，奶奶說那時候出發開車十二小時太荒謬。媽說我們應該等到早上，爸爸卻說要馬上啓程，隔天早上才能帶兒子去撿廢鐵。「我不能再浪費時間不工作。」

擔心的母親目光黯淡下來，卻不發一語。

車子撞到第一根電線杆時，我就醒了。我睡在姊姊腳下的地板，用毯子蓋過頭。我掙扎著坐起來，但是搖晃不已的車子向前衝，彷彿就要解體，奧黛莉還壓在我身上。我什麼也看不到，但是感覺得到，也能聽到。又是巨大的碰撞聲，車子突然傾斜，前座的母親驚聲尖叫：「泰勒！」接著又是劇烈的搖晃，車子才停下，周遭一片寂靜。

幾秒鐘過去了，車內依舊毫無動靜。

然後我聽到奧黛莉的聲音。她一個個叫我們的名字，最後說：「除了泰拉之外，大家都在！」

我想大叫，但是我的臉卡在座位底下，臉頰壓著擱腳板。奧黛莉大叫我的名字時，我試圖掙脫，終於拱起背部推開她，從被子裡探出頭說：「我在這裡。」

我左右張望。泰勒扭身，可說是爬到後座，惶恐地檢視每個人的傷口、瘀青和驚恐的眼神。我看到他的臉，但那不像他的臉。鮮血從他嘴裡冒出來，流到衣服上。我閉上眼睛，竭力想忘記他歪掉的沾血牙齒。我再度睜開雙眼是爲了看看其他人，理查抱著頭，兩手遮住雙耳，彷彿想擋掉所有聲音。奧黛莉的鼻子歪成奇怪的角度，鼻血流到手臂。路克不斷發抖，但我沒看到任何鮮血。我的前臂撞到椅座，有一道傷口。

「大家都好嗎？」那是父親的聲音，大家低聲回應。

「車子上有電線，」爸爸說：「切斷電源之前，大家都不要下車。」他開了車門，我還以為他要被電死了，結果看到他跳得夠遠，因此身體沒同時碰到車子和地面。我記得從碎裂的車窗看到他繞著車子走，紅色棒球帽往後壓，帽簷往上翹，那模樣異乎尋常地孩子氣。

他繞了一圈便站定蹲低，平視副駕駛座。「妳還好嗎？」他說，接著又說了一次，第三次的聲音開始顫抖。

我探出身子看他在對誰說話，那時才知道這場車禍有多嚴重。車子前半段遭到嚴重擠壓，引擎往上拱，就像對折的石頭。

早晨的陽光亮晃晃地打在擋風玻璃上。我看到交錯的大小裂痕，這景象很熟悉，我在垃圾場看過上百面碎掉的擋風玻璃，每面都很獨特，網狀裂痕從撞擊點往外擴散，記錄著每次撞擊。我們擋風玻璃上的裂痕也自有故事，中心是個小圓圈，周圍有一圈圈的同心圓，而中心就在副駕駛座前方。

「妳沒事吧？」爸低聲下氣。「親愛的，妳聽得到嗎？」

母親坐在副駕駛座，頭朝駕駛座，我看不到她的臉，但是她癱坐的模樣很可怕。

「妳聽得到嗎？」爸說了好幾次，我終於看到母親點頭，馬尾沉了一下，那動作微小到幾乎難以察覺。

爸站起來，看看還沒斷電的電線，看看地面，又看看母親。他的表情很無助。「妳覺得——我該叫救護車嗎？」

我**覺得**自己聽到他說這句話。如果他說了，肯定說過，母親也會輕聲回覆，但她或許無法說話，我不知道。我始終想像她開口請父親帶她回家。

後來聽說拖拉機被我們撞上的農夫衝出門。他想報警求救，但爸爸拜託他打消念頭。我們的車沒登記也沒保險，車上更沒有人繫安全帶。爸問農夫能不能接受賠款，不要通知其他人，對方一定答應了。

農夫通報猶他州電力公司發生事故，電力公司二十分鐘後才切斷強力電流。爸爸抱母親下車，我看到她眼周發黑，腫起來的包大概和李子差不多，而且面部扭曲，有些部位腫脹，有些則遭到擠壓。

我不知道我們是怎麼回家，又是何時到家的，但我記得山壁在朝陽下發出橘色光輝。一進屋，我就看到泰勒對著廁所水槽啐帶血的唾液，他的門牙撞到方向盤，已經搖搖欲墜。

父親將母親安置在沙發上，她喃喃地說光線很刺眼。我們拉上百葉窗，但她想去完全沒有窗戶的地下室，因此爸抱她下樓，我好幾個小時都沒看到她。那天晚上，我用光線微弱的手電筒端晚餐給她才見到母親。我看到也認不出她，那對黑青的眼睛幾乎是黑色，而且眼皮腫到我看不出她是張著或閉上。即使我更正她兩次，母親都叫我奧黛莉。「謝謝妳，奧黛莉，請妳關燈，別說話，很好。全黑，別說話。謝謝。奧黛莉，晚點再來看我。」

母親在地下室待了一週，腫脹的眼睛越來越黑。每晚我都覺得她的臉已經不可能更糟，但是隔天早上，瘀青腫脹的部位又更黑、更腫。一週後，太陽下山，我們關燈，母親才上樓。她的額頭似乎綁了兩個異物，大如蘋果、黑如橄欖。

後來我們都沒再提到醫院。要做那個決定的時刻已經過去，再提起只是回到車禍當時的緊張與恐慌中。爸說醫生反正也幫不了她，上帝會照顧她。

接下來的幾個月，母親叫過我許多名字。她叫我奧黛莉，我就不擔心，但是我們面對面說話，她卻喚我路克或東尼。我們一家，包括母親本人，都認爲她在車禍後就變了一個人。我們小孩喊她「浣熊眼」，覺得很搞笑。有一次，黑眼圈整整幾週都不褪，我們都看習慣，也拿這件事開玩笑。我們不知道「浣熊眼」是醫學名稱，是嚴重頭部外傷的跡象。

泰勒非常自責。他將車禍歸咎於自己，往後改變的每個決定、每個影響都成了他的責任。他認定那一刻開始的後果都是他的責任，彷彿是時間觸動我們的掀背車衝出道路，其他來龍去脈都無關，只有他十七歲那年那刻開車睡著才是唯一的罪魁禍首。即便到現在，只要母親忘記任何事情，無論多麼無關緊要，他那種眼神就會又出現，他撞車之後就是那個模樣，當時他自己嘴巴鮮血直冒，回頭端詳我們時，卻以爲是他一人鑄下這場大錯。

至於我，我不怪任何人，更不怪泰勒，這種事所見多有。十年後，我的見解有所不同，有大半的原因是我長大成熟了，那場車禍總讓我想起那些阿帕契女人，想到人生有許多單一事件是綜合了無數的決定；而那些決定可能是人們協力或獨自完成。多如海沙，無法盡數，層層疊疊沉積，最後形成岩石。

第五章／老實苦幹的髒汙

山上融雪了，山壁上的「公主」再度現身，頭頂著天。那是車禍後一個月的週日，全家都坐在客廳，爸爸已經開始詳細解釋《聖經》經文，泰勒突然清清喉嚨，說他即將離家。

「我要去上……上大……大學。」他的神色堅毅。好不容易吐出這幾個字時，他的脖子上有條青筋時不時浮現，猶如掙扎中的大青蛇。

所有人看著爸爸。他不動聲色，看起來無動於衷。沉默比咆哮更可怕。

泰勒將成爲第三個離家的哥哥。大哥東尼開拖車載石頭或廢鐵，計畫努力存錢迎娶同一條路上的鄰居女孩。二哥翔恩幾個月前和爸爸大吵一架，也離開了。這幾個月，我都沒見到他，只有母親每幾週就接到一通電話，二哥匆匆報平安，說他開拖車或當焊接工賺錢。如果泰勒也離開，爸爸就沒有人手，無法蓋穀倉和乾糧倉，只能回收廢鐵賺錢。

「大學是什麼？」我問。

「大學就是給第一次學不會的笨蛋去的地方。」爸說。泰勒原本盯著地板，表情緊繃。後來肩膀放鬆，抬頭看時，五官線條也變得柔和。在我看來，他已經放空，眼神雖然溫柔、快活，其實心思早已飄遠。

他聽著爸爸說話，後者已經開始長篇大論。「大學教授分兩種，」爸說：「一種知道自己說謊，另一種以爲他們說的是實話。」爸咧嘴笑。「仔細想想，眞不知道哪一種比較糟糕，是至少自知和魔鬼同盟的光明會同路人呢，還是自以爲比上帝聰明的教授。」他的臉上依舊掛著笑容，因爲情節不嚴重，他只要對兒子說之以理就能解決。

母親說爸爸只是浪費時間，泰勒一旦下定決心，沒有人可以勸他打消念頭。「拿支掃把掃掉整座山頭的泥土可能還比較快。」她說完就起身，先靜止幾分鐘站穩腳步，才費力地走下樓。

她偏頭痛，幾乎時時都痛。她仍然住在地下室，日落之後才會上樓，即使上來也不會待上一個小時，因爲聲音和疲倦感會導致她的頭抽痛。我看著她謹愼、緩慢地走下台階，她駝著背，兩手抓著扶手，彷彿得靠手摸索方向的盲人。母親等兩腳都穩穩站在一級台階上，才繼續往下跨。她的臉幾乎不腫了，看起來和車禍之前差不多，只剩下褪色成紫紅色的黑眼圈。

一小時後，爸爸不再微笑。泰勒沒再說他想上大學，但也沒同意留下。他只是繼續茫然地坐著，努力熬完爸爸說教。「男人沒辦法靠書和一疊廢紙養家活口，」爸說：「你以後是一家之主，怎麼靠**書**養老婆小孩？」

泰勒歪著頭表示他聽進去了，只是沒回話。

「我養大的兒子竟然要給社會主義者和光明會的間諜洗腦——」

「那間學……學校是教……教會辦的，」泰勒插嘴。「會……會有多……多糟？」

爸突然張大嘴巴，以致呼出一口氣。「你以爲光明會沒有滲透教會？」他的聲音響亮，每個字都說得鏗鏘有力。「你不覺得他們第一個就是鎖定學校？才能培養一整代的社會主義摩門教徒？我教出來的孩子不會這麼糊塗吧！」

我永遠不會忘記此時此刻的父親，看起來那麼有說服力，又那麼絕望無助。他傾身向前，閉緊嘴巴，瞇起眼睛，仔細端詳兒子的臉孔，尋找對方同意或是被說服的蛛絲馬跡。他沒找到。

泰勒怎麼會決定離開山區是件怪事，充滿疑點和始料未及的轉折。一切要從泰勒說起，他本人就有許多怪癖。有時一個家庭的確會有這種例子，總有一個孩子格格不入，總有一個和家人特別不合拍。在我們家，那個人就是泰勒。我們跳快節拍舞曲時，只有他跳華爾滋。他對我們的嘈雜生活充耳不聞，我們也聽不見他莊嚴的複音音樂[8]。

泰勒喜歡看書，享受寧靜。他喜歡整理、排放、分類。有一次，母親在他的衣櫃中看到一整櫃的火柴盒，每個依據年分排放。泰勒說那是五年來的鉛筆屑，他收集的目的是爲了「上山」生火用。家裡其他角落都亂七八糟，廁所地上堆著在廢鐵場搞髒的油膩膩髒衣服，廚房餐桌、櫃子上是一罐罐混濁的藥酊。就算清掉這些瓶瓶罐罐，也只是爲了挪出地方進行更凌亂的工程，可能是剝鹿皮或剝開來福槍的「柯斯莫林」。但是在這片混亂中，泰勒存放

8 polyphony，多聲部音樂中，每一聲部均有獨立的主題，或獨立之旋律線條結構。這和主音音樂中多個聲部以一個聲部為中心不同。

了五年的鉛筆屑，還照年分排放。

哥哥們就像狼，隨時忙著挑釁對方。只要有小狼長大，夢想改變長幼順序，就會扭打混戰。小時候，這些打鬥通常在打破檯燈、花瓶，在母親的尖叫聲中落幕。等我年紀較長，家裡已經沒有幾樣東西可以砸。母親說我襁褓期間，家裡曾經有電視，但是被翔恩拿泰勒的頭撞破。

兄弟忙著打架，泰勒卻聽音樂。以前我只看過他有手提音響，旁邊是一大疊的CD，硬殼上寫著奇怪的字，例如「莫札特」、「蕭邦」。他十六歲左右那年，某個週日下午，他逮到我正在看這些CD。我想拔腿逃走，因爲我以爲溜進他房間只會挨一頓痛打。結果他只是牽我的手走過去。「妳……妳最喜……喜歡哪一張？」

有一張是黑色封面，大概有一百個穿著白衣的男男女女。我指向那張，泰勒饒富興味地看著我說：「那……那是合……合唱曲。」

他將CD放進播放器，然後坐在桌前看書，我就蹲在他腳邊，在地毯上畫圖案。音樂開始先是弦樂，接著是柔如絲綢的吟唱，雖然歌聲輕柔卻頗高亢。那首讚美歌很耳熟，我們爲了歌頌主也在教會唱過，只是歌聲並不協調；然而這首曲子不一樣，除了神聖之外還有另一種特質，有種全神貫注、紀律秩序、協力合作的氛圍，然而當時我並不眞切了解。

一曲唱罷，我無法動彈，下一首曲子繼續播放，最後整張CD結束，這時沒有音樂的房間彷彿毫無生氣。我問泰勒能否再聽一次，一小時後，音樂結束，我又哀求他重播。當時已經很晚，家裡非常安靜。泰勒起身按了播放鍵，說那是最後一次。

「我……我們可以明天再……再聽。」他說。

音樂成了我們兩人的語言。泰勒因爲語言障礙，舌頭不靈活而不常說話。所以他和我鮮少聊天，以前我不太了解這個哥哥。現在我每晚都等他從廢鐵場回來，他洗完澡、刷掉一整天的髒汙，就會坐在桌前說：「今……今晚要聽……聽什麼？」我便會選一張CD，他開始看書，我躺在他腳邊，盯著他的襪子聽音樂。

我和哥哥們一樣粗野，但只要在泰勒身邊，我就變了一個人。也許是因爲音樂，因爲音樂傳達的優雅氣質，也可能是因爲**他的**雍容氣度。不知爲何，我透過他的眼睛看到我自己，我努力記得不要鬼吼鬼叫，不要和理查吵架，尤其不要打到在地上打滾，他拉我的頭髮，我抓他的臉。

我早該知道泰勒總有一天會離開。東尼和翔恩都走了，但是山岳給他們歸屬感，泰勒卻不屬於這裡。如同爸爸所言，泰勒向來喜歡「學習書本的知識」，除了理查之外，我們其他人都毫無興趣。

泰勒還是小男孩時，母親曾經滿懷熱忱，她說我們留在家裡才能比其他小孩得到**更好的**教育。但說這句話的人只有母親，爸只認爲我們應該多學生活技能。在我還是幼童時，他們兩個爲了這件事爭論不休，母親每天早上想督促我們學習，但是一轉身，爸就把兒子趕去廢鐵場。

最後母親敗陣。事情要從她的四子路克說起，路克在山裡聰明伶俐，對付動物的手法彷彿他聽得懂牠們的語言，可是一碰到書本就有學習困難，光學習閱讀就障礙重重。五年來，母親每天早上帶他在廚房讀書，不斷重複解釋同樣的發音。路克十二歲時，全家一起研讀《聖經》，他拚了命才讀出一個句子。母親不懂，她教東尼和翔恩都沒有問題，其他孩子也能趕上進度。我四歲時，東尼就教我讀書，可能是因爲他和翔恩打賭吧。

路克能歪歪斜斜寫出名字，閱讀簡短的句子之後，母親便轉而教他數學。我的數學都是邊洗早餐碗盤邊聽母親對他解釋學來的，她會不厭其煩地說明分數，或是如何使用負數。路克始終聽不懂，一年後，母親便放棄。她不再說我們可以比別人接受更好的教育，反而附和爸爸的話。「最重要的事情，」她某天早上對我說：「就是你們幾個孩子學會閱讀，其他無聊科目只是用來洗腦。」爸爸越來越早進來帶哥哥們出去，等到我八歲、泰勒十六歲時，我們已經完全不上課了。

然而母親並未百分之百推崇爸爸的信念，偶爾又會心血來潮，重拾往日的熱血。在那些日子，母親便會趁全家吃早餐時宣布當天要**上課**。她在地下室有個書架，上面有藥草學的書和幾本平裝版舊書。此外還有幾本我們共用的數學教科書，一本唯有理查看過的美國歷史。另外還有一本科學書籍，讀者肯定鎖定幼童，因爲書裡有許多光面紙的插圖。

找齊所有書通常就要半小時，我們分好之後就各自回房「學習」。我不知道其他哥哥、姊姊怎麼做，總之我就是翻開數學課本，花十分鐘翻頁，用手指劃過中間對折處。一旦摸了五十頁，我就會告訴媽媽，我已經讀了五十頁數學。

「太棒了！妳看，在公立學校絕對不可能有這種速度，只有在家自學才辦得到，妳才可以不受打擾，專心學。」

母親從不講課、考試，或是指派作業。地下室的電腦有個軟體「Mavis Beacon」，可以教我們打字。

有時母親去送草藥，我們又做完家事，她會把我們放在鎮上的卡內基圖書館。那邊的地下室有個專放童書的房間，我們會去讀那些書。理查甚至看樓上那些成人才看得懂的書，艱深的書名都是關於歷史或科學。

我們家的孩子學任何科目都要靠自學，只要做完分內事，想學什麼都沒問題。有些手足比較有紀律，我就比較怠惰，因此等到我十歲，唯一有系統地學習的科目就是摩斯密碼，因爲爸爸堅持要我學。「到時停電，河谷只有我們有辦法溝通。」他說。但我卻不怎麼相信，畢竟只有我們學這套密碼，也只能跟自家人溝通。

東尼、翔恩、泰勒三個哥哥在前十年長大，他們的父母彷彿是另外兩個人。當時他們的父親沒聽過韋佛一家，也從沒提起光明會。他讓三個兒子上學，儘管幾年後就叫他們輟學，立志帶回家自己教，當東尼要求回去時，爸爸也允許了。東尼讀到高中畢業，只是在廢鐵場工作常蹺課，以致最後拿不到畢業證書。

因爲泰勒排行老三，他幾乎不記得學校教育，也樂於自學，但也只到十三歲爲止。後來可能因爲母親耗費所有精力教路克閱讀，泰勒問爸爸能否回去讀八年級。

泰勒從一九九一年秋天，讀到隔年下學期，上完整個學年。對他而言，學校教的代數易如反掌。一九九二年八月，韋佛家遭到圍攻。我不知道泰勒是不是計畫回學校，只知道爸爸聽說這件事情之後，再也不准他的孩子踏入公立學校。然而泰勒已經對數學產生興趣，他用僅有的財產買了一本三角學的舊課本，自己研讀。接著他想學微積分，但是沒錢買書，便直接到學校向數學老師要書。那個老師當面笑他：「你不可能靠自學學會微積分，完全沒可能。」泰勒反擊：「給我書，我學得會。」最後離開時，他將要來的書夾在腋下。

最大的困難反而是找時間學習。每天早上七點，爸爸集合兒子，派他們分頭完成不同的任務。通常一小時後，爸爸才會發現泰勒不見蹤影，那時才衝進後門，大步走進泰勒的房間，他就坐在桌前看書。「你搞什麼飛機？」爸爸大吼，沾著泥土的鞋底踩髒泰勒潔白無瑕的地毯。「路克獨自扛工字梁，一個人做兩人的工作。我回家卻看到你坐在這裡打混？」

如果爸爸逮到我在工作時偷看書，我一定會溜走，泰勒卻不動如山。「爸，我……我午餐之後再……再去工作，早……早上我得看……看書。」多數早晨，他們會吵上幾分鐘，然後泰勒會放下鉛筆，無精打采地穿上靴子、戴上焊接手套。有時爸爸又會氣呼呼地獨自離開，我每次看到都覺得震驚。

我不相信泰勒眞的會去念大學，不相信他會放棄山野，加入光明會。我覺得爸爸還有整個夏天可以說服泰勒，他們一行人只要回家吃午餐，爸爸就會想辦法改變泰勒的心意。哥哥們會在廚房偷懶，再添第二盤或第三盤。爸爸就躺在地板上伸展筋骨，因爲他很累，必須躺下，但全身太髒，不能在母親的沙發上歇息。這時爸爸就會對光明會大放厥詞。

某次午餐最讓我印象深刻。泰勒打算用母親準備的食材做墨西哥捲餅，先把三個玉米餅整整齊齊地放在盤子上，然後仔細地放進漢堡排、生菜、番茄，分量鋪得剛剛好，酸奶油也抹得很漂亮，同時爸爸也滔滔不絕。爸爸講到尾聲，打算喘口氣繼續講，泰勒將三個完美無瑕的捲餅放進果汁機，就是母親用來做酊劑的那個。廚房一陣轟隆響，其他人不得不閉嘴。果汁機停下來，爸爸繼續說。泰勒將橘色的液體倒進杯子，小心翼翼地喝了起來，因為他的前牙鬆脫，隨時都有可能掉出來。說到這段時期，我可能會回想起許多事情，但是記得最清楚的就是這件。我記得泰勒喝捲餅汁時，爸爸的聲音就從地板傳來。

春去夏來，爸爸原本是堅決勸說，後來轉為拒絕面對現實。他假裝爭論結束，而且他占上風。爸爸不再提起泰勒要離家的事情，也不肯找人取代他。

某個溫暖的午後，泰勒帶我去拜訪鎮上的外祖父母。他們依然住在帶大母親的屋裡，而那間房子與我們家天差地遠。裝潢並不特別細緻，但是精心維持。地上鋪著乳白色的地毯，牆上有柔和的花朵壁紙，窗邊是打褶的厚窗簾。他們幾乎沒更動過，還是同樣的地毯、壁紙、餐桌、流理台，一切就如母親孩提時代拍的幻燈片。

爸爸不喜歡我們去外婆家。外公是退休的郵差，爸爸說公務員不值得我們的尊重。外婆就更糟了，爸爸說她愚蠢無聊。以前我不認得這個詞彙，但是他常提起，所以我一聽到就會想起她，想起她乳白色的地毯與柔和花朵的壁紙。

泰勒喜歡那裡。他喜歡他們家的寧靜、秩序，喜歡外公、外婆輕聲細語地交談。那間屋子有種氛圍，不需要別人提醒，我就知道不能提高音量，不能打人，不能瘋狂地衝進廚房。但是我需要別人提醒，而且是一而再、再而三，才記得將泥濘的鞋子脫在門外。

「上大學！」我們在花朵圖樣的沙發上坐下之後，外婆說，然後轉向我：「妳一定以哥哥爲榮！」她笑到眼睛都瞇了起來，我看得到她每顆牙齒，**只有外婆會認為被洗腦是好事**。

「我想上廁所。」我說。

我獨自慢條斯理地走進走廊，每一步都特地停一下，故意讓腳趾埋進地毯。我邊笑邊想起爸爸說外婆的地毯這麼潔白，完全是因爲外公沒幹過眞正的活兒。「我的雙手可能不乾淨，」爸爸伸出髒兮兮的指甲對我眨眼。「但這是老實苦幹的髒汙。」

幾週之後就是仲夏。某個週日，爸爸集合全家人。「我們有充足的糧食，有燃料，也存了水。但是我們沒有錢。」爸爸從皮夾拿出二十元鈔票，然後揉成一團。「不是這種假錢。到了世界末日，這些東西就沒價值了。人們會拿幾百元換一捲衛生紙。」

我想像綠色紙鈔就像空汽水罐在高速公路上飛揚。我環顧四周，其他人似乎也想到同樣的畫面，尤其是泰勒。他目光果決，炯炯有神。「我存了一點錢，」爸說：「你們母親也是。我們要把錢換成銀子，以後人們一定希望早點換成金子或銀子。」

沒過幾天，爸爸就帶著銀子甚至金子回家。這些貴金屬都做成硬幣，堆在沉重的小盒子裡。爸爸全放進地下室。他不肯讓我開來看。「這不是玩具。」

幾天後，泰勒拿出幾千美元，也買了一疊銀幣。他賠償農夫的拖拉機和爸爸的廂型車之後，那幾乎是他所有積蓄。他把銀幣放在地下室的槍櫃邊，站在那裡打量銀幣盒子良久，彷彿懸浮在兩個世界中。

泰勒比較心軟，拗不過我千拜託萬拜託，他給我一個手掌大的銀幣，我因此感到放心。

我以為泰勒買銀幣就是輸誠，是向我們發誓，儘管先前一時沖昏頭，儘管他原本想去上學，最後還是選擇我們，在世界末日來臨時，他也會與我們並肩作戰。樹葉從夏季的青綠轉為秋天的暗紅、金黃時，那枚銀幣被我摸了又摸，即使在黑暗中也會閃閃發光。金屬的觸感讓我安心，以為只要這枚硬幣在，泰勒絕對不會離開。

八月某天早上，我醒來就看到泰勒正把衣服、書本和CD放進箱子裡。我們坐下來吃早餐時，他幾乎已經收完。我迅速吃完之後就進他的房間，看到他的書架空蕩蕩，只放了一張CD，就是黑底白衣人的那張，這時我已經知道那是「摩門大教堂合唱團」。泰勒站在門口對我說：「我……我留那張給……給妳。」他走出屋子，開始沖洗車子，沖掉愛達荷州的塵土，彷彿車子從未駛過任何黃土路。

爸吃完早餐，一句話也沒說就出門，我了解他的心情。光看到泰勒將箱子搬上車，我就很激動了。我想尖叫，結果只是衝出後門，跑上山頂。我跑到耳裡血液奔流的聲音蓋過腦中的思緒，最後才轉身跑回去，繞過牧草地，衝到紅色火車廂。我爬到車頂，剛好看到泰勒關上行李廂轉身，彷彿想道別卻找不到人可說。我想像他喚我的名字，想像他沒聽到我回答時拉長臉的模樣。

我爬下車頂時，他已經上車，車子駛上黃土路時，我從水槽後方跳出去。泰勒停車，下車擁抱我。他不是像大人抱小孩般的蹲下來抱我，我們兩人都站著，他低頭對我說他會想我，然後鬆手上車。車子開下山，駛上高速公路。我望著飛揚的塵土漸漸落地。

泰勒後來鮮少回家。他在敵營展開新生活，很少回到我們這邊。我幾乎忘記他，直到五年後，我十五歲那年，他在關鍵時刻闖進我的人生。然而那時我們已經形同陌路。

多年後，我才明白他那天離開付出多大的代價，也才知道他有多不了解他自己將去的地方。東尼和翔恩離開山區，但他們從事父親教導的工作：開半拖車、焊接、撿廢鐵。泰勒卻是前往未知的世界。我不知道他為何那麼做，他自己不清楚，無法解釋打哪兒來的自信，也不知道這種信念怎麼能熾熱燃燒，照亮茫茫前路。我向來認定原因就是他腦中有音樂，那是我們其他手足所聽不到的，他買回三角學的書、保留鉛筆屑時，哼的就是這首不為人知的旋律。

夏季威力日益減弱，彷彿在自己帶來的高溫中漸漸蒸發。白天依舊炎熱，但日落後的涼爽時間越來越長。泰勒已經離家一個月。

那天下午，我去鎮上外祖母家。儘管那天不是週日，早上我還是洗了澡，穿上沒有破洞、髒汙的隆重服裝，梳洗乾淨的我便能坐在外婆的廚房，看她做南瓜餅乾。秋陽透過薄紗窗簾，打在金盞花圖樣的磁磚上，整個房間散發著琥珀光芒。

外婆將第一批餅乾放進烤箱後，我去上廁所。經過鋪著柔軟純白地毯的走廊，突然想起上次看到此處的憤怒，那次我和泰勒一起來。浴室感覺好陌生。我慢慢端詳珍珠白洗手槽、薔薇色的毛巾、蜜桃色的地氈。就連馬桶上都蓋著淡黃色的布套。米白色磁磚牆上掛著鏡子，我看著鏡中的自己，那模樣完全不像平常的我。我想了一會兒，納悶**這一切**是否就是泰勒的理想，一個有漂亮浴室的漂亮房子，或是有個漂亮妹妹去探望他。也許他就是爲了眼前的景象離開家，我因此對他心生厭惡。

水龍頭附近的象牙白盒子裡，有十幾個粉紅色玫瑰或白色天鵝形狀的肥皂，我拿起一隻天鵝，手指用力壓著它柔弱的身體。那塊肥皂很漂亮，我想帶走。我想像這塊肥皂放在我們地下室廁所，想像它細緻的翅膀停在粗糙水泥上，周圍是一攤水窪，後面就是捲曲的黃色壁紙。我又將肥皂放回盒子裡。

出來時碰到外婆，她就站在走廊等我。

「妳洗過手了嗎？」她的聲音溫柔又悅耳。

「沒有。」

我的回答破壞了她聲音中的溫柔。「爲什麼？」

「又不髒。」

「上完廁所之後一定要洗手。」

「又不重要，」我說：「我們家連肥皂都沒有。」

「胡說，」她說：「妳媽的教養沒有這麼差。」

我站穩腳步，準備吵架，準備再次告訴外婆，我們不用肥皂。但是當我一抬頭，我看到的女人不如先前預期。她看起來不愚蠢無聊，不像整天浪費時間照顧白地毯的人。彼時彼刻，她完全變了個人。也許是她眼睛的形狀，她不可置信地瞇眼看我的模樣，或是嘴巴緊閉的線條。也許什麼都沒有，她還是老樣子，說的也是平常說的話。也許在我看來，她突然變了，或許在我又愛又恨的哥哥眼中，她就是這個模樣。

外婆帶我回廁所，盯著我洗手，教我如何用薔薇色的毛巾擦手。我兩耳發燙，喉嚨灼熱。

爸爸做工回家時順道來接我。他按喇叭要我出去，我低著頭出門，外婆跟著我。我衝到副駕駛座，拿開椅子上的工具箱和焊接手套，外婆此時告訴爸爸我沒洗手。爸爸撇嘴聽，右手玩著排檔桿，模樣似乎快笑出來。

回到父親身邊，我又感受到他的力量，眼睛也罩上熟悉的透鏡，外婆一小時前的權威感盡失。

「你們沒教孩子上過廁所要洗手嗎？」外婆說。

爸爸打檔，車子往前滑，他揮手說：「我教他們別尿在自己手上。」

第六章／盾牌、堅壘[9]

奧黛莉在泰勒離家的第一個冬季滿十五歲，她從郡法庭領到駕照，回家途中就找到煎漢堡的工作。後來又找到第二份工作，就是每天凌晨四點去擠牛乳。她和爸吵了一整年，試圖掙脫他的管束。現在她賺錢了，買了自己的車，我們很少見到她。家裡的人越來越少，階級分層也逐漸壓縮。

爸沒有足夠人手蓋乾草倉，只好回去撿廢鐵。泰勒離開之後，其他人往上榮升。十六歲的路克成了家中最長的兒子，父親的左右手，理查和我就成了小兵。

我記得第一天跟著父親進垃圾場工作，地面冷冰冰，就連空氣都像結了凍。廢鐵場在山腳牧草地上方，裡面有成千上萬輛車子、貨車。有些是拋錨的舊車，但是多數都是事故車，看起來也就是那麼回事，不是彎曲就是變形拱起，彷彿是皺巴巴的紙張，不是鋼鐵。廢鐵場正中央有座又大又深的破爛殘骸坑，盡是汽車電池、一團團的絕緣銅線、傳動軸、生鏽的浪板、老舊的水龍頭、摔爛的暖爐、鋸過的銅管等等。大坑無邊無際、雜亂無章。

9 Shield and buckler，出自《聖經》詩篇第九十一章第四節。全文是「他必用自己的羽毛遮蓋你，你要投靠在他的翅膀底下；他的信實像盾牌，像堅壘。」

爸帶著我到邊陲地帶。

「妳知道鋁合金和不鏽鋼的差別嗎？」他說。

「大概吧。」

「跟我來。」他的語氣不耐煩。以往都習慣對成年男子發號施令，現在得對十歲女兒解釋他的工作，我們兩人都覺得遭到侮蔑。

他拉出一塊閃閃發亮的金屬。「這是鋁合金。看到這東西發亮了嗎？妳拿拿看有多輕。」爸把那塊東西放在我的手上。他說得對，沒有看起來重。接著爸爸遞上凹陷的水管。「這就是不鏽鋼。」他說。

我們開始把破銅爛鐵分門別類堆好，之後才能賣錢，有鋁合金、鐵、不鏽鋼、銅。我撿起一塊鐵，上面布滿銅鏽，參差不齊的邊緣很扎手。我戴了皮手套，爸爸看到卻說那只會拖慢我的速度。「妳很快就會長繭。」我交出手套時，他向我保證。我在工作室裡找到一頂硬殼帽子，爸爸也收走。「妳戴這個蠢東西會有平衡的問題，動作更慢。」

爸爸生活在恐懼中，恐懼被時間追上。他慌張地看著太陽移動，焦慮地評估管子長短、鋼板大小時，我都看得出他的恐懼。在爸爸眼中，每塊破銅爛鐵都代表某個賣價，但還得扣掉他整理、切割、運送的時間。每塊鐵片、每段銅管都代表五分、一毛或一元，如果多花兩秒取出、整理，利潤就更少；他常拿這些微薄的收入計算家裡每小時的開銷。他認爲家裡要開燈、開暖氣，就得搏命工作。我從沒見過爸爸搬廢鐵走向分類箱，他總是人站在哪裡，就使盡力氣從哪裡丟。

我第一次看到以爲是意外，以爲是下次改正就好的無心之過；那時我還不了解這個新世界的規則。我本來想彎腰撿銅線，卻感覺旁邊有巨大的東西飛過。我轉身察看究竟，鋼瓶直接撞上我的肚子。

撞擊力道之大，我摔到地上。「糟糕！」爸呼喊。我在冰冷的地上翻滾，等到我掙扎站起來時，爸爸又丟東西過來。我雖然閃過，卻一個踉蹌沒站穩。這次我沒再起身，渾身發抖，但不是因爲天冷。因爲感受到危險，肌膚有種赤裸、刺麻的感覺，當我尋找危險來源，只看到一個疲倦的老人拉扯破燈具。

哥哥們嚎啕尖叫衝進後門，捏著身體某個皮開肉綻、或者被壓碎、或者骨折、或者燒傷的部位，這些情景都歷歷在目。爸爸兩年前曾雇用某名男子羅柏，兩年前他就斷了一根手指。我記得他跑向我家時那慘絕人寰的尖叫聲，我記得自己盯著他血淋淋的手，接著又看看路克放在流裡台上的斷指，那就像魔術表演的道具。母親將斷指放在冰塊上，緊急送羅柏到鎮上，好讓醫生縫合。廢鐵場不只奪走羅柏的手指，更早一年，翔恩的女友艾瑪驚聲尖叫衝進後門。她幫忙翔恩幹活時失去半截食指。母親也急忙送艾瑪去醫院，但是斷掉的那截已經被壓爛，醫生也無能爲力。

我看著自己的小拇指，這時廢鐵場不一樣了。孩提時期，理查和我常在這些殘骸之間打發時間，從一部破爛的車子跳到另一部，洗劫這輛，放過那輛。我們在垃圾場打過無數場虛構的戰爭，可能是惡魔對戰巫師，精靈力抗暴徒，或是山林侏儒力鬥巨人。如今這個場景變了，恢復原本的眞實面貌，不再是我童年的遊樂場；而且廢鐵場的生存守則難以理解又不友善。

我記起艾瑪的鮮血順著手腕流下，在她前臂留下奇怪圖樣；我起身，依舊抖個不停，努力扯出那一小段銅線。我都快成功了，爸爸又拋來一個觸媒轉換器。我往旁邊跳，殘破水槽的鋸齒邊緣刮傷我的手。我把血抹在牛仔褲上大叫：「不要往這裡丟！**我在**這裡！」

爸抬頭，一臉驚愕，他已經忘了我在這裡。他看到我流血，向我走來，一手搭在我的肩上。「不要擔心，女兒，」他說：「上帝在這裡，與我們並肩幹活。祂不會讓妳受傷，否則就是祂的旨意。」

站不穩的不只有我。車禍後半年，母親漸漸痊癒，我們以爲她總有一天會完全恢復。她已經比較少鬧頭疼，所以她一週只有兩、三天會把自己關進地下室。後來復原速度減緩。意外都已經發生九個月，母親依舊頭痛，而且記憶力反覆無常。大家都吃過，碗盤也都洗過，她卻請我準備早餐，這樣的情況一週至少兩次。她會請我幫客戶秤一磅的蓍草，我便提醒她，前一天已經送貨給客戶了。她開始調酊劑，一分鐘後卻不記得自己加過那些材料，只好整罐丟掉。有時她會要我站在旁邊看，才能說：「妳加過半邊蓮了，下一樣應該是藍花馬鞭草。」

母親開始懷疑自己能否再接生，她本人很難過，父親更是悲痛欲絕。母親每次婉拒孕婦，他就會拉長臉。「如果她陣痛時，我突然偏頭痛怎麼辦？」她告訴他：「如果我不記得自己給過她哪些藥草，或記不住胎兒心跳呢？」

最後不是爸說服母親再次接生，而是她自己，也許她要放棄那個身分，至少得先努力過才能舉白旗投降。我記得，那年冬天她接生了兩個寶寶。第一個之後，她回家時虛弱又蒼白，彷彿迎接那個新生命害她元氣大失。第二通電話打來時，母親剛好躲在地下室。她戴著墨鏡開車趕去，想從扭曲的視線中看個究竟。等她到達時，頭痛已經嚴重到她幾乎看不到也無法思考。她將自己關在後屋，交給助手接生。後來母親不再是產婆。再下一次，母親將多數酬勞拿來雇用另一個產婆；現在似乎每個人都得監督她。她曾經是專家，是沒人比得過的權威，現在自己是否吃過午餐都得問十歲女兒。那年的冬天漫長、黑暗，我納悶母親即使頭不痛，是不是也躺在床上。

聖誕節時，有人送她一瓶昂貴的複方精油，對她的偏頭痛頗有療效。但是三分之一盎司要價五十美元，我們實在無法負擔。母親決定自己調配。她開始買單方精油，例如尤加利、蠟菊、檀香和羅文莎葉。家裡向來充滿泥土氣息的樹皮或苦澀的樹葉味道，瞬間轉爲薰衣草和洋甘菊的芬芳。她整天忙著混合精油，不斷調整配方，就爲了調出特定的香味或特質。她準備了簿子和筆，記錄每個步驟。精油比酊劑昂貴，所以看到她因爲忘了是否加過雲杉，而丟掉所有半成品很令人心痛。她調出治療偏頭痛、經期痙攣、肌肉痠痛、心悸的配方，往後又調配出更多種精油。

爲了找出調配比例，母親採用「肌肉測試法」。她向我解釋，那就是「詢問身體需要什麼，讓它回答」。她會對自己大聲說：「我偏頭痛，什麼成分有幫助？」然後拿起一瓶精油壓在胸口，閉著眼睛說：「我需要**這個**嗎？」如果她的身體往前晃，答案就是肯定，那瓶油可以治療她的頭痛。如果她往後擺，答案就是否定，她便再另外選一種。

母親越來越熟練之後，只要運用手指就能測試。她會交叉食指和中指，然後輕輕彎曲問自己。依舊交纏就代表肯定，如果兩指分開就是否定。每次中指指腹滑過食指指甲，都會發出微弱卻清楚的**喀嗒聲**。

她用這種肌肉測試實驗其他療法。家裡開始出現脈輪和穴位的圖表，她收費爲顧客進行「能量療癒」。以前我不知道那是什麼意思，但某天下午，她叫我和理查到裡面的房間，有個名叫蘇珊的婦人在裡面。母親閉著眼睛，左手放在蘇珊的左手上，右手手指交錯，她同時輕聲自問自答。一會兒之後，她轉頭對婦人說：「妳和令尊的關係傷到妳的腎臟，我們調整妳的脈輪時，請妳想著他。」這時母親說明，如果多幾個人在場，能量療癒的功效最大。「這樣就能得到每個人的能量。」她說。母親指著我的額頭，要我輕拍眉心，另一手握著蘇珊的胳膊。理查得拍胸口穴道，另一手伸向我。母親則按住她手心的穴道，伸出腳觸碰理查。「就是這樣。」我握住哥哥胳膊時，母親說。我們默默站了十分鐘，四人形成一圈人體鎖鏈。

我回憶那個下午，最先浮現腦海的就是當時覺得很尷尬。母親說她能感受到傳過我們身體的炙熱能量，但是我毫無感覺。母親和理查閉著眼睛，一動也不動，氣息微弱。他們感受到能量的流動，也很陶醉。我卻侷促不安。我想專心一致，又擔心我會毀了蘇珊的療程，因爲我打破這圈鎖鏈，母親和理查的醫病能量便不能傳給她，因爲在我這裡就被打斷。十分鐘後，蘇珊給母親二十美元，換下一位顧客進來。

就算心存懷疑，也不能全歸咎於我，因爲我不知道該聽信母親的哪一種說法。車禍前一年，母親第一次聽聞肌肉測試和能量治療時，她認爲兩者都是痴心妄想。「人們想要奇蹟，」她告訴我。「只要認定他們能好轉，他們什麼都願意吞下去。但是世上沒有魔法。只能補充營養、多做運動、研讀藥草特性。但是人們一有病痛，就無法接受這個事實。」

如今母親卻說醫病要從心理著手，而且沒有限制。她向我解釋，肌肉測試就像某種禱告，是向神祈求。這種行爲是出自信仰，而上帝透過她的手指展現神的旨意。有時我相信她，因爲她很睿智，答得出每個問題；但我也忘不了另一個同樣有智慧的母親說的話，**世上沒有魔法**。

有一天，母親宣布她的能力已經更上一層樓。「我不必再說出問題，」她說：「默想就可以了。」

從此以後，我發現母親在屋裡走動時，手會輕輕放在不同的物體上，一邊喃喃自語，交錯的手指也會隨之規律彎屈。如果她做麵包，不確定放了多少麵粉，就會**喀嗒喀嗒喀嗒**。如果她正在調配精油，不記得她是否加過乳香，**喀嗒喀嗒喀嗒**。她可能坐下來讀經三十分鐘，忘了自己從幾點開始看，就用肌肉測試法核對。**喀嗒喀嗒喀嗒**。

只要聊天聊到累，或是記憶模糊、甚至日常生活讓母親覺得不滿，她就不自覺地用起肌肉測試法。她的五官會垮下來，面無表情，指頭像傍晚的蟋蟀般喀嗒響。

爸欣喜若狂。「那些醫生沒辦法光靠摸一摸就診斷出病情，」他滿面紅光。「你們母親可以。」

那年冬天，我始終忘不了泰勒。我記得他離開的那天，記得看到他裝滿箱子的車顛簸下山的奇特情景。我無法想像他現在所在的環境，只是有時納悶也許學校不如爸爸預期的邪惡，因爲泰勒是我認識最不邪惡的人，可是他熱愛學校，而且似乎愛學校勝過愛我們。

好奇已經在我心中播種，只需要一點時間和煩悶就足以灌溉施肥。有時我從暖爐上拆下銅料，或是將第五百塊不鏽鋼丟進分類箱，不禁想像起泰勒上課的教室。在垃圾場多工作一小時，我的好奇心就越來越高昂，最後萌生古怪念頭，就是我也應該去公立學校上課。

母親總說我們想去上課就去，她說，只要先問過爸爸就行了。

但是我沒問。每天早上，他帶全家人禱告前，臉上那堅毅線條、那聲輕嘆，都令我覺得我的好奇心是褻瀆上帝，是侮辱他的養育之恩。

只要撿完廢鐵，不必幫母親做酊劑、調配精油，我一定找時間溫習學業。當時母親已經放棄教導我們自學的雄心壯志，但是家裡有電腦，地下室有書。我找到那本有精美插圖的科學書籍、以及幾年前看過的數學課本，我甚至還找到褪色的綠色歷史書。但是我一坐下來看書，幾乎每次都睡著。書本的紙張又亮又軟，我撿廢鐵的時間越久，越覺得這些紙好細柔。

爸爸一看到我看那些書，就會想辦法逼我放下。也許他想起泰勒，也許他認爲只要我費心做其他事情，不消幾年，警報就會解除。因此他努力幫我找粗活，這些事情要不要緊倒不重要。一天下午，他逮到我正在讀數學之後，要我和他一起把水桶拖過整座農場，拖到他的果樹下。這件活兒很稀鬆平常，只是那時正在下大雨。

其實爸爸若眞的想防堵子女對學校和書本太有興趣，若想預防光明會吸收他的孩子，好比泰勒，他應該更注意理查。理查下午也應該幫母親做酊劑，但是他幾乎從未現身，反而逃得無影無蹤。我不知道母親是否曉得他去哪裡，但我知道。一到下午，理查幾乎都在黑暗的地下室，就躲在沙發和牆壁之間看百科全書。如果爸爸剛好經過，就會關燈，叨唸不該浪費電。接著我便找藉口下樓，再幫他開燈。如果爸爸又下去，整間屋子都會聽到他的咆哮聲，他就會教訓母親不該出了房間又不關燈。她從沒因此罵過我，我懷疑她知道理查在地下室。要是我沒機會回去開燈，理查便把臉湊到書上，摸黑看書，他就是這麼想看，這麼想讀**百科全書**。

泰勒走了，家裡幾乎沒有他住過的蛛絲馬跡，只有一件事例外。每天吃完晚餐，我就關上房門，從床下拉出泰勒的手提音響。我先前就把他的書桌拖到我房間，合唱團唱歌時，我就坐在他的椅子上溫書，我也看過他做這件事無數次。我讀的不是歷史或數學，我研究宗教。

我讀《摩爾門經》兩次。第一次讀《新約》是快速瀏覽，第二次才慢慢看，有時停下來做筆記、交叉檢索，甚至寫短篇文章論述信仰或犧牲等教義。沒有人讀那些文章，我寫給自己看，我想像泰勒也只爲自己讀書，不爲任何人。接著我研究《舊約》，然後讀爸爸的書。那些書多半集結演講稿、書信和早期摩門教預言家的日誌。他們的行文措辭就是十九世紀的語氣，拘泥、迂迴卻眞確。起初我完全看不懂，一旦我的眼睛、耳朵適應了，我開始接受先人歷史的斷簡殘編，了解那些人如何開疆闢土。故事雖然寫得栩栩如生，講道的內容卻深奧玄妙，盡是討論晦澀哲學題材的論文，我幾乎將所有學習心力放在這些抽象概念上。

後來回顧，**這**就是我的教育，這才是重點。那就是為了效法遺棄我的哥哥，我可以長時間坐在借來的書桌前，拚命分析摩門教義的狹隘定義。當時我學到重要技巧，即使讀到還不明白的學問，我也能耐著性子繼續研究。

山上的白雪開始融化時，我的雙手已經布滿厚繭。在廢鐵場工作一季，我的反射本能大大精進，學會傾聽爸爸的咕噥聲，因為他之後就會丟出重物，那時我就要趴低。我常趴在泥巴上，所以撿到的廢鐵並不多。爸開玩笑說，我的速度就像往上坡流的糖蜜。

我對泰勒的記憶漸漸模糊，他的音樂也離我遠去，淹沒在金屬撞擊聲中。現在到了晚上，我腦中只聽得到波浪錫板的鏗鏘聲、銅線的短促輕拍聲，或鐵片的轟隆聲。

我已經進入新世界，透過父親的角度觀察人生。我看到天使，至少我想像自己看到了，我看到祂們看著我們撿廢鐵，看著我們往前踏，接住爸爸丟過來的汽車電池、邊緣參差不齊的鋼管等。爸爸丟擲東西時，我不再大吼大叫，只是默禱。

我自己撿廢鐵時，動作比較快。某天早上，爸爸在靠山的北端，我走向草原附近的南端。我在分類箱裡丟進兩千磅的鐵，胳膊痠痛的我跑去找爸爸。箱子必須清空，但是我不會操作叉裝車，那是一輛巨大的伸縮臂起重車，黑色輪子都比當時的我還高。起重機可以將分類箱抬到二十五呎高空，吊桿伸長，傾斜叉鏟後，就能將廢鐵倒進拖車，還會伴隨著震耳欲聾的哐噹聲。平板拖車經過改裝，適合裝載廢鐵，基本上就是個巨大的後斗，由極厚的白鐵製成，高達八呎，整部拖車可以載十五到二十箱，也就是相當於四萬磅的廢鐵。

我看到爸爸正在平地點火燒掉銅線的絕緣體。我說箱子已經滿了，他跟著我走向起重機。他向拖車那邊揮手示意。「廢鐵倒進去之後，如果妳能整理一下，就可以裝更多。跳進去吧。」

我聽不懂。他要我跳進分類箱，一起倒進拖車？「你倒完之後，我再爬進去。」我說。

「不，妳先爬進去比較快。」爸說：「分類箱抬到拖車高度時，我會暫停，那時妳就能爬出來，沿著後斗邊緣走到駕駛室上方，等我倒完廢鐵。」

我站在一段鐵片上，爸爸用叉子鏟起分類箱，然後將我和廢鐵抬高，全力加速開向拖車頭，我幾乎快掉下去。最後一次轉彎時，箱子用力晃動，一根鐵釘被拋向我。釘子刺進我膝蓋下方一吋的小腿內側，那勢頭就像刀子切進熱奶油。我想拔出來，但是其他廢鐵壓住鐵釘。我聽到起重臂伸長時的液壓幫浦聲，箱子和拖車一樣高時，聲音停住。爸爸正在等我爬到拖車後斗上，但是我動彈不得。「我卡住了！」我大叫，可是起重機的引擎聲音太大。我不知道爸爸是不是看到我安全坐在拖車駕駛室上，才會傾倒廢鐵。然而我知道他不會等，他不能浪費一分一秒。

液壓幫浦又發出聲音，分類箱被抬高八呎，已經準備傾倒。我再次喊叫，先調高音頻又降低，就是想找到可以蓋過引擎聲音的音調。箱子開始傾斜，起初速度緩慢，接著越來越快。我被卡在後方，只能兩手緊握箱子頂端，等到箱子呈垂直時，我才有地方抓。分類箱往前傾倒，前面的廢鐵開始一點一滴往前滑，廢鐵冰山分崩離析。嵌在我腿上的鐵釘將我往下拖。我的手漸漸鬆脫，我的身子往前滑，這時鐵釘終於被扯開，砰的一聲落進廢鐵斗。我終於可以脫身，卻往下落。我不斷揮動雙臂，希望抓住不是往前傾洩的東西。這時我的手突然抓到分類箱的側邊，但是箱子幾乎與地面垂直。我撐起身體，探到箱子外，再往下摔。我希望並祈禱自己摔到地上，而不是摔進廢鐵劇烈碾磨的後斗。往下摔時，我只看得到藍天，只能等著銳利的金屬刺穿，或撞上硬邦邦的地面。

我的背撞到金屬，是後斗。我的腳翻到頭上，繼續往下落。撞到後斗前大概掉了七、八呎，第二次大概有十呎。我吃到土時如釋重負。

我仰躺了十五秒，起重機的引擎才停下來，隨之而來的是爸爸沉重的腳步聲。

「怎麼了？」他跪在我旁邊。

「我掉出來。」我喘氣，因為無法呼吸，而且背部劇痛，彷彿我被切成兩半。

「怎麼會？」他的語氣透露同情和失望。我覺得自己很蠢，**我應該辦得到，明明就很簡單**。

爸爸檢查我腿上的傷口。鐵釘脫落時，傷口又被扯得更大。這時看來就像個凹洞，肉都被壓到看不見了。爸爸脫下法蘭絨襯衫壓在我腿上。「回去吧。妳媽會幫妳止血。」

我跛腳穿過草地，看不到爸爸之後才倒在麥草叢中。我渾身發抖，大口呼吸卻依然覺得喘不過氣。我不知道自己為何哭泣，畢竟我活下來了，我不會有事，天使已經幫忙。既然如此，我為何還打顫？

我穿過最後一片草地快到家時開始頭暈，但是我用力推開後門，就像以前哥哥們和羅柏、艾瑪做過的一樣，我大聲呼喚母親。她看到地板的血紅腳印時，取出用來治療大出血和休克的「急救寧」[10]，在我的舌下滴了十二滴無色無味的液體。她左手輕輕放在我的傷口上，右手指交錯，閉著眼睛，**喀嗒喀嗒喀嗒**。「沒有感染破傷風，傷口有朝一日會癒合，但會留下難看的疤痕。」

她要我俯臥，檢查背後人頭大的深紫色瘀青，挫傷一直延伸到屁股上幾吋。她再度閉上眼睛，手指交錯，**喀嗒喀嗒喀嗒**。

「妳傷到腎臟，」她說：「我們要趕快再做一批杜松和毛蕊花酊劑。」

膝蓋下的傷口結疤，在皮膚上形成一條深色黑渠時，我下定決心。

我選定某個週日傍晚，那時爸坐在沙發上，翻開的《聖經》放在腿上。我在他面前站了許久，感覺似乎站上幾小時，他都沒抬頭，我只好脫口說：「我想上學。」

他彷彿沒聽到。

「我一直都有禱告，我想上學。」

爸爸終於抬頭往前看，目光彷彿停在我背後的某個物體上。他沉默不語，氣氛沉重。

「在這個家，」他說：「我們遵守上帝的誡律。」

他拿起《聖經》，目光來回穿梭在行與行之間。我轉身離開，還沒走到門口，爸爸又

---

10 Rescue Remedy，由花卉精華提取而成。

說：「妳記得雅各和以掃嗎[11]？」

「記得。」我說。

他繼續看書，我默默離開。我不需要聽他解釋，我知道那個故事的意義。他的意思是我不是他養大的女兒，我沒有信仰，竟然想用繼承權換碗濃湯。

11 Jacob and Esau，《舊約》創世紀的故事，長子以掃和弟弟雅各有嫌隙，後來心機重的次子騙走長子的繼承權，兄弟從此反目。故事中的以掃因為飢餓，同意用繼承權向弟弟換碗濃湯。

第七章／耶和華必預備[12]

那是個無雨的夏季。每天下午，烈日高照，乾熱高溫烘烤著整片山野。因此我每天早上越過田地到牛棚時，腳下的野麥彷彿立刻被我踩斷，還發出嗶剝聲。

整個琥珀色的早晨，我都忙著幫母親做「急救寧」。我得從母親的縫紉櫃——因爲平常不能用，另外存放也爲了防止汙染——取出十五滴基底配方，加入一小瓶蒸餾水中。然後拇指和食指扣成環狀，再將瓶子穿過這個環。母親說這種順勢療法穿過我的手指越多次，就能從我身上得到越多能量。我通常重複做五十次就會停止。

爸和路克到草原更上方的垃圾場，離家大約四分之一哩。他們正在幫報廢車進行前置作業，因爲爸爸那週要租輾壓機。當時路克十七歲，身材精瘦、結實，在戶外工作時總是掛著從容的微笑。路克和爸正在抽乾油箱的汽油，進行輾壓之前一定要拆掉油缸，否則有爆炸的風險，因此每部車都要抽掉汽油、拆掉油箱。如果用槌頭打穿油箱，等汽油滴完再用火炬噴槍拆除，太過費時。爸想出另一套省時的程序，他找到八呎高的粗鐵棍，將車子用堆高機抬高，路克在旁邊指揮，車子油箱抬到鐵棍上方時，爸爸就放開車子。如果一切順利，鐵棍就

12 The Lord will Provide，出自《聖經》創世紀第二十二章第十四節。

會刺穿車子，油箱的汽油會順著鐵棍往下流到爸爸焊接製作的油槽。

中午時，他們已經抽乾三十到四十部車子的油，路克將集油的五加侖桶子拖到爸爸的平板拖車上，途中他絆了一跤，一加侖的油濺到他的牛仔褲上，但是褲子在豔陽下幾分鐘內就乾了。他搬完桶子便回家吃午餐。

那頓午餐的回憶清晰得怵目驚心。我記得燉牛肉馬鈴薯的油膩味道，記得冰塊落入玻璃杯的哐啷聲，記得杯子上的水珠。我記得母親交代我洗碗，因爲她飯後要去猶他州找另一個產婆商量某個複雜的懷孕案例。她說可能趕不回來做晚餐，但是冰箱有漢堡。

我記得那天我笑了整整一小時。爸爸躺在廚房地板上，拿鎭上頒布的新法令開玩笑。先前有隻流浪狗咬傷小男孩，大家都很生氣。鎭長決定每家最多只能養兩隻狗，然而攻擊事件的狗兒根本沒有主人。

「這些天才社會主義者，」爸說：「要是不幫忙蓋個屋頂，他們乾瞪眼就會溺死。」我笑到肚子痛。

路克和爸爸走回山上準備用火炬噴槍時，已經完全忘記褲子上的汽油，他將切割器放在臀邊，摩擦點火石，小火星引發的火焰吞沒他整條腿。

路克脫不掉浸滿汽油的牛仔褲就是我們記得的段落，而且說了又說，幾乎成了家裡的傳說。當天早上，他一如往常用石棉繩束緊褲子，那種繩子相當平滑，得打個拴馬結才不會鬆開。此外他的鞋子也是一大阻礙，那雙圓頭工作靴非常破舊，他每天早上都用膠布黏好，晚上再用小刀拆開。路克當然可以在幾秒內切斷石棉繩和膠布，但是他慌了手腳，像頭雄鹿般亂衝亂撞，火花延燒到早就被曬得又乾又脆的山艾草和麥草叢。

我剛把髒碗盤放到水槽，才開了水就聽到淒厲的嚎叫聲，那聲音開始和結束的音調都不一樣，肯定是人類的叫喊，我沒聽過動物發出這麼多音頻的聲音。

我衝到屋外，看到路克跛腳穿過草地，他尖叫著要找母親，然後就倒下。這時我便看到他左腳的牛仔褲褲管已經融化，那條腿有一部分蒼白又布滿鮮血，其他部位已經褪色壞死。薄薄的皮膚繩索般的繞著大腿往下延伸到小腿，就像廉價蠟燭上滴落的蠟。

他已經翻白眼。

我衝回屋裡。我剛剛才做了好幾瓶的「急救寧」，基底配方還放在流理台上，我快速取過又跑到屋外，往路克抽搐的嘴唇裡倒了半罐，情況依舊沒改善，他的眼球只有眼白。

接著我看到一邊的瞳孔，另一邊也出現。他先是喃喃自語才大叫：「著火了！著火了！」他吼著，突然打寒顫，牙齒格格作響，而且全身發抖。

當時我才十歲，而且那個早晨，我覺得自己格外稚嫩。路克是哥哥，我以爲他知道該怎麼做，我抓住他的肩膀猛搖。「我要幫你保暖還是冰敷？」我大喊，他只對我倒抽一口氣。

我理智分析，他是燒傷，應該先對症下藥。我從陽台的掀蓋式冰櫃拿出一包冰塊，但是冰塊一碰到他的腿，路克便驚聲尖叫。他拱著背，眼睛似乎快跳出眼眶，我只能絞盡腦汁，另外想辦法冷卻那條腿。我想到挖空冰櫃讓路克進去，但是冰櫃要蓋上蓋子才夠冷，卻會悶死他。

我在心裡搜尋屋裡的用具。家裡有個超大垃圾桶，裡面堆滿腐爛的食物，因爲超臭，我們把桶子放進櫃子裡。我衝進屋子，把垃圾桶拖出來，想到理查前一天丟進一隻死老鼠。於是我把桶子搬出去，用水管沖洗。我知道也許該用洗碗精徹底清潔，但是看到路克在草地上痛苦打滾，時間恐怕不夠。沖掉所有廚餘之後，我把桶子放正，往裡面灌水。

路克爬過來，急著把腿放進去，我腦裡響起母親的聲音。她說過，燙傷的大問題不是組織壞死，而是感染。

「路克！」我大叫：「不行，不要把腿放進去！」

他不理我，繼續爬向垃圾桶。他冷酷的眼神說明其他事情都不重要，那火已經從腿上燒進他腦子裡。我加快動作，打翻桶子，水流到草地上。路克發出咕嚕聲，好似噎著。

我衝進廚房，找到可以放進垃圾桶的塑膠袋。我叫路克將腿放進袋子，他沒動，但是任由我將塑膠袋套上他燒得皮開肉綻的腿。我放好垃圾桶，將水管丟進去，扶路克一腳站起，再把黑色塑膠袋裹住的腿放進去。午後炎熱，水會快速升溫，所以我丟了一包冰塊進去。

沒多久，約莫二十或三十分鐘，路克似乎恢復神智，已經冷靜到可以自己站好。

垃圾桶就放在草地中間，樹蔭在十呎外，陽光毒辣。我拖不動裝滿水的桶子，路克也不肯抽出腿，一分鐘都不願意。我取來祖母在亞利桑那給我們的草帽，路克牙齒依舊不斷打顫，因此我還拿了毛毯。他就戴著草帽、披著毛毯站在烈日之下，一條腿泡在垃圾桶裡。他的模樣半像流浪漢，半像度假遊客。

日頭下的冷水不斷升溫，路克開始不舒服地動來動去。我跑回冰櫃邊，裡面已經沒有冰塊，只有十幾袋冷凍蔬菜，我只好全丟進垃圾桶裡。結果水變得混濁，還飄著豆子和胡蘿蔔。

爸回來了，我不知道中間隔了多久，他的神情憔悴沮喪。不再哀號的路克已經安定下來，雖然站著，但已經盡可能地歇息。爸將垃圾桶推到樹蔭下，因爲路克雖然戴著草帽，雙手和手臂已經曬得紅通通。爸說不要動路克的腿，等母親回來才是上策。

母親的車大概六點出現在高速公路上。我在上坡路中途等她，告訴她發生了什麼事。她奔向路克，說她必須看他的腿，他這才肯舉起腿，水滴得到處都是。塑膠袋緊貼著傷口，母親不想傷到脆弱的軟組織，小心謹慎地慢慢剪開塑膠袋。腿上的血不多，水泡更少，因爲有皮膚才有傷口，但路克幾乎是腿無完膚。母親的臉色變得臘黃，但她很鎮定。她閉眼，交錯手指，大聲問傷口是否遭到感染。**喀嗒喀嗒喀嗒**。

「泰拉，妳這次很走運。」她說：「但是妳在想什麼？竟然把燒傷的腿放進**垃圾**桶？」

爸爸抱路克進屋，母親去拿手術刀。母親和爸爸幾乎花了一整晚才割掉所有死皮，路克努力忍住別叫，但是他們爲了確定死皮範圍而掀開或拉緊他的皮膚時，路克大口喘氣，淚珠滾滾落下。

母親敷上毛蕊花和紫草軟膏，這是她自己的獨門祕方。她擅長處理燒燙傷，這是她的專長，但我看得出她很擔心。她說她沒看過路克這麼嚴重的傷勢，也不知道治療會有何成果。

頭一晚，母親和我留在路克床邊。他幾乎沒睡，因爲高燒、劇痛而心神錯亂。我們冰敷他的臉和胸口，給他半邊蓮、藍花馬鞭草、美黃岑止痛。這也是母親另一種祕訣，我從廢鐵分類箱摔下來時也服用過，目的就是在傷口癒合的期間減緩小腿抽痛感。但是在我看來，這個方法沒有太大效果。

當時我相信上帝厭惡醫院的藥方，但是那晚如果我有嗎啡，我一定給路克。他痛得無法呼吸，只能半坐在床上，大滴大滴的汗珠從額頭落到胸口。他憋氣不呼吸，直到整張臉脹到紅變紫，似乎覺得只要腦子缺氧，他就能撐過一分鐘。肺痛到蓋過燒傷痛，他才大叫喘氣，因爲他終於放過他的肺，也因爲左腿劇痛。

第二晚，我獨自照顧他，母親才能休息。只要他有任何聲音、任何動靜，我就會醒來放冰塊或上酊劑，免得路克痛醒。第三晚換母親，但我還是站在門口，豎起耳朵聽他喘氣，看著母親照顧他。她神色茫然，眼睛因爲擔憂和疲累而腫脹。

我睡著便作夢。我夢到我沒看到的那場火災，夢到躺在那張床上的是我，身體像個木乃伊裹著繃帶的也是我。母親跪在我的床邊，緊握著我上了繃帶的手，就像她握著路克的模樣，另一手輕撫著我的額頭祈禱。

路克那個週日沒上教堂，第二、第三個週日也沒去。爸要我們說路克病了，說政府如果聽聞路克燒傷，聯邦探員就會帶走我們這些孩子。他們會把路克送去醫院，他的腿便會感染發炎，最後連命都沒了。

火災三週後，母親宣布傷口邊緣的皮膚開始長出來了，她有信心，即使最嚴重的部位都可以復原。那時路克已經可以坐起身，一週後，當第一波寒流來襲時，他拄著拐杖已經能站立一、兩分鐘。不久後，瘦得像四季豆的他便在屋裡跳著移動，也盡可能多吃，補回失去的體重。那時石棉繩已經成了一則寓言。

「任何人都該有條真正的皮帶。」爸爸早餐時說，那時路克已經恢復到可以回廢鐵場工作。爸爸遞給他一條銀釦皮帶。

「路克不需要，」理查說：「他寧可用石棉繩，你知道他多時髦。」

路克咧嘴笑。「帥氣最重要。」

十八年來，我從沒仔細檢討那一天。少數幾次想到那個炎熱午後時，我第一件記起的事情總是那條皮帶。**路克，你這個瘋子。不知道你是否還用石棉繩？**

如今坐在桌前寫作的我二十九歲，從多年前的呼喊聲和尖叫聲中重新建構陳年往事。我不斷扒翻腦海深處，寫到最後卻打住。這個故事前後不連貫，有個缺口。

我讀了又讀，終於發現了。

誰滅的火？

一個冬眠已久的聲音說，**是爸爸**。

但我看到路克時，他旁邊沒有人。如果爸爸和路克一起上山，應該會送他回屋裡，應該會治療他的燒傷。爸在其他地方幹活，所以路克只好自己下山，所以十歲妹妹才得想辦法，所以他的腿才會泡進垃圾桶。

我決定問理查，他比我大，一定記得比我清楚；況且我得到的最新消息是，路克已經不用電話了。

我撥通電話。理查想起來的頭一件事就是石棉繩，而且根據他的風格，他用的詞彙是「捆包用品」。接著，他才想起濺出來的汽油。我問到路克如何滅火又自己下山，畢竟我看到他的時候，他已經休克。理查平鋪直敘地說，爸爸和他一道。

可不是。

那麼爸爸為何沒進屋裡？

理查說，因為路克奔過雜草叢，導致山裡失火。妳記得那年夏天吧？又乾又熱，不能放任夏季的山林起火不管。所以爸扶路克上卡車，要他開回家找母親，只是母親不在。

可不是。

我想了幾天才坐下來寫。起初爸爸在場，取笑社會主義者，說著狗啊、保護自由黨派人士淹死的屋頂。然後爸爸和路克回山上，母親開車離開，我轉開水龍頭在水槽裡放水。又來了，這似乎是我第三次覺得不對勁。

山上出事。雖然只能靠想像，但我卻看得很清楚，比我實際看過還清楚。車子已經堆好，等著處理，油箱都刺穿、油也滴光了。爸爸揮手示意一整疊的車子說：「路克，把油箱割下來吧。」路克說：「沒問題，爸。」火炬噴槍就拿在臀部邊，然後摩擦點火石。火焰突然冒出來撲向他，他尖叫，掙扎著要解開石棉繩，再度尖叫，奔過野草叢。

爸爸追著他，喝令他站好。那大概是路克生平第一次不聽爸爸指示，路克跑得很快，但爸爸很聰明。他穿過報廢車塔抄捷徑，抱住路克，將他撲倒在地。

我無法想像接下來發生的事情，因爲沒有人告訴我爸爸如何撲滅路克腿上的火。但是我想起一個畫面，媽媽那晚在爸爸發紅又起水泡的手上塗藥膏，他的表情扭曲。我知道他做了什麼。

所以路克身上的火被撲滅了。

我努力想像爸爸做決定的那刻。他望著迅速延燒的火勢，烈日下的野草很快就被吞噬。他看著兒子，心想如果能盡早滅火，就能預防野火，也許還能救下房子。

路克似乎還算清醒，腦子來不及消化剛發生的事情，痛覺尚未開始。**耶和華必預備**，我想像爸爸這麼想，**上帝沒讓他昏過去**。

我想像爸爸對著天空大聲祈禱，將兒子抱上卡車的駕駛座，啓動引擎，排到一檔。車子的速度剛剛好，路克也抓著方向盤，爸爸跳下行駛中的卡車，重重落到地上滾了幾圈，衝回火勢越來越大的火災現場。**耶和華必預備**，他默唸著，然後他脫掉襯衫，撲打火焰。

第八章／小小娼妓

我不想再去廢鐵場，唯一的方法就是仿效奧黛莉找份工作，爸爸集合手下時，我就不在家。問題是我才十一歲。

我騎了一哩單車到黃土飛揚的小鎮。鎮上並不熱鬧，只有一座教堂、一個郵局和一個名叫「傑老爹」的加油站。我走進郵局，櫃檯後面有位年紀較大的婦人，我知道她是瑪娜・莫爾，因為加油站就是瑪娜和她的丈夫（傑老爹）開的。限制一家只能養兩條狗的法令推手就是他們，許多法令也由他們提議。爸爸每週日從教會回來時，都會扯開喉嚨提到瑪娜和傑・莫爾，說他們好像來自蒙特雷還是西雅圖等等，自以為可以把西岸的社會主義強加在愛達荷州的老好人身上。

我問瑪娜能否將自己的聯絡方法貼在公告欄上。她問我理由，我說我想找保姆的工作。

「妳什麼時段方便？」

「隨時都可以。」

「妳是說放學之後嗎？」

「我是說隨時都可以。」

瑪娜歪著頭看我。「我女兒瑪麗想找人幫忙帶最小的那個，我幫妳問問。」

瑪麗在學校教護理，爸爸說在醫療機構**和**政府做事的人被洗腦得最嚴重。我以爲他不肯讓我去幫她，沒想到他答應了，我很快就開始每週一、三、五早上幫瑪麗帶女兒。後來瑪麗又有個朋友伊芙需要找人在週二、週四幫忙帶三個孩子。

同一條街一哩遠有個男人藍迪做小本生意，他賣腰果、杏仁和夏威夷果。某天下午他到郵局，與瑪娜聊起他自己裝箱打包有多累，眞希望找個孩子來打工，但是所有人不是忙著踢球就是參加樂團。

「至少有個孩子不是，」瑪娜說：「她應該很有興趣。」她指向我的名片。不久之後，我週一到週五從八點到十二點都要照顧小孩，下午到晚餐之間就在藍迪家包腰果。我的工資其實不多，但是我從沒賺過錢，自然覺得是鉅款。

教會的人說瑪麗彈了一手好琴，還用到「專業」這個詞。我本來不懂，某天瑪麗在教堂彈了一首獨奏曲，我簡直無法呼吸。以前我聽過許多人彈琴伴奏聖歌，但是瑪麗的彈奏完全不同於那些亂七八糟的演奏。很明亮、空靈。一會兒是堅石，一會兒又成了風。

隔天瑪麗從學校下班回家，我問她能否將工資換成鋼琴課。我們坐在琴凳上，她示範幾段指法之後問我除了鋼琴還學什麼。爸曾交代，如果有人問起學業，我該怎麼回答。「我每天都要上課。」我說。

「妳認識其他孩子嗎？」她問：「妳有朋友嗎？」

「當然。」我說，瑪麗便繼續上課。下課時，我正要離開，她說：「我妹妹卡洛琳每週三在『傑老爹』後面教舞蹈，那邊有很多妳這個年紀的女生，妳也可以去參加。」

那個週三，我提早離開藍迪家，騎去加油站。我穿著牛仔褲、寬大的灰T恤和工作靴。其他女生穿黑色連身緊身衣和閃閃發亮的裙子、白色褲襪和牛奶糖色的芭蕾舞鞋。卡洛琳比瑪麗小，妝容無懈可擊，一對金色耳環在栗子色的鬈髮之間閃啊閃。

她要我們一排排站好，然後教一小段標準動作。角落的手提音響播放某首歌曲，我從沒聽過，但是其他女生都認得。我看著鏡子裡的我們，看著這十二個瘦小的女孩單腳旋轉，轉出黑色、白色或粉紅色。我再看看自己，身影龐大，而且灰撲撲。

下課後，卡洛琳要我買黑色連身緊身衣和舞鞋。

「我不能買。」我說。

「喔。」她一臉尷尬。「也許同學可以借妳一雙。」

她誤會了，她以為我沒錢。「不端莊。」我說，她驚訝地張大嘴。**這些來自加州的莫爾家人**，我心想。

「妳不能穿靴子跳舞，」她說：「我再跟妳媽媽談。」

幾天後，媽媽載我到四十哩外的小店。架子上有各種奇特的鞋子和尼龍布料的特殊服裝，沒有一件端莊。母親直接走向櫃檯，說明我們要找黑色連身緊身衣、白色褲襪和爵士舞鞋。

「收進妳的房間。」我們離開商店時，母親告訴我。她不必多說，我知道不能讓爸爸看到緊身衣。

那個週三，我穿緊身衣、褲襪，外面罩著灰色T恤。T恤幾乎長到膝蓋，但是我看到整雙腿露出這麼大一截，還是覺得丟臉。爸說過，守婦道的女人不會露出腳踝以上的部位。

其他女生鮮少找我說話，但是我喜歡和她們一起上課，喜歡整齊一致的畫面。學跳舞就像學習社會化。我可以熟記那些動作，便能走進她們心裡，跟著她們一起踏出弓箭步，一起高舉雙手。有時我瞥向鏡子，看到我們旋轉的身影卻無法立刻找到人群中的自己。就算我穿灰色T恤，就算我是天鵝群中的醜小鴨，都不打緊。我們動作一致，整齊劃一。

我們開始排練聖誕節的表演，卡洛琳打給母親討論上台服裝。「裙子多長？」母親說：「透明？不行，這可不成。」我聽到卡洛琳說班上其他女生想穿的服裝。「泰拉不能穿那種衣服。」母親說：「如果其他女生要穿那種服裝，她就留在家裡。」

卡洛琳打來之後的下一個週三，我提早幾分鐘到「傑老爹」。年紀較小的那班剛下課，店裡都是蹦蹦跳跳找媽媽的六歲女童，她們戴著絲絨帽子，裙子上閃耀著深紅色的亮片。我看她們穿梭在走道間，細細的腿上只有透明絲襪，看起來就像小小娼妓。

其他同學也來了。她們看到小妹妹的服裝，迫不及待衝進舞蹈教室，想看看卡洛琳準備了什麼。老師腳邊的紙箱裝滿灰色運動衫，開始一一分發。「這是妳們的服裝！」她說。同學拿起運動衫，目瞪口呆。她們以爲會有雪紡紗、緞帶，而不是無聊的水果牌[13]純棉T。卡洛琳盡力改造運動衫，衣服上縫著超大聖誕老公公，周圍還有一圈亮片。但這只讓運動衫看起來更灰暗。

13 Fruit of the Loom，十九世紀中創立於肯塔基州的成衣品牌。

母親沒對爸爸提起這場表演，我也沒邀他去觀賞。憑藉多年的觀察，我猜也猜得到不該說。表演當天，母親對爸爸說我晚上「有事」。爸爸詳細追問，母親頗意外，幾分鐘後，她才承認是舞蹈表演。母親說我向卡洛琳．莫爾學跳舞時，父親咧嘴笑。我以為他又要長篇大論加州社會主義那套，結果不然，他只是拿了外套，我們三個就上車了。

我們在教堂表演。所有人都到了，不是帶著新穎的相機就是笨重的家庭錄影機。我在主日學教室換裝，其他女生開心地閒聊，我套上運動衫，拚命往下拉，在台上排隊時還拉著衣服。

鋼琴上的手提音響一放音樂，我們便開始跳舞。我們依序踏腳，接著應該往前跳、舉高手、旋轉。我雙腳始終黏在地板上，手應該高舉過頭，我只舉到肩膀。其他女生蹲下來拍打舞台時，我只稍微彎腰；我們應該側翻時，我只左右擺動，拒絕在頭下腳上時讓衣服往下掉，絕對不能讓大腿露出運動衫之外。

音樂停止，我們下台時，其他女生對我怒目相視，我毀了整場表演，但是我幾乎看不到她們。我只在乎屋裡某個人，就是爸爸。我很快就在觀眾中認出他，他站在後面，舞台的燈光在他方正的眼鏡上一明一滅。他面無表情，但是我看得出他的憤怒。

回家的車程只有一哩，感覺卻像是一百哩。我坐在後座聽父親咆哮。母親怎麼能讓我當眾違背神旨？所以她才不讓他知道表演的事？母親咬唇聽了一會兒，然後對空攤手，說她不知道表演服裝那麼不端莊。「我很氣卡洛琳．莫爾！」

我湊向前座，想看清楚母親的表情，希望她看到我，看到我臉上的疑惑。因為我不懂，完全不明白。我知道母親不氣卡洛琳，因爲她幾天前就看過那件運動衫。她甚至打給卡洛琳，謝謝她特地挑我也能穿的衣服。母親轉頭向著窗外。

我盯著爸爸後腦勺的白髮，他默默地聽母親責罵卡洛琳，說服裝多糟糕、多不檢點。我們開上結冰的車道時，爸爸頻頻點頭，母親說得越多，他越平靜。

那一晚到睡前，父親不斷說教，指責卡洛琳的舞蹈課就是撒旦的手段，就像公立學校一樣，因爲名實不符。表面**宣稱**教舞，實際傳授的卻是下流舉止、淫亂行爲。爸說，撒旦很狡猾。只要說是「舞蹈」，善良的摩門教徒就能接受女兒在上帝的殿堂學娼妓般舞動。這點最讓爸爸憤怒，竟然在教堂進行這種猥褻活動。

他講累上床之後，我爬進被窩，盯著黑暗的天花板。有人敲門，是母親。「我早該猜到，早該料到那種課賣什麼藥。」

那次表演之後，母親一定心存愧疚，因爲接下來幾週，她努力幫我找爸爸不會反對的課。她發現我常在房裡，用泰勒的手提音響聽「摩門大教堂合唱團」，便開始找歌唱老師。她找了好幾週才找到，又花了好幾週才說服老師收我當學生。歌唱課的學費比舞蹈課貴多了，母親拿賣精油的收入支付。

老師又高又瘦，彈奏琴鍵時，長指甲會發出喀喀聲。她拉我脖子上的髮根，矯正我站直、收下巴，然後要我躺在地上，踩我腹部，鍛鍊我的橫隔膜。她極端注重身體是否平衡，常打我膝蓋，提醒我站直，站得頂天立地。

上了幾次課之後，她宣布我已經可以在教堂唱歌，她也安排好了。那個週日，我就要在信眾面前唱聖詩。

那幾天過得特別快，因爲越害怕，日子就越短。週日早晨，我站在布道壇，盯著底下的人。我看到瑪娜和傑老爹，瑪麗和卡洛琳就坐在他們後面。他們一臉同情，以爲我可能會丢臉。

母親彈序曲，琴音停止，我該引吭高歌。那時候我可能想到許多事情，想到老師和她教的歌唱技巧，例如站好、站挺、下巴放鬆。但我只想到泰勒，想到我躺在他書桌旁，想到我聽「摩門大教堂合唱團」以顫音唱歌時，盯著他腳上的毛襪。他介紹我欣賞這些歌聲，對我而言，只有巴克峰的美足以匹敵。

母親的手指懸在鍵盤上。這段暫停變得很尷尬，信徒們侷促不安地扭動。我想到那些歌聲，想到歌聲中的奇特矛盾——他們的聲音似乎飄在半空中，軟綿如和風，又犀利到足以劃破空氣。我向那些歌聲靠攏，在記憶中搜索，果然找到了。一切如此自然，彷彿我想到那些聲音，那些歌聲便出現。以往我想的事情從來不會成眞。

唱完歌，我坐回長椅。那天的儀式結束前還有一段禱告，之後人們圍到我身邊。穿著花洋裝的婦人微笑，拍拍我的手，穿著黑西裝的男人拍拍我的肩。合唱團團長邀我加入，戴維斯弟兄請我去扶輪社唱歌，主教——摩門教的牧師——說他希望我去葬禮上唱歌。我答應每個邀約。

爸爸對所有人微笑。教會中幾乎沒有人不是他口中的異教徒，因爲他們看醫生、送孩子去上公立學校。但是那天他似乎忘了加州社會主義和光明會，他站在我身邊，一手搭在我的肩上，優雅地接受眾人的讚美。「我們很有福氣，」他不斷重複這句話。「非常有福氣。」傑老爹從另一端走到我們座位前，說我的歌聲就像上帝的天使。爸爸望著他一會兒，眼睛閃閃發亮，之後和傑老爹握手的模樣彷彿是多年好友。

我從未見過父親這一面，但後來只要我唱歌就能看到。無論他在廢鐵場工作多久，他一定會開過河谷來聽我表演，從不嫌累。無論他多厭惡傑老爹這些社會主義者，一旦他們稱讚我的歌聲，爸爸絕對會暫時放下他和光明會的戰爭，說：「對，感謝上帝，我們很有福氣。」只要我開口唱，爸爸似乎就會忘掉世界有多可怕，可能會害我沉淪，所以我應該躲在家裡才安全。他希望大家聽到我的歌聲。

鎮上的劇院準備推出《安妮》[14]，我的老師說如果導演聽過我唱歌，一定會讓我主演。母親警告我不要抱太大希望，因爲我們無法負擔一週連續四晚開十二哩到鎮上排練。就算付得起，爸爸也不會答應我自己住在鎮上，誰曉得我會碰到什麼樣的人。

我依舊練習那些曲目，反正我也喜歡。某天晚上，我正在房裡唱歌：「明日太陽依舊東升」，父親剛好回來吃晚餐。他默默地嚼著肉餅聽我唱。

「我會籌錢，」那天晚上，他上床時告訴母親。「妳幫她報名試鏡。」

---

14 Annie，百老匯音樂劇，改編自漫畫，背景是一九三〇大蕭條年代的紐約，故事講述孤兒安妮如何從無依無靠的孤女到最後成為豪宅主人的過程。

第九章／在他的世代是個完人[15]

我在《安妮》音樂劇中飾演主角的那個夏季是一九九九年，那時父親的準備工作正是最如火如荼的階段。打從我五歲那年韋佛家遭到包圍，他就沒這麼確定世界末日一定會來。

爸爸稱爲「千禧年」，他說那年一月一日，全世界的電腦都會故障。到時沒有電、無法打電話，整個世界會陷入混亂，到時耶穌基督會第二次來臨。

「你怎麼知道是那一天？」我問。

爸說政府的電腦用六位數設計時間，所以只有兩個數字代表年分。「九九變成〇〇時，」他說：「電腦無法測知年分，就會自動關閉。」

「不能調整嗎？」

「不能，沒辦法。」爸說：「人類太信任自己的力量，其實他們微不足道。」

爸爸在教會警告所有人千禧年的問題。他勸傑老爹幫加油站換更堅固的鎖，或許還要添購防禦性武器。「饑荒時，那家店會第一個被搶。」爸說。他告訴曼佛弟兄，每個正人君子都該至少儲備十年的糧食、燃料、槍砲和黃金。曼佛弟兄只是吹口哨。「金恩，不是每個人都和你一樣正直，」他說：「我們有些人就該遭報應！」沒人在意，他們照樣在豔陽下如常生活。

這時我們家忙著燙桃子剝皮、挖掉杏子的果核、做蘋果醬。所有食物都經過高壓烹煮、封存、貼標，放進爸爸在田裡挖的防空洞。入口就用土堆掩蔽，爸交代我不准把位置告訴任何人。

有天下午，爸跳上挖土機，在舊穀倉邊挖洞，再用起重機放進一千加侖的油槽，最後才用鏟子掩埋，還仔細地在翻過的土上栽種蕁麻和苦栗，好讓這些植物遮住油槽。他邊鏟土邊哼著《西城故事》的〈我很美麗〉，帽子反著戴，臉上掛著燦爛的微笑。「世界末日來臨時，只有我們有燃料。」他說：「別人走路時，我們可以開車，還能開到猶他州去接泰勒。」

我幾乎每晚都在蟲溪歌劇院排練，那間破舊的劇院就在鎮上唯一的紅綠燈附近。演戲時是另一個世界，沒有人談論千禧年。

蟲溪歌劇院的人際互動模式完全不同於我們家。我當然和家人以外的人相處過，但是他們就像我們，那些女人請母親去接生或找她開藥草，因爲她們不相信醫療機構。我只有一個朋友潔西卡。幾年前，爸爸說服她的父母羅柏和戴安相信公立學校只是政府的洗腦手段，此後他們就把她留在家裡。潔西卡父母不准她去上學之前，她也是**他們**其中一員，所以我從來

15 Perfect in his generations，出自《聖經》創世紀第六章第八節：「諾亞的後代記在下面。諾亞是個義人，在當時的世代是個完全人。諾亞與神同行。」

沒和她說過話；但是後來她就是**我們**這邊的人。一般的孩子不再找她，她只剩我這個伴。

我從沒學過如何和我們之外的人交談，他們上學，看醫生，不是天天準備迎接世界末日。蟲溪歌劇院都是這種人，他們彷彿說的是另一個世界的語言。我第一次和導演說話就是這種感覺，他似乎來自另一個次元。當時他說：「去找ＦＤＲ。」我動也沒動。

他又說一次：「就是羅斯福總統，ＦＤＲ[16]。」

「就像ＪＣＢ[17]嗎？」我說：「你需要起重機？」

所有人都大笑。

我早就背好所有台詞，但是排演時我會自己坐一邊，假裝讀黑色活頁夾。輪到我上台時，我會大聲唸出台詞，毫不猶豫。我因此覺得有自信，就算**我**無話可說，至少安妮有。

開演前一週，母親將我的棕髮染成櫻桃紅，導演覺得很完美，因此我只需要在週六定裝前搞定戲服。

我在地下室找到髒兮兮的寬鬆針織衫，上面布滿破洞，還找到醜陋的藍洋裝，母親幫我漂成褪色的褐色。那身衣服正適合孤兒穿，我才覺得找戲服很輕鬆，突然想起安妮第二幕得穿華巴克爸爸買給她的美麗洋裝。我沒有那種衣服。

我告訴母親，她馬上沉下臉。我們來回開了一百哩，找遍途中所有二手商店，依舊一無所獲。母親坐在最後一家店的停車場，噘起嘴說：「還有一個地方可以試試看。」

我們開到安姬阿姨家，停在她與外婆家之間的白圍籬外。母親敲門，然後退後站好，還順了順頭髮。安姬看到我們很意外，因爲母親鮮少拜訪她妹妹，但是她依舊熱情微笑，邀我們進屋。她家的前廳就像電影裡的飯店大廳，到處都是絲綢和蕾絲。母親和我坐在淺粉紅色的沙發上，她向阿姨解釋我們這趟的目的。阿姨說她女兒可能有合適的洋裝。

母親坐在粉紅沙發上等，安妮帶我上樓到她女兒房間。她在床上擺了許多洋裝，每件都很漂亮，有複雜的蕾絲花邊、精緻的蝴蝶結，起初我摸都不敢摸。安妮幫我試穿每一件，幫我綁腰帶、扣釦子、整理蝴蝶結。「妳應該帶這件。」她遞給我一件胸前有白色編織軟繩的深藍色洋裝。「這個細節是外婆縫上的。」我帶了那件和白蕾絲領的紅絲絨洋裝，母親才開車帶我回家。

音樂劇一週後公演，爸爸就坐在第一排。表演結束之後，他立刻到售票口買了隔天晚上的門票。那個週日上教會，他滿口都是音樂劇。不提醫生、光明會或千禧年，只和人聊起鎮上那齣戲，那齣由他小女兒主演的音樂劇。

爸爸沒阻止我參加下一齣音樂劇試鏡，再下一次也沒有，儘管他擔心我常常離家。「難保劇院裡面不會搞什麼下流把戲，」他說：「搞不好有人亂搞男女關係。」

下一齣音樂劇的導演離婚，更證實爸爸的懷疑。他說他保護我這麼多年不上公立學校，可不是為了讓我在台上學墮落，說完就載我去排練。他幾乎每晚都說他要禁止我去，說他總

---

16 美國第三十二任總統，全名是Franklin Delano Roosevelt，從一九三三年到一九四五年連續出任四屆總統。《安妮》中有羅斯福的角色。

17 英國機械製造商，成立於一九四五年，創立人是Joseph Cyril Bamford。

有一晚會去劇院拖我回家。但是每次音樂劇演出，他一定出席，而且就坐第一排。

有時他就像經紀人或經理，會糾正我的技巧、建議曲目，甚至指導我如何照顧身體。那年冬天，我常常因為喉嚨痛而無法唱歌。某個晚上，爸叫我過去，要我張嘴給他看我的扁桃腺。

「都腫起來了，」他說：「腫得像杏桃一樣。」母親用紫錐花和金盞花都沒辦法讓我消腫，爸爸便提出他的獨門建議。「大家不知道，其實太陽就是最好的特效藥，所以我們夏天才不會喉嚨痛。」他點點頭，似乎很稱許自己的邏輯，接著說：「如果我的扁桃腺像妳這麼腫，我就每天早上出去，張開嘴對著太陽，讓陽光照個半小時，扁桃腺一定立刻消腫。」他說這也是治療方法。

我照他的建議做了一個月。

張大嘴、頭往後仰照太陽很不舒服，我從未一次做完半小時。大概不消十分鐘，我就會下巴痠痛，而且愛達荷的冬天凍死人。我依舊喉嚨發炎，爸爸只要聽到我聲音稍微沙啞，就說：「這不是理所當然嗎？我整個禮拜都沒看到妳去曬太陽接受治療！」

我第一次看到他是在蟲溪歌劇院，我不認得那個男孩，他穿著巨大的白鞋子、卡其短褲，正和公立學校的孩子咧開嘴說笑。他不是音樂劇的演員，但是鎮上沒太多事情可做，所以我那週看到他來探望朋友幾次了。一晚，我獨自走到後台陰暗的邊廂，一拐彎就看到他坐在我平常最愛的木箱上。那個木箱的位置偏僻，所以我才喜歡。

他往右移，挪個空間給我。我慢慢坐下，身體僵硬，如坐針氈。

「我是查爾斯。」他說，然後頓了一下，等我報上名字，但我沒回應。「我看妳演過上一齣戲。」一會兒之後，他接著說：「我有話想告訴妳。」雖然我不知道他會說什麼，我還是做好心理準備。「我想告訴妳，妳是我聽過最會唱歌的人。」

某天下午，我包完夏威夷果回家，看到爸和理查圍著餐桌上超大的金屬箱子。母親和我做肉餅時，他們在旁邊組合內容物。他們忙了一個多小時，完成之後就往後退，露出類似望遠鏡的軍綠色龐然大物，砲管就穩穩地放在又短又寬的三角架上。理查很興奮，手舞足蹈地說明它的功用。「射程有一哩多！可以打下一架直升機呢！」

爸爸站立不語，眼睛閃閃發亮。

「這是什麼？」我問。

「點五零防空機槍。」他說：「要不要試試看？」

我用瞄準鏡觀察山壁，用十字線觀察遠方的麥稈。

我們放下肉餅往外衝。當時太陽已經下山，地平線一片黑。我看著爸爸趴到結冰的地上，眼睛貼在瞄準鏡上，感覺他扣扳機是一小時之後的事。槍聲如雷，我本來兩手摀住耳朵，第一聲結束之後，我放下雙手，聽槍聲迴盪在峽谷之間。爸一次又一次地發射，等我們進屋時，我已經開始耳鳴。當我問他爲何準備這把機槍，我幾乎聽不到他的回答。

「自衛。」他說。

隔天晚上，我要去蟲溪排練。我坐在木箱上，聆聽其他演員的獨白，查爾斯姍姍走來，坐在我身邊。

「妳沒上學。」

這不是問題。

「妳應該來參加合唱團，保證妳喜歡。」

「也許。」我說，他微笑。朋友進來叫他，他起身道別。我看著他加入他們，輕鬆說笑，想像自己也和他們一道。我想像查爾斯邀請我到他家玩或看電影，覺得莫名開心。但是當我想像查爾斯到巴克峰，卻覺得恐慌。如果他看到防空洞呢？如果他找到油槽呢？那時我才明白防空機槍的目的。那把火力強大、可以從山上打到山下的強力機槍是用來保護我們家，保護我們的補給品，因爲爸爸說別人只能走路跋涉，我們卻可以開車。我再次想像查爾斯上山到我們家，這時的我身處山上，透過十字線看著他慢慢逼近。

那年的聖誕節沒什麼裝飾。我們不窮，母親的生意很好，爸爸也還在回收廢鐵，但是我們把所有錢都拿去買補給品。

聖誕節之前，我們每天都持續準備，彷彿每件事或每樣準備的小東西都攸關生死。聖誕節之後，我們就靜靜等候。「緊急時刻一旦到來，」爸爸說：「就表示準備階段已經結束。」

日子過得很慢，好不容易等到十二月三十一日。爸爸早餐時很平靜，但是在他沉著從容的外表之下，我可以察覺他的興奮情緒，簡直是迫不及待。他已經等了那麼多年，埋藏槍枝、儲存食物，還警告別人如法炮製。教會每個人都知道這些預言，也知道世界末日即將到臨。然而他們依舊戲弄、嘲笑爸爸。今晚他總算能報仇了。

晚餐後，爸爸研讀《以賽亞書》好幾個小時。十點時，他闔上《聖經》，打開電視。家裡有台新電視，安姬阿姨的丈夫在衛星電視公司上班，可以給爸爸優惠。爸爸答應時，大家都不敢置信。事後回想，爸爸本來沒有電視、收音機，一天之內訂了每個有線頻道也不奇怪，完全符合他的作風。有時我會納悶，爸爸那年願意買電視，是不是因爲他很確定一月一日就不能收看。也許他的目的是爲了讓我們多少體會一下外面的世界，畢竟那個世界就快消失。

爸爸最愛的節目是《新婚夢想家》[18]，除夕夜有馬拉松式連續播放的特別節目，我們邊看邊等世界末日。從十點開始，我每幾分鐘就看時鐘一次，到了十一點，我已經是每秒看一次。就連平常鎮靜的爸爸也忍不住偷瞄鐘。

十一點五十九分。

我屏住呼吸。再一分鐘，我心想，一切就消失了。

十二點了。影集依然繼續播放，電視的光線在地毯上舞動著，我納悶家裡的時鐘是不是太快。我到廚房轉開水龍頭，還有水。爸爸紋風不動，眼睛依然盯著螢幕。我坐回沙發。

十二點五分。

18 The Honeymooners，一九五〇年代的影集，探討婚姻與愛情的詼諧作品。

什麼時候才會停電？是不是另外有備用電，所以才能多撐這幾分鐘？

電視黑白節目裡的瑞夫和愛麗絲・克蘭登爲了肉餅吵了起來。

十二點十分。

我等待螢幕畫面跳動，最後徹底消失。我想慢慢品味這一刻，將最後奢華的享受烙印在腦海，這亮晃晃的黃色燈光，這股空氣中的暖流。我已經開始想念之前擁有的生活，因爲我隨時會失去，這個世界將吞噬自己。

我一動也不動，拚命深呼吸，想記住這個即將分崩離析的世界的氣味；但是我坐得越久，越厭惡一切竟然還如常運轉。懷念的心情漸漸轉化爲疲倦。

凌晨一點半左右，我便上床睡覺。離開時，我瞥了爸爸一眼。黑夜中的他面無表情，電視的光線反映在他的眼鏡上。他堂而皇之地坐著，不激動也不尷尬，彷彿平常就會獨自熬夜到兩點，只爲了看瑞夫和愛麗絲準備聖誕派對。

比起除夕夜的早上，爸爸似乎變得更渺小。他失望的表情就像個孩子，有那麼一刻，我納悶上帝怎麼能讓他失望。他信仰虔誠，犧牲奉獻在所不惜，就像心甘情願建造方舟的諾亞。

可惜上帝扣住了洪水。

第十章／上帝的羽翼[19]

一月一日的早晨如常到來，爸爸的信心潰堤，再也沒提過千禧年。他意志消沉，每晚都默默拖著沉重的身子從廢鐵場回來。他會看電視看上好幾小時，頭上彷彿有朵烏雲。

母親說我們又該去亞利桑那了。路克去傳教，所以這趟只有我、理查、奧黛莉三個孩子，就開爸爸修好的雪佛蘭 Astro 廂型車。爸爸拆掉後排椅子，只留前面兩張，後面就放張雙人床墊。整趟路途，他就癱在床上，動也不動。

如同多年前那次，亞利桑那州的太陽再次喚醒爸爸的生命力。他躺在門廊的水泥地上盡情吸收陽光，我們其他人就看書或看電視。幾天之後，他開始好轉，我們也準備好聽他每晚和祖母爭論。奶奶最近看許多醫生，因爲她的骨髓有癌細胞。

「那些醫生只會害妳更早死。」某天晚上奶奶看醫生回來，爸爸這麼說。奶奶不肯放棄化療，但是她也向母親請教藥草療法。母親本來就希望奶奶開口問，因此也帶了藥草。奶奶的確試了，腳泡紅黏土、喝苦澀的洋香菜茶、用馬尾草、繡球花酊劑。

「那些藥草一點鬼用也沒有，」爸說：「除非有信心。妳不能又信醫生，又要上帝醫治

19 Shield of feathers，此處呼應第六章的章名。

妳。」

奶奶不發一語，兀自喝著她的洋香菜茶。

我還記得當時看著奶奶，尋找她生病的蛛絲馬跡，卻遍尋不著。她還是同一個井然有序、所向無敵的女人。

我對那趟旅行的記憶頗模糊，腦中只有幾個畫面，例如母親為奶奶的藥方做手指測試、奶奶默默聽爸爸說話，或爸爸躺在炎炎日頭下。

接下來只記得我躺在後院吊床上，懶洋洋地在沙漠黃昏中晃啊晃。奧黛莉過來說爸爸要我們收拾行李，準備啓程回家。奶奶不可置信。「你們上次才出事欸！」她大喊：「你們又要半夜開車？碰上暴風雪怎麼辦？」爸說我們會戰勝風雪。我們把東西搬上車時，奶奶來回踱步、咒罵，說爸爸什麼鬼教訓都沒學到。

頭六小時由理查開車，我和爸爸、奧黛莉躺在後面床墊上。

當時是凌晨三點，我們正在從猶他州南部開到北部，天氣從沙漠的乾冷轉變為高海拔的嚴寒風雪。地面都是冰，雪花像蟲子般彈到擋風玻璃上，起初雪不大，最後白雪完全覆蓋道路。我們挺進暴風雪中心，廂型車屢屢打滑。強風呼嘯，窗外是一片白茫茫的世界。理查把車開到路邊，說我們不能再開下去。

爸爸接手駕駛，理查換到副駕駛座，母親和我、奧黛莉躺在床墊上。爸爸開上高速公路，持續加速狂飆到理查速度的兩倍，似乎想證明他有道理。

「應該開慢點吧？」母親問。

哩。

爸爸咧嘴笑。「我的速度還沒有天使快呢。」車速越來越快，先是五十哩，接著是六十哩。

理查緊張地坐著，一手緊握扶手，每次輪胎打滑，他的指節就泛白。母親側躺，臉向著我，車子一甩尾，她的呼吸就加快，隨著爸爸轉動方向盤，車子蛇行打正，她便停止呼吸。母親全身僵硬，似乎一碰就會碎。我也隨著她緊繃，我們隨時準備車子會撞上。

當廂型車終於脫離道路，我覺得這是一種解脫。

我醒來時，四周一片黑。背脊傳來一股冰冷的感覺，**我們飛到湖邊了！**我心想。有個重物壓在我身上，是床墊。我踢不開，只好在底下爬，因爲車子頭下腳上，我的雙手和膝蓋貼著車頂移動。我爬過碎玻璃，搖搖晃晃地站起來，似乎失去平衡感。我左右張望，看不到任何人，車子都空了，家人消失無蹤。

我繞了撞毀的車子兩圈，才在遠方山坡上看到爸爸駝背的身影。我喊他，他喊其他人，原來他們各自散開。爸爸吃力地穿過風雪，向我走來，走到破碎頭燈光束中，我看到他的前臂有六吋長的傷口，鮮血不斷灑向雪地。

後來他們告訴我，我在床墊下暈厥了幾分鐘。家人喊我的名字，因爲我沒回應，大家以爲我被拋到車外，才散開找人。

大家都回到車邊，尷尬地站在附近，個個打著哆嗦，不是因爲受凍就是驚嚇過度。我們沒看爸爸，不想指責他。

警方先到，救護車隨後抵達。我不知道是誰報的警，也沒告訴他們我曾昏過去，免得被送到醫院。我和理查並肩坐在警車裡，蓋著鋁箔被，我的「上山背包」也有這樣裝備。我們在車上聽廣播，警察則質問爸爸車子爲何沒登記也沒保險，還問他爲何拆掉後座和安全帶。

我們離巴克峰還很遠，所以警察帶我們到最近的警局。爸打給東尼，但是他開長程車去了。他接著打給翔恩，沒人接電話，後來我們才知道他那晚與人鬥毆進了監獄。

因爲找不到兒子，爸爸打給羅柏和黛安・哈迪，他們八個孩子中有五個都是母親接生。羅柏幾小時後抵達，笑呵呵地說：「你們上次不是才差點沒命？」

車禍過了幾天之後，我的脖子就動不了。

某個早上醒來之後，脖子就無法動彈。起初不痛，但是無論我多專心一致想轉動腦袋，脖子就是一吋也動不了。痲痺的範圍漸漸往下擴大，最後我覺得整個脊柱像插了一根金屬棍棒。我無法往前傾，也無法轉頭，身體就開始痠痛，我常頭痛難耐，不扶著東西就沒辦法站著。

母親請來能量療法的專家蘿西。我仰躺在床上，當時已經臥榻兩週，她進房時，影像線條彎曲、變形，我似乎透過水池看她。她的聲音尖細、活潑，要我想像白色泡泡保護著健康的自己。我還要在泡泡內放入所有我愛的東西，添加有助我心情平靜的色彩。我想像自己站在泡泡正中心，那裡我可以站立，也能跑步。後方有摩門教堂和「神風特攻隊」，就是路克以前養的已死了好幾年的山羊。綠色的光照亮所有物體。

「每天想像這個泡泡幾小時，」她說：「妳就會好了。」她拍拍我的手臂，我聽到她帶上門出去。

我每天早、中、晚都想像那個泡泡，但是我的脖子依舊動不了。一個月之後，我已經習慣頭痛，學會如何站著，又學會如何走路。我靠眼睛站好，就算只閉上一下下，周遭環境的物品就會改變位置，我便會摔倒。我又開始工作，多半去藍迪家，偶爾也會去垃圾場。每晚都會想像著綠色泡泡睡著。

我臥床的那個月還聽到另一個聲音，我記得當時覺得那聲音已經好陌生，已經六年沒聽到走廊迴盪著那種淘氣的笑聲。

那是我的哥哥翔恩，他十七歲和父親大吵之後就離家打零工，多半是開貨車或做焊接工，這次回家是因爲爸請他幫忙。我躺在床上聽到翔恩說，只幫到爸找到人手爲止。他只是賣個人情給他，先幫爸爸度過難關。

看到他在家，感覺很奇怪，我幾乎不認得這個哥哥，鎮上的人可能都比我認識他。我在蟲溪劇院時聽過他的謠言，大家都說他是麻煩精、惡霸、壞蛋，不是他找猶他州或外州的混混麻煩，就是對方要找他算帳。人們說他隨身帶槍，不是藏在身上，就是放在巨大的黑色摩托車上。有一次，有人說翔恩沒那麼壞，外傳他精通各種武術，打鬥起來絲毫不感覺痛，沒有人打得倒他，所以每個想出名的癟三都找上他。別人找他打架不能怪他，眞的。我聽到這些流言蜚語，他在我心中就像個傳奇人物，而不是有血有肉的眞人。

我對翔恩的記憶要從廚房說起，那時距離第二次車禍大概已經兩個月。

我正在做巧達玉米濃湯，門發出嘰嘎聲，我轉腰看看是誰進來，又轉回來繼續切洋蔥。

「妳要永遠像根冰棒棍嗎？」翔恩說。

「不要。」

「妳需要指壓師。」他說。

「媽會醫好我。」

「妳需要指壓師。」他說第二次。

我們一家吃完飯就鳥獸散，我開始洗碗。我的手浸在滿是泡泡的熱水中時，聽到有人走到我的背後，一雙布滿厚繭的手握住我的腦袋。我還來不及反應，他突然快速野蠻地扯我的腦袋。喀！聲音超大，我確定頭已經斷掉，還被他握在手裡。我身子往下癱，眼前一片黑，卻又覺得天旋地轉。片刻之後，我張開眼睛，他的雙手就在我胳膊下，他扶我站好。

「妳可能還沒辦法站立。」他說：「等妳可以自己站好，我得幫妳喬另一邊。」

我太昏、太想吐，以致效果無法立刻彰顯。但是整晚逐漸發生微妙的改變，我可以看天花板，可以歪頭逗理查。坐在沙發上時，我還能轉頭對隔壁的人微笑。

那個人就是翔恩。雖然我望著他，卻沒看到他。我不知道自己看到什麼，在那個情緒激動的當下，我腦海究竟浮現什麼影像，我猜是父親，或是我理想中的父親；那個父親是我夢寐以求的騎士，是我幻想中的戰士；這個人不會把我丟入暴風雪中，如果我受傷，也會幫助我恢復健康。

第十一章／直覺

山下的祖父年輕時，山上是一群群的牲口，馬兒負責趕牛羊。爺爺的牧馬是地方上的傳奇，牠們熟練老道，身軀魁梧，動作精巧，彷彿與騎士心意相通。

至少這是我得知的資訊，因爲我沒見過牠們。爺爺年紀越長，越少在牧場上工作，轉而致力耕種，最後完全脫離牧人行列。他不再需要馬兒，便賣掉有價值的馬，其餘放回山林。這些馬兒開枝散葉，等到我出生時，山上已經有大批野馬。

那些馬在理查口中就是狗糧。路克、理查和我一年幫祖父一次，趕集十幾隻送到鎮上拍賣宰殺。這些受驚的小馬注定要送去當絞肉，有幾次，祖父會在馬群中物色到種馬，這些公馬踱著步，漸漸發現自己遭到俘虜。這時祖父兩眼發亮，指著一匹說：「放過那匹，我們會馴服那匹。」

但是野馬不輕易屈服，即使對象是祖父也一樣。哥哥和我會花上好幾天、甚至好幾週才得到馬兒信任，才能摸摸牠。我們會摩挲馬兒的長臉，幾週後才慢慢摸到牠粗壯的脖子、結實的身軀。大概再過一個月，我們才會拿出馬鞍，馬兒會猛然甩頭，不是韁繩斷裂，就是繩索鬆開。有一次某匹健壯的紅棕色公馬當圍欄不存在似的衝出馬廄，落得滿身是血、嚴重挫傷。

我們想馴服這些野馬，但盡量不幫牠們取名字，只是總得有稱呼區別。因此我們就依照外表取了「大紅」、「黑母馬」、「大白」，不想投射感情。馬兒弓背躍起、用後腿站立、翻滾或跳躍時，我摔了幾十次，每次都立刻站穩，迅速跑去找樹木、拖拉機或圍欄掩護，以防憤怒的馬兒尋仇。

我們一次都沒成功，每次都比野馬更早投降。我們的能耐僅限於某些野馬看到馬鞍不會弓背跳躍，幾隻甚至還能忍受載著人類在馬廄裡走上幾步，就連爺爺都不敢騎到山裡。牠們本性難移，是另一個世界的冷酷、威猛化身。騎上這些野馬就是放棄立足之地，進入牠們的王國，再也回不了家。

我第一匹看到的家馬是赤褐色的去勢公馬，當時牠就站在畜欄外，小口吃著翔恩手上的方糖。當時是春天，我已經十四歲，也有許多年沒摸過馬兒。

那匹是我的馬，某個我幾乎不熟的叔公送我的禮物。我小心翼翼地走過去，確信只要靠太近，那匹馬就會弓背騰起、站起來或向前衝。結果牠只是聞聞我的上衣，在我的衣襟上留下一道水漬。翔恩丟了一顆方糖給我，馬兒嗅了嗅，用下巴刺刺的毛搔我的手指，逼得我只好打開掌心。

「要不要騎？」翔恩說。

我**不要**。我很怕馬，或者應該說我很怕我心目中的馬，這種邪惡的動物有千斤重，每匹都想把人拋向岩石，害人腦袋開花。我告訴翔恩他可以騎，我只想待在圍欄邊看。

我拒絕幫馬兒取名字，因此我們就稱牠「一歲」。「一歲」已經可以裝套籠和牽馬繩，所以翔恩第一天就拿出馬鞍。馬兒一看到便緊張扒地，翔恩放慢動作，讓馬兒嗅聞腳蹬，並好奇地啃咬鞍頭。然後他慢慢地將光滑的皮革鞍具劃過馬兒寬闊的胸部，動作穩定，不疾不徐。

「馬兒不喜歡看不到的東西。」翔恩說：「最好先讓牠從前方熟悉鞍具，等牠們聞起來、碰起來都覺得自在了，我們再拿到後面。」

一小時後，鞍具已經繫好。翔恩說馬兒已經準備好載人，我爬到馬廄屋頂，因爲我認定圍欄一定會被踢爛。但是翔恩上馬之後，「一歲」只是敏捷跑步，前蹄本來離地幾吋，似乎考慮站起來又作罷，後來就低頭，停下腳步。才一會兒，牠已經接受我們躍上馬背的意志，已經接受牠受人宰制的命運。這匹馬在這個世界安身立命，而這個世界認爲牠是私人財產。牠從來沒在荒野中生活，聽不到山上**另一個**世界令人爲之瘋狂的呼喚；如果牠到了那裡，就不屬於任何人，也沒有任何人可以騎上牠。

我幫牠取名爲巴德。那週每天晚上，我都看著翔恩在傍晚薄暮時騎著巴德穿過圍欄。某個光線柔和的夏夜，我站在巴德身邊，翔恩穩穩地握著籠頭，我抓著韁繩，踏上腳蹬。

翔恩說要揮別以往的人生，第一步就是遠離他的朋友。他突然每晚都回家找事做打發時間，開始接送我去蟲溪劇院。只有我們兩人開在高速公路上時，他友善爽朗，常與我打趣說笑，有時還會提供建議，不過多半都是「不要學我」。然而我們一到劇院，他又變了一個人。

起初他仔細盯著年紀較小的少年，然後開始放餌。他不會堂而皇之地欺負他們，只是略加挑釁。可能打掉某個男孩的帽子、撞倒他手上的汽水，再取笑對方把飲料潑到褲子上。通常對方不敢反擊，如果有人質問他，他就擺出流氓樣，一臉「不然你想怎樣？」但是我們兩人獨處時，他會拿下面具，卸下虛張聲勢的盔甲，又成爲我的哥哥。

我最愛的就是他的笑容。他的犬齒恆齒始終沒發出來，爸媽以前帶他去看過的幾個全觀式（holistic）牙醫都沒及時發現。二十三歲那年，他自己去找了口腔外科醫生，那時兩顆牙齒已經在牙床裡長歪，從鼻子下的軟組織凸出來。拔掉這兩顆牙齒的醫生要翔恩努力保護兩顆乳齒，蛀掉之後再裝牙釘。但是那對牙齒始終沒壞掉。它們屹立不搖，就是不肯讓人忘掉他失落的童年。所以人們看到他毫無意義地不斷與人鬥毆時，就會想起這個男人曾經也是個孩子。

那是個朦朧夏夜，也是我十五歲生日前一個月。太陽已經落到巴克峰後方，但是還有幾個小時才會完全天黑，翔恩和我在畜欄裡。那年春天馴服巴德之後，翔恩對馬兒就格外認眞，整個夏天不斷買進馬兒，例如純種馬、帕索菲諾馬，但是多數都是野馬，因爲他出不起高價位。我們仍繼續訓練巴德，帶牠到遼闊草原數十次，但是巴德依舊青澀、容易緊張，也無可預測。

那晚，翔恩爲一匹新馬兒初次放上馬鞍，那是匹紅棕色母馬。翔恩說馬兒已經可以短程出遊，因此我們躍上馬背，他騎母馬，我騎巴德。我們騎半哩路上山，謹愼穿過麥田，以免嚇到兩匹馬。結果我做了一件蠢事，太接近母馬。牠不喜歡那匹去勢小馬跟在後頭，毫無警訊就往前騰躍，所有重量都移到前腳，後腳結結實實地踢中巴德的胸部。

巴德發瘋抓狂。

我爲了抓牢韁繩，在上面打了一個結，但是當時我沒抓緊。巴德猛然跳高，開始弓背，將身體拱成球狀。韁繩飛到牠頭上，我抓緊鞍頭，大腿夾緊巴德圓鼓鼓的腹部，在我還搞不清楚東南西北之前，巴德往峽谷上流狂奔，不時弓背，但是一步也沒停過。我一腳沒踩穩往下溜，小腿肚卡進了腳蹬。

以前夏天和祖父一起馴服野馬時，我唯一記得的建議就是：「無論如何，腳千萬別卡進腳蹬。」他不必多解釋。我知道只要自己下得了馬，大概不會有事，至少我可以回到地面。但是如果腿卡住，我會被馬兒拖行，直到我撞上石頭，腦袋開花。

翔恩幫不了我，因爲他騎的母馬尚未完全馴服。馬兒發狂就會導致同伴也歇斯底里，尤其是年輕又活潑的馬。翔恩的馬兒當中大概只有一匹有這個能耐，因爲牠年紀夠大、夠平靜，就是七歲的金棕色阿波羅。牠有瞬間的爆發力，然而騎士一離開腳蹬下地，抓住另一匹驚恐馬兒的韁繩，即使牠這一分鐘還奮力奔騰，下一分鐘也能沉著地停下腳步。但是阿波羅在畜欄裡，遠在半哩遠的山腳。

直覺叫我放開鞍頭，就能離開馬兒。我一鬆手就會落馬，但會有極短的時間可以去抓飛揚的韁繩，或將小腿抽出腳蹬。直覺呼喊著，**趕快想辦法**。

直覺是我的守護天使，救了我無數次，引領我離開弓背跳躍的馬兒，告訴我何時要抓緊鞍具，何時又該遠離奔騰的馬蹄。多年前，正是這些直覺，敦促我離開爸爸要傾倒的廢鐵整理箱；因爲即使我不清楚，直覺也知道從高空落下，比爸爸停下機器救我的機率更大。這些直覺不斷教導我這個重要原則，當你只能靠自己時，就要放手一搏。

巴德用後腳站立，頭抬得老高，我以爲牠就快往後翻。牠用力落地之後又弓背，我抓鞍頭抓得更緊，因爲另一種直覺告訴我，絕對不能鬆手。

翔恩會追上來，即使騎的是尚未馴服的母馬，他一定會變出奇蹟。他大叫「快跑」時，母馬絕對聽不懂指令。他用靴子踢牠腹部，從未被踢過的母馬會站起來，瘋狂扭動，但是他會把馬頭往下扯，馬蹄一碰到土地，他就算知道牠會再站起來，也會踢第二次，還會踢得更用力。翔恩會不斷重複這個動作，直到母馬開始跑，他便會騎著牠加速向前衝，即便母馬還不熟悉馬兒與騎士之間的溝通語言。情急之時，就得在幾秒內完成一整年的訓練課程。

其實我光靠想像，就知道這是不可能的任務，然而我依舊抓緊鞍頭。

巴德已經徹底發狂，拚命跳躍，一邊往上坡狂奔，一邊弓背，馬蹄落地時又用力甩頭。我的眼睛無法解讀面前的景象，四面八方都有金黃色的麥子，藍天和青山不合邏輯地晃動著。

我失去方向感，當金棕色的母馬跑到我身邊時，我是靠感覺而非視力。翔恩從馬鞍上站起來，身子傾向地面，一手緊緊握住轠繩，另一手從草叢間抓住巴德的轠繩。皮繩被他拉得老直，巴德被迫腦袋往前看。因爲看著前方，巴德無法弓背，只能有節奏地向前奔跑。翔恩用力拉他自己的轠繩，將母馬的頭拉向他的膝蓋，強迫母馬轉圈圈。他將繩子繞在自己的前臂，母馬每轉一次就被扯得更用力，最後圈圈越繞越小，馬蹄只能站定。我從馬鞍上落下，躺在麥田。麥稈穿過我的衣服，刺得我全身發癢。我望向上方，兩匹馬兒不斷喘氣，腹部忽脹忽扁，蹄子扒得塵土飛揚。

第十二章／魚眼睛

哥哥東尼向銀行借貸買自己的拖車，但是爲了還債，車子時時都得運貨賺錢，所以他幾乎是住在車上。後來他的妻子生病，醫生（她去找醫生）要她臥床休息。東尼打給翔恩，請他幫忙開一、兩週。

翔恩痛恨開長途拖車，卻說只要我肯跟去，他就答應。爸爸不需要我去廢鐵場幫忙，藍迪也答應我放假幾天，我們便上路前往拉斯維加斯，再往東去阿布奎基，往西到洛杉磯，再北上華盛頓州。我以爲會看到繁榮都市，結果只看到卡車休息站和州際公路。擋風玻璃巨大，離地面又遠，就像飛機駕駛艙，底下的車子活像玩具車。臥鋪就像山洞，又濕又暗，丟滿未拆封的洋芋片和綜合果仁。

翔恩連續開上幾天，鮮少睡覺，他開五十呎長的拖車輕鬆自在。每次過檢查哨，他都竄改紀錄，將睡眠時間寫得比實際更長。我們每兩天停車洗澡、用餐，才能吃到水果乾和燕麥捲以外的食物。

阿布奎基附近的沃爾瑪倉庫貨滿爲患，兩天後才能輪到我們卸貨。當時我們在城外，附近只有一個卡車休息站，四面八方都是紅土，我們只好吃玉米棒、在臥鋪玩瑪利歐賽車電玩。到了第二天日落時，我們已經坐到全身痠痛，翔恩說他要教我武功，我們便在黃昏的停車場上第一次的武術課。

「只要掌握訣竅，」他說：「就可以靠最小的力氣讓對方無力反抗。妳可以用兩根手指控制他的全身，知道對方的弱點，並且加以壓制就行了。」他抓住我的手腕往後折，將我的手指用力壓往前臂內側。他持續施壓，我稍微轉身，將胳膊壓到背後，緩解肌肉張力。

「看見沒？這就是弱點。」他說：「如果我壓得更用力，妳就無法動彈。」他露出天使般的笑容。「但是我不會這麼做，否則妳會痛死。」

他鬆手。「換妳了。」

我將他的手腕往後用力壓，希望他會像我一樣彎腰，但是他紋風不動。

「可能要教妳另外一招。」

他用另一種方法抓我的手腕，他說歹徒就用這種手法。他教我如何掙脫，說手指哪裡最脆弱、手臂的骨頭最強壯，幾分鐘後，就算是我也能擺脫他強壯的手指。他教我如何出拳最有力，從哪裡打喉嚨最有效。

隔天拖車卸貨，我們上車，載了另一批貨，又開了兩天。我看著馬路中間的白色分隔線不斷消失在車下，感到昏昏欲睡。因爲沒什麼娛樂，我們玩起文字遊戲。這種遊戲只有兩個規則，第一個就是每句話至少有兩個字要更換前後順序。

「妳不是我的小妹，」翔恩說：「妳是我的妹小。」他的語氣慵懶悠閒，唸起來就像「妹蕭」。

第二個規則就是發音像數字的字都得加一，例如「to」唸起來像「二」，所以就要改成

「三」。

「妹蕭，」翔恩說：「我們二（應）該注二（意）了，前面有檢查站，我可不能九（被）開單，妳二（應）該繫安全帶了。」（原文we should pay a-eleven-tion. There's a checkpoint ahead and I can't a-five-d a ticket. Time three put on your seatbelt.）

要是玩膩了，我們就轉開民用電台，聽公路上寂寞卡車司機插科打諢。

「請注意一部綠色四輪車，」我們開到沙加緬度和波特蘭途中，聽到一個粗啞的聲音。「已經在我的盲點開了半小時了。」

翔恩解釋，拖車司機口中的四輪車就是小轎車或貨卡。

無線電又有人抱怨一部紅色法拉利以一百二十哩的時速在車陣中瘋狂飆車。「那個混帳差點撞上藍色雪佛蘭。」低沉的聲音在靜電噪音中咆哮。「那部藍車上還有小朋友，前面有沒有人可以教訓這個暴躁鬼？」這人表明自己的位置。

翔恩看看公路的哩程標記，我們就在這部車的前方。「我是拖著冷凍貨櫃的白色彼得。」他說。突然一陣靜默，因爲所有人都看照後鏡，尋找拖著冷凍貨櫃的白色彼得皮爾特[20]拖車。接著有第三個更粗的聲音回答：「我是拖著貨櫃的藍色阿肯[21]。」

「我看到你了。」翔恩說，指著幾部車前面的肯沃斯拖車。

紅色法拉利在我們許多照後鏡出現時，翔恩排到高檔位，加速開到肯沃斯旁邊，兩部五十呎長的拖車就並排行駛，擋住兩線車道。法拉利拚命按喇叭，其間還一會兒加速，一會兒刹車。

「要攔多久？」那個粗啞的聲音笑著問。
「等他冷靜下來為止。」翔恩回答。
他們開了五哩才讓路。
那趟路為期一週，我們請東尼幫我們安排回愛達荷州運貨。
「妹蕭，」我們開進廢鐵場時，翔恩說：「該上工了。」

蟲溪歌劇院宣布推出新戲《天上人間》[22]。翔恩開車載我去試鏡，令我驚訝的是他自己也參加。查爾斯也在，正在與一個名叫莎蒂的十七歲女孩聊天。她聽查爾斯說話，頻頻點頭，目光卻盯著翔恩。

第一次預演，她坐到他身邊，一手放在他的胳膊上，邊笑邊撥頭髮。她很漂亮，有對柔軟的豐唇、大大的深色眼珠。但我問翔恩是否喜歡她，他卻說不喜歡。
「她有對魚眼睛。」他說。
「魚眼睛？」
「對，魚眼睛，就是又笨又無神的魚眼睛。漂亮是漂亮，但腦袋空蕩蕩，就像輪胎。」

20 Pete，無線電用語中的 Peterbilt 卡車。
21 KW，民用無線電用語中對 Kenworth 卡車的簡稱。
22 Carousel，音樂劇，是 Rodgers 與 Hammerstein 最膾炙人口的作品，描述負心漢化身成鬼回來人間幫助妻女的故事。

莎蒂開始在下班時間到廢鐵場，通常會帶杯奶昔、餅乾或蛋糕給翔恩。翔恩幾乎不和她交談，只接走她帶來的食物，便逕自走向馬廄。她會跟上，和他聊上幾句，翔恩則忙著照顧馬兒。某天晚上，她問他能不能教她騎馬。我想說明我們的馬還未完全馴服，但是她心意已決，所以翔恩讓她騎上阿波羅，我們三人就騎馬上山。翔恩徹底忽視她和阿波羅，不像以前一樣幫忙我，教我在下陡坡時踩著腳蹬站著，或是在馬兒跳過樹枝時，教我夾緊大腿。莎蒂全程都在發抖，卻還要假裝玩得很開心，只要看到他望過來，就咧開塗了口紅的朱唇。

下一次排演，查爾斯問莎蒂某一幕的細節，翔恩看到他們交談。幾分鐘後，莎蒂過來，翔恩完全不理睬，她最後哭著離開。

「你剛剛那是做什麼？」我說。

「沒事。」他說。

下一次排演是幾天後，翔恩似乎什麼也不記得。莎蒂小心翼翼地接近他，他也報以微笑，幾分鐘後，兩人就開始笑鬧。翔恩要她到對面雜貨店買條士力架（Snickers），她似乎很開心他會開口請託，也匆匆離開。但是當她遞上巧克力時，他說：「這是什麼鬼？我要的是『星河』（MilkyWay）。」

「才怪，」她說：「你剛剛說士力架。」

「我要『星河』。」

莎蒂又出門買「星河」，然後緊張地笑著拿給他。翔恩說：「我的士力架呢？怎麼，妳又忘了？」

「你說你不要！」她的眼睛如玻璃般發光。「我送給查爾斯了！」

「去拿回來。」

「我再幫你買一條。」

「不要，」翔恩眼神冷酷，那對乳牙通常帶給他活潑、調皮的氣質，現在只襯得他深不可測又難以捉摸。「我要**那一條**，快去拿，否則就別回來了。」

一滴淚珠滾落莎蒂臉頰，弄糊了她的睫毛膏。她頓了一下，擦乾眼淚又恢復笑容。她走向查爾斯，稀鬆平常地問她能否要回巧克力。他從口袋裡拿出來，看著她走回翔恩身邊。莎蒂將士力架放在他的掌心，彷彿獻上謝罪禮，然後就站在一旁盯著地毯等。翔恩拉她坐到他腿上，三口就吃掉巧克力。

「妳的眼睛好漂亮，」他說：「就像小魚兒。」

莎蒂的父母正在鬧離婚，整個小鎮都在傳她父親的八卦。母親聽說之後，便說難怪翔恩會對莎蒂有興趣。「他總是去保護折翼天使。」她說。

翔恩調查莎蒂的課表，還背下來。他一天開到她的學校好幾次，尤其是她要從某棟大樓走到另一棟的下課時間。他會停在高速公路邊，遠遠看著她。那距離遠到她無法過來，又不至於遠到她看不見他。我們幾乎每次到鎮上都一起過去，有時不必進城也會開過去。有一天，莎蒂和查爾斯一起下樓，兩人說笑著，莎蒂完全沒注意到翔恩的卡車。

我看著他的表情變僵又放鬆，他對我微笑。「我準備了最完美的懲罰，」他說：「我不要見她就行了。我只要不見她，她就有得受了。」

他說得對。他不回她電話，莎蒂就心亂如麻。她要學校男生不准和她同行，免得翔恩看到。如果翔恩說他不喜歡她哪個朋友，她就再也不見他們。

莎蒂每天放學都來我們家，我看著士力架事件重複上演，只是形式或物品不同。翔恩可能要她倒杯水，她端來之後，他又說要冰塊。她拿來冰塊，他想喝牛奶，接著又說想喝水，一會兒要冰塊，一會兒不要，不然就改變心意想喝果汁。這種把戲可以玩上三十分鐘，最後的測試就是說他要家裡沒有的東西。莎蒂便會開車進城採買，可能是香草冰淇淋、薯條、玉米捲餅，等她回來，翔恩又說他想吃另一樣。如果他們出門，我便心懷感恩。

有一晚他很晚才回家，心情陰晴不定。大家都睡了，只有我醒著。我坐在沙發上，照例在睡前讀一章節經。翔恩一屁股坐在我旁邊。「幫我拿杯水。」

「你摔斷腿了？」我說。

「快去拿，否則我明天不載妳進城。」

我倒水來。伸手時，我看到他那個笑容，想也不想便把整杯水倒在他頭上。我衝向走廊，快跑到房門口時才被他捉到。

「道歉！」他說，水從鼻頭滴到他的T恤上。

「不要。」

他抓住我一大把頭髮，而且是抓住髮根，又更不容易鬆開。他將我拖到廁所，我在途中抓到門框，但是他把我拉起來，將我的手臂壓在背後，然後把我的頭壓向馬桶。「道歉。」

他又說一次。我不說話，他把我的頭壓得更低，我的鼻尖已經碰到有尿漬的馬桶。我閉上眼睛，但是味道太強烈，我無法忘記自己置身何處。

我努力想像其他事情，想忘記此時此刻的自己，但是浮現腦海的畫面卻是莎蒂溫順的模樣。我因此滿懷怒火，我的鼻子被他壓向馬桶大概一分鐘。然後他鬆手，我的髮梢濕答答，頭皮刺痛。

我以爲這件事就此落幕，正要走開，他卻抓住我的手腕用力折，我的手指和手掌都扭曲了，我轉身，他依舊繼續用力，我只能拱背往前彎，腦袋幾乎碰到地板，手臂就背在背後。翔恩在停車場示範這招時，我是根據他的描述而做出反應，實際上沒那麼痛苦。當時我不覺得這招特別有效，現在我明白了，他的目的就是制住敵人。我幾乎無法動彈，無法呼吸，手腕幾乎快被折斷。翔恩只用了一手，另一手垂在身邊，表示他有多輕鬆。

如果我是莎蒂，你就不會這麼用力了，我心想。

他似乎會讀心術，這會兒折得更用力。我的身體蜷曲得更嚴重，臉貼著地板。我努力減輕手腕的力道，他如果再用力，我大概會骨折。

「給我道歉！」他說。

有好長一段時間，劇烈的痛楚從手臂傳到我的腦子。「對不起。」我說。

他鬆開我的手腕，我倒在地上。我聽到他的腳步聲離開走廊，我起身，默默鎖上廁所門。我盯著鏡子裡抓著手腕的女孩，她的眼睛閃爍著淚光，淚水流下她的臉頰。我恨她的軟弱，恨她有個會傷心的溫熱心腸。他能傷害她，任何人都能輕易傷害她，這點簡直不可饒恕。

我只是因為痛才哭，我告訴自己。**是因為手腕痛，沒有其他理由**。

這一刻就是我對那晚的記憶，也是我十年來對這些夜晚的印象。記憶中的我堅不可攻，雖纖弱卻一如岩石。起初這只是我的信念，最後終於化爲事實。所以我可以誠實地告訴自己，這種事情影響不了我，**他**影響不了我，因爲我對任何事情都無動於衷。當時我不知道自己有多病態，不知道我已經掏空自己。後來我不斷回想那晚的後果，卻誤解了最重要的眞相，那件事沒影響我**就是**最大的影響。

第十三章／閉口不言[23]

九月，雙子星大樓倒塌。它們消失之前，我根本不知道有這兩座大樓。我看到飛機衝進去，我困惑地盯著電視，看到兩棟龐然大物搖搖晃晃，然後變形崩塌。爸爸站在我旁邊，他從廢鐵場進來看電視，不發一語。當晚他大聲讀《聖經》，是《以賽亞書》、《路克福音》和《啓示錄》中關於戰爭和戰爭謠言的章節，那是我們都很熟悉的段落。

三天後，十九歲的奧黛莉嫁給班哲明，她在鎮上當服務生時認識這個金髮的務農青年。婚禮莊嚴肅穆，爸爸祈禱之後還得到天啓：「世上會發生戰爭，是爭取聖地的最後一役。我的兒子會上戰場，其中幾個不會再回家。」

自從廁所事件那晚之後，我盡量避開翔恩。他一小時後就到我房間道歉，眼眶閃爍著淚珠，聲音粗啞地請我原諒他。我說我願意，還說我早就不放在心上，其實不然。

在奧黛莉的婚禮上看到哥哥們穿著猶如制服的黑西裝，我的憤怒轉爲恐懼，擔心已經預知的死亡，那時我便原諒了翔恩。寬恕他很容易，畢竟世界末日要到了。

此後一個月，我都像隻驚弓之鳥。但是政府沒徵兵，也沒有第二次的攻擊。太陽並未昏

23 Silence in the churches，出自《哥林多前書》第十四章第三十四節：「婦女在會中要閉口不言……」

暗無光，月亮也不是血紅色[24]。遠方謠傳要開戰，但是山區的日子並無二致。爸爸說我們應該提高警覺，但是到了冬天，我的注意力又回到自身的日常瑣事。

我已經十五歲，也心知肚明，察覺自己得和時間賽跑。我的身體發生變化，變大、變胖、長高、隆起。我希望這些改變能停止，但我的身體似乎不再屬於我，有自己的意志力，才不理會我對這些奇怪改變的感受，無視我是否**不想**再當孩子，是否想成爲另一個模樣。

那個模樣令我覺得興奮又驚恐。我從小就知道我長大會和哥哥不一樣，卻沒想過到底怎麼個不一樣。現在我全副心神都放在這件事上，我開始找尋了解兩者差異的蛛絲馬跡，而且一開始找，我就發現到處都有線索。

某個週日下午，我幫母親準備晚餐的燉肉。爸爸脫掉鞋子、鬆開領帶。我們離開教堂之後，他就說個不停。

「蘿芮的裙長在膝上三吋，」爸說：「女人穿那種洋裝究竟想些什麼？」母親心不在焉地點頭，手裡忙著切胡蘿蔔。她已經習慣爸爸批評這類事情。

「還有那個珍娜．巴尼，」爸說：「如果女人要穿那麼低胸的上衣，就不該彎腰。」母親也認同。我想像珍娜當天穿著藍綠色上衣，領口離鎖骨只有一吋吧，但是剪裁相當寬鬆，如果她彎腰，旁人的確會看得一清二楚。我想到這裡就覺得焦慮，雖然珍娜穿合身的衣服就能端莊地彎腰，曲線畢露的剪裁又不夠樸素。謹守婦道的女人不會穿緊身衣物，**其他**女人才會。

我還在斟酌到底多緊身才合宜，爸說：「等到唱聖歌，我也望向她，珍娜才彎腰。她**就**

是要我看。」母親發出不贊同的嘖嘖聲，然後將馬鈴薯切成四等份。

那段發言後來深深烙印在我的腦中，爸爸先前類似的批評卻煙消雲散。後來我常常想起那段話，反覆咀嚼越多次，我越擔心自己成爲另一種女人。有時我根本不知道該如何走動，因爲我一心一意希望自己走路、彎腰或蹲下來的模樣不要像**她們**。但是沒人教我如何端莊地彎腰，所以我知道我的姿勢可能不對。

翔恩和我去蟲溪參加某部通俗話劇的試鏡。第一次排演時，我就看到查爾斯，所以有半個晚上只想著如何鼓起勇氣找他聊天。好不容易開口，他偷偷透露他喜歡莎蒂。雖然事實不如我所預想，至少我們有話題了。

翔恩和我一起開車回家，他握著方向盤，惡狠狠地瞪著道路，彷彿和路面有仇。

「我看到妳和查爾斯說話，」他說：「妳不希望別人以爲妳是那種女孩。」

「會說話的女孩？」

「妳知道我是什麼意思。」他說。

隔天晚上，翔恩突然進我房間，看到我用奧黛莉以前的睫毛膏。

「妳現在還**化妝**？」他說。

---

24 出自《約珥書》第二章第三十一節：「太陽將昏暗無光；月亮像血一般紅。在上主那偉大可畏的日子來到以前，這一切都要發生。」

「對啊。」

他轉身離開，在門邊又打住。「我以爲妳比較棒，」他說：「原來妳和她們都一樣。」

他不再叫我「妹蕭」。「走了，魚眼睛！」有一晚，他在劇院另一端大叫。查爾斯好奇地環顧四周，翔恩開始解釋這個綽號，我放聲大笑，希望笑聲夠大，可以淹沒他的聲音。我假裝開心歡笑，假裝自己很愛這個名字。

我第一次擦唇彩，翔恩就說我是妓女。我站在房間的鏡子前試擦時，翔恩走到門口。他的語氣像說笑，但我還是擦掉了。那天稍晚，我看到查爾斯盯著莎蒂，便又抹上，卻見到翔恩表情扭曲。那晚開車回家途中氣氛緊繃，窗外的溫度降到零度以下。我說我很冷，翔恩本來要動手調暖氣又打住，自己笑了一下便搖下所有車窗。打在我身上的寒風就像冰桶，我想搖起副駕駛座的車窗，但是他啓動兒童保護鎖。我請他關車窗。「我很冷。」我不斷重複：「非常非常冷。」他只是大笑，整程十二哩路都開著車窗，沿途呵呵笑，彷彿我們兩人玩著某種遊戲，完全無視我冷到牙齒打顫。

翔恩甩了莎蒂之後，我以爲情況會好轉。我說服自己，以爲他的怪誕行徑都歸咎於**她**，只要沒有她，一切就會好轉。莎蒂之後，他又回去找前女友艾琳。她的年紀比較大，比較不肯陪他玩他那套。起初我似乎沒猜錯，他果然比較和善。

後來查爾斯約莎蒂去吃飯，莎蒂同意，翔恩也聽說了。我當晚在藍迪家加班，翔恩怒氣沖沖地出現。我尾隨他離開，以爲能安撫他的心情，其實不然。他在鎮上開車繞了兩小時，就爲了找查爾斯的吉普車，邊開邊咒罵，說他找到那個混帳之後，「要給他一張新臉孔。」

我坐在他卡車的副駕駛座，聽引擎消耗柴油的運轉聲，看著雙黃線不斷隱沒到車底。我想著哥哥以前的模樣，他在我記憶中的模樣，我希望記得他的模樣。我想到阿布奎基、洛杉磯，想到我們在兩地之間移動開過的路程。

我們兩人的座位間有一把手槍，只要不忙著換檔，翔恩就拿起來把玩，有時還會像神槍手般在食指上轉啊轉才放回去，槍管時不時反射出其他車輛的車燈光線。

我醒來時覺得腦子有許多針在刺。幾千根扎在我頭上，以致我無法思考。這些針突然消失，我頭暈腦脹地確定自己的位置。

那時是一大早，琥珀色的陽光灑進房間窗戶。我站著，但不是靠自己的力氣。有一雙手抓著我的喉嚨不斷搖晃我，剛才覺得有針刺，是因爲腦子被撞擊頭骨。我只有幾秒鐘可以思考，又開始覺得千針扎腦，所有思緒都被切斷。我張開眼睛卻只能看到白晃晃的光線，只聽到幾個聲音。

「蕩婦！」

「妓女！」

接著是另一個聲音，母親叫喊著：「住手！你會殺死她！住手！」

她一定抓住了他，因爲我覺得他的身體掙扎了一下，我因此落到地上。睜開眼睛時，母親和翔恩面對面站著，母親只穿著破舊的睡袍。

我又被扯著站起來，翔恩像上次一樣抓住我的頭髮，而且抓住接近頭皮的髮根。他拖著我走進走廊，我的腦袋貼著他的胸膛。我只能看到地毯飛過我踉蹌的雙腳。我的頭劇痛，幾乎無法呼吸，但是我開始明白這是怎麼回事，淚水在我眼眶打轉。

是因為痛，我心想。

「賤貨哭了，」翔恩說：「爲什麼？因爲有人識破妳是賤貨？」

我想看著他，想在他臉上找到我的哥哥，但是他將我推到地上。我爬了幾步，站起來。廚房天旋地轉，我眼前飛過斑斑點點的粉紅色和黃色。

母親抓著自己的頭髮啜泣。

「我看破妳了，」翔恩眼神狂亂。「妳假裝聖潔、虔誠。但是我看透妳，我看到妳像妓女般在查爾斯身邊繞啊繞。」他轉向母親，看看這些話對她的影響。她已經癱在餐桌邊。

「她**沒有**。」母親悄聲說。

翔恩依舊面對她。他說她不知道我說了什麼謊，不知道我如何騙她，不知道我在家裡裝乖，到鎮上就成了說謊的賤貨。我慢慢走向後門。

母親意示我開她的車離開。翔恩轉向我。「妳會需要這個吧。」他舉高母親的車鑰匙。

「她哪裡也不准去，除非她承認她是爛貨。」翔恩說。

他抓住我的手腕，我的身體往前彎，手臂捲曲到下背部。這就像跳舞，我的肌肉還有上次的記憶，趕著搶在音樂之前動作。我持續喘氣往前彎，希望減輕手肘的壓力。

「說啊！」他說。

但是我的心思已經飄到其他地方，預見到幾小時後，翔恩會跪在我的床邊說他有多抱歉。即使我還拱著背，也已經料到。

「這是做什麼？」有個男人的聲音從樓梯傳來。

我轉頭，看到一張臉出現在兩根木製欄杆之間。是泰勒。

我出現幻覺了。泰勒從沒回來過。想到這裡時，我大聲笑出來，聲音頻率極高。哪種瘋子逃脫之後還會回來？我的視線裡出現許多粉紅色和黃色斑點，彷彿我置身雪花水晶球內。太好了，這表示我即將昏過去，我滿心期待這刻的到來。

翔恩放開我的手腕，我又倒在地上。我抬頭看到他看著樓梯，那時我才知道泰勒不是我的幻覺。

翔恩後退一步。他特地等爸爸和路克出門工作，才沒有人打得過他。槓上弟弟可不在他的預料之中，儘管這個沒那麼凶狠，也不好惹。

「這是做什麼？」泰勒又說了一次。他注視著翔恩 ，慢慢往前移動，彷彿是接近一條響尾蛇。

母親停止哭泣，因爲她覺得尷尬，泰勒畢竟是外人了。他離家多年，已經成爲我們敬而遠之的那群人，我們會對他們隱瞞**這種事**。

泰勒上樓，慢慢接近他的哥哥。他的五官繃緊，呼吸短促，但是他的表情一點都不意外。泰勒似乎很清楚自己正在做什麼，以前也做過，當時他年紀較小，還不是翔恩的對手。泰勒不再往前，但是眼睛眨也不眨。他瞪著翔恩，彷彿說：**無論現在是什麼狀況，都落幕了**。

翔恩開始低聲叨唸我的服裝、我在鎮上的行爲舉止。泰勒揮手打斷他：「我不想知道。」然後轉向我：「妳走吧。」

「她哪裡也不准去。」翔恩又說了一次，還亮出車鑰匙。

泰勒把他的鑰匙丟給我。「走吧。」

我衝到泰勒車上，車子就停在翔恩的卡車和雞舍之間。我想倒車，但是油門踩得太深，輪子打滑，導致沙石飛揚，第二次才成功。車子往後衝，我換檔，準備飆車下山時，泰勒走到門廊。「不要去上班，他會去找妳。」

那晚我回家時，翔恩已經出門，母親在廚房調配精油。她絕口不提早上的事情，我便知道我也不該再說。我上床睡覺，但是幾小時都睡不著，接著便聽到小貨卡轟隆隆開上山坡的聲音。幾分鐘後，房門發出嘎吱聲打開，我聽到有人開檯燈，光線打到牆上。我感覺到床上多了他的重量，於是轉身面對他。他在我旁邊放了一個黑色絲絨盒子，我沒碰，他便自己打開，拿出一串乳白色珍珠項鍊。

他說他看得出我走上哪條路，那不是正道。我失去自我，和其他女孩一樣愚蠢、攻心計，利用外貌達到目的。

我想到自己的身體，想到這些年來的變化。我幾乎不知道該做何感想，有時我的確希望博得注意、欣賞；之後又會想到珍娜．巴尼而覺得自我厭惡。

「泰拉，妳很特別。」翔恩說。

是嗎？我想相信自己很特別。多年前，泰勒曾說過我很特別。他讀《摩爾門經》某段章節給我聽，那段文字提到**認真的孩子，敏於觀察**[25]。「這段讓我想到妳。」泰勒說。

那一段描述的是偉大的先知摩爾門，所以我更覺得困惑。女人絕對不可能成爲先知，泰勒卻說我讓他聯想到史上最偉大的先知。我至今都不懂他那句話的意思，但是當時我認爲我可以信任自己，我有某種資質，某種先知身上的潛能，非關男女老幼；那種價值是與生俱來，堅定不移。

現在我望著翔恩投到牆上的影子，清楚意識到我日益成熟的身軀，意識到肉體的邪惡以及我想用這個軀殼達到的手段。以前那段回憶逐漸走味，那價值瞬間有了附加前提，彷彿會被剝奪或揮霍掉。那不是與生俱來，而是經人賦予。有價值的不是**我**，而是我表現在外的規範和禮俗。

我看著哥哥，那一刻他成熟又睿智。他熟習世道，了解世間女子，我拜託他一定要阻止我成爲那種女人。

「好，魚眼睛，我會的。」

隔天早上醒來，我的脖子都是瘀青，手腕腫脹。我頭痛，不是普通的頭痛，是腦子這器官覺得疼痛。我去上班，但提早離開，躺在地下室的黑暗角落等待痛感消失。我躺在地毯

25 A sober child, quick to observe. 出自《摩爾門經》第一章第二節。

上，覺得腦子脹痛，泰勒找到我，一屁股坐在我腦袋附近的沙發上。我看到他並不開心，被人抓著頭髮拖行已經夠糟了，更糟的是還被泰勒看到。如果有選擇，我寧可默默忍受事情結束，也不想由泰勒出面制止。我當然會做這種選擇，因爲我反正快昏過去，之後就會忘記這件事。一、兩天之後，這件事就像沒發生過，成了一個惡夢。再一個月後，就連惡夢也會漸漸淡去。但是泰勒看到了，這件事便無法抹滅。

「妳想過要離開嗎？」泰勒問。

「去哪裡？」

「上學。」他說。

我心情大好。「我九月就會去高中註冊。爸爸一定不高興，但是我還是要去。」我以爲泰勒聽了會開心，結果他只是咧嘴笑。

「妳以前就說過。」

「這次我會去。」

「也許吧。」泰勒說：「但是妳住在爸爸的屋簷下，他叫妳不要去，妳很難不再拖一年，最後時間都沒了。如果妳高二才進去，畢得了業嗎？」

我們兩個都知道不可能。

「泰拉，妳該上學了。」泰勒說：「妳留得越久，越不可能去。」

「你覺得我該離開？」

泰勒眼睛眨都沒眨，毫不遲疑。「這是最不適合妳的地方。」他輕聲說，我卻覺得他彷佛對我大吼。

「我能去哪裡？」

「去我去的地方，」泰勒說：「去上大學。」

我嗤之以鼻。

「楊百翰大學收自學生。」他說。

「我們算嗎？」我說：「我們算自學生嗎？」我努力回想上次看課本是什麼時候。

「招生委員只知道我們透露的資訊，」泰勒說：「只要我們說是，他們就會相信。」

「我進不去。」

「妳可以的。」他說：「只要通過美國大學入學測驗（ACT），那個考試很無聊。」

泰勒起身要走。「泰拉，外面的天下很大。一旦爸爸不在妳耳邊叨唸他的想法，這個世界看起來便大不相同。」

隔天我開到鎮上的五金行，買了一個滑動螺栓鎖，打算裝在房門上。我把鎖放在床上，拿起工具間的電鑽開始裝螺絲。我以爲翔恩不在家，因爲他的卡車沒停在車道上，結果我拿著電鑽一轉身，他就站在門邊。

「妳在做什麼？」他說。

「門把壞了，」我說謊。「門關不了。這種鎖很便宜，反正也能用。」

翔恩把玩著厚重的不鏽鋼，我確定他知道這種東西一點也不便宜。我慢慢地站著，害怕得無法動彈，同時也覺得他很可憐。那一刻，我很恨他，也想當著他的面大罵。我想像他會崩潰，因為受不了我的指責和他的自我憎惡。就算是當時，我都瞭然於心，那就是翔恩比我更討厭他自己。

「妳用錯螺絲了，」他說：「鑽牆壁要用更長的那種，否則馬上就會被扯開。」

我們走去工具間，翔恩找了一會兒，拿出一把不鏽鋼螺絲。我們走回屋裡裝門鎖，他邊哼歌邊笑，露出兩顆乳牙。

第十四章／我的雙腳已不在地面[26]

十月時，爸爸拿到馬拉德城某批大型糧倉的合約，那個灰撲撲的農鎮就在巴克峰另一邊。就一個小工班而言，這是大工程，畢竟整組人只有爸、翔恩、路克和奧黛莉的丈夫班哲明。然而翔恩是能幹的工頭，由他領軍，外界都盛讚爸爸的工班又快又可靠。

翔恩不准爸爸偷工減料。只要經過工具間，我多半會聽到他們兩人對彼此大吼大叫，爸說翔恩浪費時間，翔恩嘶吼著爸爸差點害別人斷頭。

翔恩每天花很長的時間清潔、切割、焊接糧倉的建材，開始施工之後，他通常都在馬拉德工地。他和爸爸在日落幾小時後才會回家，幾乎每次都對罵髒話。翔恩希望工程進行得更專業，用這件案子的利潤採購新設備，爸不想做任何變動。翔恩說爸爸不懂建案工程比廢鐵業競爭，如果以後想爭取眞正的合約，就得花錢買精良的設備，尤其是新焊接機和附作業平台的升降機。

「我們不能再用堆高機和起司箱子，」翔恩說：「那看起來很扯，而且危險。」

26 My Feet No Longer Touch Earth，可能出自古代天文學家托勒密。「……我知道我終有一死，但當我搜索浩瀚星際，我的雙腳已不在地面，且與宙斯並肩……」

爸爸大聲恥笑作業平台的點子，他二十年來都用堆高機和箱子充數。

我幾乎每晚都加班，藍迪打算出差開發新客戶，請我在他出門時幫忙打理生意。他教我如何用他的電腦記帳、處理訂單、清點存貨。我從藍迪口中才聽說網際網路，他告訴我如何上網、瀏覽網頁、寫電郵。他離開當天留了一支手機給我，以便隨時找到我。

某晚，泰勒打來時，我正好下班回家，他問我有沒有準備ACT。「我考不了。」我說：「我完全不懂數學。」

「妳有錢，」泰勒說：「去買書回家學。」

我沒搭腔。大學與我無關，我可以預見未來。我十八、九歲就會結婚，爸爸會撥農場一塊地給我，我和丈夫會在上面蓋房子。母親會教我藥草和接生，現在她偏頭痛較少發作，又重操舊業。等我懷孕，母親會幫我接生。有一天，**我**大概會成爲接生婆。我不知道大學要安插在哪一個階段。

泰勒似乎能猜透我的心思。「妳知道席爾斯姊妹吧？」他說。席爾斯姊妹是教會合唱團指揮。「妳覺得她怎麼懂得帶合唱團？」

我向來崇拜席爾斯姊妹，也嫉妒她音樂知識淵博，卻從沒想過她怎麼學的。

「她讀書。」泰勒說：「妳知道妳可以拿音樂學位嗎？如果有，就可以教書，指揮教會合唱團。即使是爸爸也不會有意見，至少不會強烈反對。」

母親剛購買「美國線上」[27]試用版。我只在藍迪家上網過，還是爲了工作。但是泰勒掛斷電話之後，我打開家裡電腦，等數據機撥號。泰勒提到楊百翰大學的網頁，我只花幾分鐘就找到。許多照片占滿整個螢幕，成蔭綠樹圍繞著美麗的紅磚建築，那磚是太陽石的顏色；有賞心悅目的人兒邊走邊笑，腋下夾著書本，肩上掛著背包。那畫面猶如出自電影，而且情節歡樂開心。

隔天我開了四十哩到最近的書店，買了一本亮皮的ＡＣＴ自修手冊。我坐在床上，翻到數學測驗練習的章節。我掃過第一頁，我不是不會算，只是不懂那些符號。翻到第二頁、第三頁都一樣。

我把自修手冊拿去給母親看，問她：「這是什麼？」

「數學。」她說。

「數字呢？」

「這是代數，字母代表數字。」

「怎麼算？」

母親拿來紙筆算了幾分鐘，卻沒辦法解出頭五題任何一題。

隔天我又開上同一條路，來回開了八十哩，回家時多了一本超大的代數課本。

每晚工班離開馬拉德，爸爸都會先打電話回家，卡車上山時，母親就會備好晚餐。我豎

27 ＡＯＬ，美國網際網路服務提供商。

起耳朵等電話，一聽到就開母親的車離開，原因我也不明白。我會開到蟲溪劇院，坐在包廂看他們排演。我的腳就擱在包廂矮牆上，數學課本攤在面前。我的數學只學到長除法，也不太熟悉原理概念。我看得懂分數的理論，卻不太會運用，看到書上出現小數點，我的心跳就會加速。一個月以來，每晚我都坐在劇院的紅色絲絨椅子上，練習最基本的運算，例如分數相乘、運用倒數、用小數點加減乘除，台上的演員們則大聲朗誦台詞。

我開始學三角學，這些奇怪的公式和方程式帶給我某種慰藉。畢氏定理與其邏輯深深吸引我，因爲任三點只要包含一個直角，我們隨時都能預測其特性。我對物理的了解完全來自廢鐵場，那個世界不穩定又反覆無常。我們卻可以透過某個原理解釋、了解生命的某個面向。也許眞實世界不一定無常易變，也許可以解釋、預測，也許可以一窺其中的道理。

學完畢氏定理，開始學正弦、餘弦和正切函數時，苦日子就來了。我不了解這些抽象概念，我可以感覺到其中的邏輯，賦予秩序和條理的力量，卻無法解開其中的奧祕。它們的祕密我不得而知，我深信在函數這道門的後面有個守法又講道理的世界，只是我進不去。

母親說我若想學三角學，她有責任教會我。她特地空出一個晚上，我們兩個坐在餐桌邊，一邊扯頭髮，一邊在紙頭上亂寫亂畫。我們光解一題就花了三小時，每個算出來的答案都錯。

「我高中的三角學成績不好，」母親闔上課本哀號。「當初學到的一丁點知識也都忘光了。」

爸爸坐在客廳，翻著糧倉藍圖喃喃自語。我看過他畫藍圖，看過他改變角度，或延長橫梁的長度。爸爸接受的正規數學教育不多，但是我絕對不懷疑他天資聰穎。我知道只要把問題遞給爸爸，他一定能解答。

爸爸聽說我想上大學時，他說女人就該留在家裡，我應該學藥草，他會對自己笑著說那是「上帝的藥房」，母親才後繼有人。當然他還說了許多話，說我追求人類的智識而不是主的學問，但我還是決定問他。我確信他擁有這方面的人類智識。

我在全新的紙上寫下問題。我緩緩走過去時，爸爸並未抬頭，我只是把紙滑到他的藍圖上。「爸，你會解這一題嗎？」

他嚴厲地看著我，眼光漸趨柔和。他轉正紙張，看了一會兒之後開始潦草地寫下數字、畫圈和重複兩道弧線的符號。他的解法和我的教科書完全不同，我沒看過這種算法。他的八字鬍抽動，口中唸唸有詞，然後停下筆，抬頭遞出正確答案。

我問他如何解題。「我不知道，」他把紙還給我。「只知道這就是正確答案。」

我走回廚房，比較書上俐落、平衡的公式，以及這張寫到一半的計算和看了就頭暈的潦草字跡。這個怪異解法令我詫異，原來爸爸可以掌握這門科學，可以解碼，破解其中的邏輯，扭曲、擠壓、轉向之後就能得到眞理。只是眞理經過這個人呈現，就成了一團亂麻。

我研究三角學一個月，有時會夢到正弦、餘弦和正切函數，夢到神祕的角度、不斷晃動的計算，然而我還是毫無進展。我無法靠自己學會三角學，但是我知道誰可以。

泰勒要我到黛比阿姨家碰面，因爲她住在楊百翰大學附近。那趟車程費時三小時，我不自在地敲了敲阿姨的門。她是母親的妹妹，泰勒第一年上大學時就住在她家，這就是我對她的所有認知。

泰勒來應門。我們坐在客廳，黛比忙著做燉飯。泰勒輕易解開題目，整整齊齊地寫下每個步驟的解釋。當時他正在讀機械工程，即將以名列前茅的成績畢業，很快就要到普渡大學攻讀博士。我的三角學題目遠遠低於他的能力，但是他就算覺得無聊也沒表現出來。他只是耐住性子地解釋原理，而且反覆教我。那道門開了一個小縫，我才得以一窺門道。

泰勒離開，黛比要我吃一盤燉飯，這時手機響了，是母親。

「馬拉德那邊出事了！」她說。

母親知道的也不多。翔恩摔下來，腦袋先著地，有人打緊急救護專線，他被空運到愛達荷瀑布附近的醫院。她只知道這麼多。

我想知道更多，知道生還機率大小，即使我只是爲了反駁才想知道。我希望她說「他們說他不會有事」，或是「他們覺得可能保不住」。什麼都好，就是不想聽到「他們不知道」。

母親說我應該去醫院。我想像翔恩躺在白色擔架上，生命一點一滴流失。我覺得失落感迎面襲來，幾乎要雙膝發軟。但是下一刻，我的心情又轉變了，覺得如釋重負。

聽說有暴風雪，我們山谷入口的薩丁峽谷可能會下三呎的雪。我開母親的車到阿姨家，這部車沒有雪胎。我告訴母親，我回不去。

我所聽到的翔恩落地的故事並不完整，只能透過在場的路克和班哲明的片段說詞，而非完整經過。那個下午的天氣嚴寒，風也很大，吹得沙塵飄揚。翔恩站在二十呎高空的木箱裡，十二呎底下有一道尙未完工的水泥牆，外露的鋼筋猶如不鋒利的串肉籤。我不確定翔恩爲何站在箱子裡，可能是安裝中間樁或焊接，因爲那就是他的任務。開堆高機的人是爸爸。

至於翔恩爲何摔下來，衆人各說各話。有人說爸爸突然移動升降機，翔恩才被拋出來。但是他們一致表示翔恩站得太靠邊緣，而且毫無來由地往後退才會失足。他往下摔十二呎，身體在空中緩慢翻轉，所以撞到鋼筋外露的水泥牆時，他腦袋先撞到，才又掉到八呎下的地面。

我聽到的經過就是這樣，但我腦中想像的畫面不一樣，背景是格線間隔相同的白紙。他往上升，掉在斜坡上，先撞到鋼筋，才滾到地面。我腦中有個三角形，有這些畫面之後，這件事情聽起來才有道理。但是這種邏輯也不敵我的父親。

爸爸檢查翔恩的傷勢。翔恩喪失方向感，一個瞳孔放大，一個沒有，但是沒有人知道這代表什麼，沒人知道這表示他腦出血。

爸吩咐翔恩休息。路克和班哲明幫他靠在小貨卡邊歇著，兩人才回去工作。

之後的經過更模糊。

據說十五分鐘後，翔恩信步走到工地。爸爸以爲他準備上工，要他再回木箱裡，翔恩向來不喜歡聽命行事，開始對爸爸大吼大叫，抱怨設備、糧倉設計、他的薪資。他喊到喉嚨沙啞，當爸爸以爲他已經冷靜下來，他突然抓住爸爸的腰，把他當沙包般丟出去。爸爸還來不及站起來，翔恩就跳著叫著離開，這時路克和班哲明知道大事不妙便追上去。路克先追到，但是攔不住他，班哲明也出手，翔恩才放慢速度。不過最後三個男人撲上去，把不斷抗拒的翔恩推到地上，他的頭又敲到地面，他才終於躺平。

沒有人告訴我翔恩腦袋撞第二次之後的經過，我不確定他是否癲癇發作、嘔吐或昏過去。但是情況太可怕，儘管我家從沒打過緊急專線，某個人還是打了九一一，也許是爸爸，但大概是班哲明。

對方告訴他們，直升機馬上就到。當爸爸、路克、班哲明將翔恩撲倒在地之前，他已經腦震盪，醫生猜測當時他就生命危急。他們說他沒當場死亡，已經是奇蹟。

我努力想像他們等待直升機時的畫面。爸爸說急救人員抵達時，翔恩已經開始啜泣，哭著要找母親。他到醫院時，情緒徹底改變。他光溜溜地站在擔架上，瞪大布滿血絲的眼睛，鬼叫著誰敢靠近他，他就要挖出那個混帳的眼睛。接著他又開始啜泣，最後終於昏過去。

翔恩捱過那一晚。

隔天早上，我開回巴克峰。我無法解釋自己怎麼沒衝到哥哥床榻邊，只告訴母親我得去上班。

「他要找妳。」她說。

「妳說他誰也不認得。」

「沒錯，」她說：「但是護士問我，他是不是認得某個泰拉。早上無論醒著或睡著，他都不斷喊著妳的名字。我告訴她們，泰拉是他的妹妹，護士說妳最好去一趟。他可能認得出妳，那就是一大進步。他到醫院之後，只喊過妳的名字。」

我沉默不語。

「我幫妳付油錢。」母親說。她以為我不去是因為加油要三十元，我聽到那句話很尷尬，但是如果不是因為缺錢，我沒有理由不去。

「我現在就出發。」我說。

我竟然不太記得醫院或哥哥的模樣，只能依稀想起他的頭裹著繃帶，當我問起原因，母親說醫生開了刀，切開他的頭顱釋放壓力，或是止血，或是修復哪個部位，事實上，我不記得她說了什麼。翔恩翻來覆去，就像發高燒的孩童，我在他旁邊坐了一小時。他有幾次張開眼睛，就算他有意識，也不認得我。

隔天我到醫院時，他已經醒來。我走進病房時，他眨眼睛，望向母親，似乎疑惑她是否也看到我。

「妳來了，」他說：「我沒想到妳會來。」他握住我的手睡著。

我盯著他的臉、繞過額頭與耳朵的繃帶，覺得滿心怨懟。那時我才明白自己怎麼不早來，我害怕自己可能有的情緒，害怕他若死了，我可能覺得開心。

我確定醫生希望他留在醫院治療，但是我們沒有保險，費用已經高到翔恩可能要付個十年。他的狀況穩定到可以搭車，我們立刻接他回家。

他在客廳的沙發上躺了兩個月，身體很虛弱，體力只夠他往返廁所。一邊耳朵已經全聾，另一邊的聽力也很差，所以人們對他說話時，他往往得轉頭用聽得到的那邊對著他們，而不是看著對方。除了這個奇怪動作和手術繃帶之外，他看起來很正常，外表沒有腫脹或瘀青。醫生說這表示傷勢很嚴重，沒有外傷代表傷勢都在體內。

我花了一段時間才明白，儘管翔恩表面沒有異狀，他還是有所改變。他看起來很理智，但仔細聽就知道他的敘述不合邏輯，甚至不成故事，只是互不相關的敘述。

沒立刻去醫院看他，我覺得很愧疚。為了補償他，我辭掉工作，日夜照顧他。他想喝水，我就端水，他覺得餓，我就下廚。

莎蒂開始常來家裡，翔恩很歡迎她。我期待她來訪，我就有時間溫書。母親覺得我陪翔恩很重要，所以沒人打擾我。這是我這輩子第一次有那麼長的學習時間，不必去撿廢鐵、過濾酊劑或是幫藍迪清點存貨。我分析泰勒的筆記，反覆閱讀他詳盡的說明。幾週之後，我竟然搞懂其中的概念，不知這是魔法或奇蹟。我重做模擬考，高等代數依舊深不可測，我始終不得其門而入。但是三角學就清楚多了，我了解這個領域的語言；那個井井有條的世界卻只存在於白紙黑字間。

真實的世界陷入一片混亂。醫生告訴母親，翔恩可能會因為受傷而性格丕變。他在醫院就有反覆無常，甚至暴力的傾向，醫生認為這種改變恐怕永遠無法恢復。

他的確容易暴怒，有時無名火起，他就只想傷害別人。他天生知道如何使壞，知道哪些話的火力最大，多數晚上都惹得母親淚漣漣。隨著體力漸漸恢復，翔恩越來越火爆。我發現自己每天早上更勤快地打掃馬桶，知道我的腦袋可能在午餐之前就會被壓進去。母親說只有我能讓他心情平靜，我說服自己相信。**還有誰比我更適合**？我心想。**他不會影響我**。

現在回想起來，我不確定那次傷勢對他有太大改變，但是我曾說服自己事實就是如此，他是摔傷之後才變得冷酷無情。我翻閱當時的日記，發現這個少女重寫人生歷史的演化過程。她爲自己建構出虛幻的世界，假裝家裡在哥哥摔傷之前天下太平。**真希望找回我最好的朋友**，她這麼寫。**他受傷之前都不會傷害我**。

第十五章／不再是孩子

那年冬天出現了一個契機。當時我跪在地毯上，聽著爸爸見證母親成爲醫治者的天命，突然覺得一口氣喘不過來，覺得靈魂出竅。我再也看不到爸媽或客廳，只看得到一個成年女子，她有自己的意志、自己的祈禱詞，再也不是坐在她父親腳邊的孩子。

我看到那女人便便大腹，那是我的肚子；她旁邊坐著她的接生婆母親。她牽起她母親的手，說她希望孩子在醫院由醫生接生。**我載妳去**，她的母親說。女子走到門邊，去路卻被「忠誠」和「服從」擋住，就是她的父親。他站在那兒，不肯讓步。但是那個女人是**他的**女兒，她吸收他所有信念、所有沉甸甸的重量，然後將他搬到一旁，走出門外。

我努力想像這樣的女人會爭取到哪一種前途。我努力想像他們父女意見分歧的其他畫面，想像她不理會他的建議，一意孤行。但是父親說過，任何事物都不可能有兩種合理的意見，不是**真理**，就是**謊言**。我跪在地毯上聽父親禱告，腦子卻研究著這個陌生人，覺得自己懸在兩者之間，兩者都吸引我，同時又排斥我。我知道沒有一個未來可以容得下這兩人，命運無法又偏袒他**又**愛護她。我得永遠當個孩子，否則就會失去他。

我躺在床上，看著微弱的檯燈光線打在天花板上，此時門外傳來爸爸的聲音。我立刻本能地跳起來，立正站好，但是站好之後又不知所措。這事前所未見，父親從未進過我的房間。

他大步走過我身邊，坐在我的床上，然後拍拍床墊旁邊的位置。我緊張地坐下，雙腳幾乎沒碰到地板。我等他開口，但是一分一秒默默過去。他閉著眼睛，下巴放鬆，彷彿聆聽著天籟之音。「我最近都在禱告，」他的聲音輕柔，充滿父愛。「爲了妳要上大學的決定而禱告。」

他睜開眼睛，眼睛在昏暗光線下放大，褐色虹彩部分就縮小。我沒見過眼睛在黑暗中的變化，那對眼睛似乎不屬於人世，象徵靈性的力量。

「主要我來見證，」他說：「祂不高興。妳捨棄上帝的祝福，追求人類的智識。祂將降怒於妳，就快了。」

我害怕得無法言語，不記得父親何時離開。上帝的怒火曾導致城市成爲廢墟，洪水淹沒地球。我覺得軟弱，全身無力。我記得自己心想這條命不再屬於我，我隨時會被拖到天上，向憤怒的天父交代說明。

隔天早上，我看到母親在廚房調配精油。「我決定不去楊百翰了。」我說。

她抬頭，看著我背後那面牆，輕聲說：「不要說這種話，我不想聽。」

我不懂，我以爲她看到我服從神旨會很開心。

她的目光回到我身上，我已經多年沒見過這麼堅毅的眼神，大感意外。「在所有孩子當中，我以爲妳會第一個離開。泰勒出乎我意料之外，我有把握的人只有**妳**。不要留下來，去吧，千萬別放棄。」

我聽到樓梯傳來爸爸的腳步聲。母親嘆氣，眼神閃動了一下，彷彿突然清醒。爸爸在餐桌邊坐下，母親站著準備他的早餐。他開始批評文理教育的教授，母親打麵糊做鬆餅，不時附和他。

少了翔恩這個左右手，爸爸的建築事業日漸式微。我辭掉藍迪那邊的工作照顧翔恩，爸爸那年冬天回廢鐵場工作，我因爲需要錢也跟著去。

回到廢鐵場的早晨寒氣逼人，就像我上工的第一年。但是眼前景象變了，報廢車依然堆成高塔，卻不再滿山遍野。幾年前，猶他州電力公司雇用爸爸拆除電塔，並允許他留下角鋼，所以現在四十萬磅的角鋼堆得到處都是。

我每天早上六點起來溫習，因爲那時候比較容易專心，否則撿廢鐵回來之後，我已經筋疲力盡。雖然我還是畏懼天譴，但我認爲自己不可能通過ＡＣＴ測驗，除非上帝恩准。如果上帝介入了，顯然我有學校可上就是祂的旨意。

ＡＣＴ分爲四個部分，分別是數學、英文、科學和閱讀。我的數學能力有進步，但並不強。雖然練習時能回答多數問題，但是我算得很慢，需要應考的兩倍或三倍時間。我連基本文法都不懂，但我努力學習，從名詞學到介系詞和動名詞。科學問題更深奧，也許是因爲我唯一讀過的自然科書籍上還有可拆卸的著色圖。四個部分中，我對閱讀最有自信。

楊百翰大學是名校，我至少需要考二十七分，也就是擠進應試者中的前百分之十五。當時我十六歲，從來沒有考試經驗，才剛開始接受系統化的教育；但是我依然報了名。那種感覺就像丟骰子，我已經丟出去，上帝會告訴我是幾點。

前一晚我完全睡不著，只能想著各種慘事，而且腦袋奇燙，彷彿發燒。五點，我下床吃早餐，開了四十哩到猶他州立大學。我和另外三十個學生進入一個白色教室，大家都坐好，拿出鉛筆放在桌上，一名中年婦女發下考卷和我前所未見的粉紅紙張。

「抱歉，」我拿到時發問：「請問這是什麼？」

「標出答案的答題卡。」

「怎麼用？」我說。

「就跟其他答題卡一樣。」她開始往前走，顯然很不高興，似乎當我故意找碴。

「我沒用過。」

她打量了我一會兒。「塗滿正確答案的那格，」她說：「全塗滿，懂嗎？」

測驗開始。我從沒和整間房的人一起坐上四小時，那噪音簡直不可思議，但是彷彿只有我一人聽到，我無法不注意翻頁和鉛筆畫在紙上的聲音。

考完之後，我猜數學沒過關，科學肯定也不及格。科學部分的作答連亂猜都稱不上，只是在那張奇怪的粉紅紙上亂塗。

我開車回家，覺得自己愚蠢無比，更是荒謬至極。如今我看過其他學生，看到他們排整齊走進教室、找好位子、平靜作答，那似乎是訓練有素的日常活動；我竟然天眞地以爲能擠到前頭百分之十五。

那是他們的天下。我穿上工作服，回到我的世界。

那年春季有一天格外炎熱，路克和我忙著搬運桁條，就是架在屋頂支撐屋面板的鐵橫梁。桁條沉重，陽光熱辣辣，汗水從我們的鼻頭落到鐵梁上。路克脫掉上衣，扯掉袖子，風就能吹進他扯開的大洞。我作夢都不敢做這麼大膽的事情，但是搬了十二根桁條之後，我的背上都是汗，我拉開T恤搧風，把袖子捲到露出一吋的肩膀。幾分鐘後，爸爸看到我，他大步走來，用力把我的袖子扯下來。「這裡又不是妓院。」

我望著他走開，又折起袖子，機械式的反應彷彿做決定的人不是我。他一小時後回來，看到我就半途停下，一臉困惑。因爲他已經給我指示，我卻沒照辦。他疑惑地站了一會兒，才走過來，抓住兩邊袖子往下扯。他還沒走開十步，我又往上折。

我想乖巧順服，也有這份心意。但是那個下午天氣炎熱，吹在手臂上的微風實在沁涼。何況那只是幾吋的肌膚，我從頭到腳都髒兮兮，那晚我洗了半小時才清乾淨鼻孔和耳裡的汙垢。我不覺得自己秀色可餐，或是性感玩物，只覺得我是人體堆高機。多露出一吋的肌膚又如何？

我存下所有工資，以免到時需要學費，爸爸發現之後就開始向我要些小錢。自從第二次車禍，母親又開始買保險，爸爸說我也該付我那份，我照辦。後來他又要我分擔行照費。「政府要的錢會害妳破產。」我遞上現金時，他這麼說。

爸爸這麼做就心滿意足，直到測驗結果出爐。我從廢鐵場回家時看到一個白色信封，手上的油汙在拆封時還弄髒白紙，我直接跳過各科分數看總分。二十二分。我心臟怦怦跳，興奮不已。雖然不是二十七分，但那也開了一扇門，或許進得了愛達荷州立大學。

我給母親看，她又轉告爸爸。他很激動，吼叫著我該搬出去了。

「如果她已經大到能賺錢，就有辦法付房租，」爸怒吼：「可以去住別的地方。」起初母親還和他爭論，但是幾分鐘內就被說服。

我站在廚房思索眼前的選擇，心想自己也才剛給爸爸四百美元，那是我三分之一的存款。這時母親轉頭對我說：「妳週五之前可以搬出去嗎？」

我心裡有個東西開始瓦解，就像水壩或堤防潰堤。我覺得頭昏腦脹，彷彿再也忍不住。我大叫，但是叫聲出不來，我就快沒頂。我無處可去，沒錢付房租，就算可以負擔，也只有鎮上有公寓出租，那麼我就需要車子。我只有八百元，我把所有鈔票撒在母親身上，奔回房間，用力甩門。

一會兒之後，她敲門。「妳一定覺得不公平，」她說：「但是我在妳這個年紀時已經自立，準備嫁給妳的父親。」

「妳十六歲就結婚？」我說。

「別傻了，妳又不是十六歲。」

我瞪著她，她也看著我。「我只有十六歲。」

她從頭到腳打量我。「妳至少有二十歲。」她歪著頭。「難道不是？」

我們沉默不語，我的心臟怦怦跳。「我今年九月才滿十六歲。」

「喔，」母親咬唇，然後微笑起身。「那妳不必擔心，可以住下來。我眞不知道妳爸爸想什麼，大概是我們忘記妳的歲數，很難記住所有孩子的年紀。」

翔恩一跛一跛地回去工作，頭上戴著澳洲佬樣式的帽子，帽子很大、寬邊，是巧克力色的塗油皮革。摔傷前，他騎馬才戴那頂帽子，現在隨時都戴著，在屋裡也不例外，爸爸覺得很沒禮貌。也許翔恩的理由就是爲了侮辱爸爸，但我懷疑是因爲大帽子很舒服，又能遮住手術留下的傷疤。

起初他的工時很短。爸爸手邊有個奧奈達郡擠奶牛舍的案子，那裡離巴克峰二十哩遠，所以翔恩留在垃圾場更改草圖、丈量工字梁。

路克、班哲明和我負責撿廢鐵，因爲爸爸認爲該賣掉四散各處的角鋼。但是角鋼必須短於四呎才能賣，翔恩建議我們用火炬噴槍，但是爸爸說那樣太慢，也太浪費燃料。

幾天後，爸爸帶回我這輩子見過最可怕的器械，他稱爲「剪切機」。乍看之下就像是三噸重的剪刀，刀刃是密度極高的鐵，有十二吋厚、五吋寬。不是靠銳利刀刃切割，而是靠偌大的力量。連接著巨大鐵輪的活塞控制刀刃開闔，而輪子靠履帶和馬達轉動。所以如果有東西卡進去，就得花三十秒到一分鐘才能停下輪子和刀剪。剪切機上下開闔，咬穿相當於人類手臂厚度的金屬時，那聲音比經過的火車還響亮。廢材放進去之後不是被剪斷，而是剁開。有時機器會彈跳，把操作的人拉到使勁開闔的刀剪裡。

這些年來，爸爸設計出各種異想天開的危險工法，但這是第一個嚇到我的機器。也許是因爲它的致命性顯而易見，一個疏忽，就會少一條胳膊。或者，因爲我們根本不需要這個設備。這種行爲純粹是不知節制。剪切機就像玩具，只是玩具不會砍掉你的頭。

翔恩說那是死亡機器，還說爸爸連僅有的一丁點常識都沒了。「你是不是**想**殺誰？」他說：「因爲我的車上有槍，用那個還比較不痲煩。」爸爸忍不住咧嘴笑，我沒見過他那麼欣喜若狂。

翔恩搖頭，蹣跚走回工具間。爸爸開始把角鋼放進機器裡，廢材彈起來，他就往前傾，有兩次頭朝下差點落到機器裡。我用力閉上眼睛，知道即使是爸爸腦袋卡住，機器也不會慢下來，砍斷他的脖子之後還會繼續壓切。

爸爸一知道機器可用，就示意路克接手，向來想討好父親的哥哥立刻上前。五分鐘後，路克的胳膊出現深可見骨的傷口，鮮血直流的他衝回家。

爸爸環視工班，他要班哲明上陣，但是班哲明搖頭，說他寧可留著十根手指。爸爸殷切地看著屋子，我猜他忖度著母親要多久才能成功止血。接著他的目光停在我的身上。

「泰拉過來。」

我動也不動。

「快過來。」他說。

我慢條斯理地往前走，眼睛眨也不眨地看著剪切機，彷彿它隨時會撲襲。刀刃上還留著路克的血。爸撿起六呎長的角鋼遞給我。「拿穩，」他說：「彈起來就鬆手。」

刀刃往下剁，開闔時還發出怒吼，我認爲那就像狗兒咆哮，是叫我滾遠一點的警訊。但是爸爸對這台機器的狂熱已經使他失去理智。

「很簡單。」他說。

我放進第一個角鋼時默默祈禱，不是祈禱不受傷，因爲絕對不可能；我祈禱傷勢就像路克，只被切掉一塊肉，才能活著走回家。我選了較小的廢鐵，希望我的體重可以壓住。後來小塊的都切完，我東挑西撿，選出裡面最小的一根。但是那根也很粗，我推進去時，等著刀刃卡住。角鋼被切斷的聲音很大，而且往上彈，我整個人往前傾，兩隻腳都離地。我趕忙放開，摔到地上。沒有人握住的角鋼因爲遭到刀刃連續剁切便彈到空中，其中一塊落到我旁邊。

「**這是搞什麼鬼？**」翔恩出現在我的眼角，他大步走來拉我站好，然後轉身面對爸爸。「五分鐘前，這台怪獸才差點咬斷路克的胳膊！所以你換上泰拉？」

「她很堅強。」爸爸對我眨眼睛。

翔恩的眼珠子似乎快跳出來。他應該保持心情愉快，看起來卻快中風了。

「她的腦袋會被切斷！」他大叫。他轉向我，揮手示意工具間的鐵工機。「去做桁條要用的扣夾，不准再靠近這個東西。」

爸爸往前靠。「這是**我的**工班，你是我的手下，泰拉也是。我要她操作剪切機，她就得照辦。」

他們對彼此大吼大叫了十五分鐘，這次不同以往，兩人都不客氣，彷彿有不共戴天之仇。我沒看過別人用這種態度罵他，我先是驚訝，接著是害怕他五官的變化。他的表情僵硬，大有豁出去的態勢。翔恩喚醒父親心中的某種特質，某種本能需求。爸爸輸掉這次就會顏面盡失，我不操作剪切機，他就不是爸爸了。

翔恩衝過去用力推爸爸的胸口，爸往後踉蹌了一步才摔倒。他一臉震驚地躺在泥地，一會兒之後才站起來撲向他兒子。翔恩舉起雙手阻擋父親出拳，爸爸看到就放下拳頭，也許想起兒子才剛恢復步行能力。

「我叫她做，她**就要**做，」爸憤怒地低聲說：「否則就別住在我的屋簷下。」

翔恩看著我，似乎考慮幫我打包，畢竟他在我這個年紀就離家了，但是我搖頭。我不走，要走也不是因為這個原因。我會先操作剪切機，翔恩看出來了。他看著機器，又看看旁邊五萬磅廢鐵。「她做。」他說。

爸爸瞬間長高五吋。翔恩歪歪倒倒地彎腰，撿起一根沉重的角鋼，抬到機器上。

「不要傻了。」爸說。

「既然她要做，我也做。」翔恩說。他的聲音已經失去鬥志。我沒看過翔恩對爸爸低頭，一次也沒有，但是他那天自願敗下陣。他明白**他**如果不讓步，我一定會。

「你是我的工頭！」爸大喊。「你必須去奧奈達的工地，不是在這裡整理廢鐵！」

「那就關掉剪切機。」

爸爸惱火地邊罵髒話邊走開，他大概以為翔恩晚餐前就會累，到時就會回去當工頭。翔恩看著爸爸離開，然後轉向我說：「好了，妹蕭。去拿角鋼來，我負責放進去。如果哪一段比較粗，例如半吋厚，妳就在後面壓住我，免得我彈進刀口裡，好嗎？」

翔恩和我操作剪切機一個月，因爲爸爸太固執，不肯關機，儘管工頭處理廢鐵的成本遠遠高過用火炬噴槍切割角鋼。最後收工時，我只多了幾道瘀傷。翔恩似乎臉色發白，畢竟他幾個月前才從箱子裡摔下來，受不了這種勞力活。角鋼以奇怪的角度彈出來時，翔恩腦袋被砸到好幾次。這時他就會坐在地上，雙手遮住眼睛，一分鐘後就站起來拿下一根。晚上，他穿著髒兮兮的衣服和沾滿塵土的牛仔褲躺在廚房地板，累到無法洗澡。

他一開口，我就幫他遞茶水、飯菜。莎蒂多數晚上都會過來，我們兩個一起幫他送冰塊、移開、再放上。我們兩個都是「魚眼睛」。

隔天早上，翔恩和我又回到剪切機邊，他將角鋼送進去，機器的力量之大，不費吹灰之力就能淘氣地讓他雙腳離地，那彷彿只是個遊戲，而翔恩只是個孩子。

第十六章／不忠的人，反骨的神

奧奈達的擠奶牛舍案開工，翔恩負責設計、焊接主結構，亦即巨大的建築骨架。那些梁柱太重，無法用堆高機搬運，只能用吊車。這個程序需要小心處理，焊接工人必須站在兩端保持平衡，吊車將桁條放到柱子上時，工人就要開始焊接。翔恩要我操作吊車時，大家都大吃一驚。

「泰拉不能開吊車，」爸說：「我就算花半個早上教她操作，她可能也學不會。」

「但是她會很小心，」翔恩說：「我不想再摔下來了。」

一小時後，我進了駕駛艙，翔恩和路克站在離地四十呎的桁條兩端。我輕輕碰遙控桿，仔細聽液壓缸在起重臂延長時的輕柔嘶嘶聲。「停！」桁條到了正確位置，翔恩大叫，戴著頭盔的腦袋便低下來開始焊接。

那年夏天，爸爸和翔恩爭論幾百件事情，由我操作吊臂就是翔恩吵贏的例子。他們幾乎天天吵，通常不會和平落幕，不是爭論設計圖有瑕疵，就是辯駁哪個工具忘了帶去現場。爲了證明誰才是老大，爸爸似乎殷殷期盼與兒子起衝突。

某天下午，爸爸到翔恩旁邊看他焊接。一分鐘後，他毫無來由開始大吼大叫，指責翔恩午餐時間拖太久、他太晚領工班上工、監督我們無方。爸爸吼了幾分鐘，翔恩拿下頭盔，平靜地看著他說：「你要不要閉嘴讓我好好工作？」

爸繼續吼，說翔恩懶惰、不知道如何帶領工人、不了解辛勤工作的價值。翔恩停止焊接，慢條斯理走到小貨卡邊。爸爸跟上去，始終罵個不停。翔恩優雅地脫下手套，一次拉開一根手指，完全不把指著他鼻子吼叫的爸爸放在眼裡。他靜止不動地站著，任憑爸爸叫囂，一會兒之後才上車開走，留下爸爸對著飛揚的塵土怒吼。

我記得自己看著小貨卡開走時，欽佩之情油然而生。只有翔恩敢槓上爸爸，只有他的意志力、信念夠強大，可以叫爸爸屈服讓步。我看過爸爸對每個哥哥發脾氣，只有翔恩敢當著他的面離開。

那是個週六夜晚。我在鎮上外祖母家，餐桌上有攤開的數學課本和一盤餅乾。我努力溫書，打算重考ACT。我常來外婆家看書，才不必聽爸爸教訓。

電話響了，是翔恩。他問我想不想看電影？我說好，幾分鐘後，我聽到引擎隆隆聲而望向窗外，他的黑色摩托車和寬邊帽停在外婆白圍籬外顯得格格不入，外婆開始做布朗尼，翔恩和我上樓選電影。

外婆送點心上來時，我們先按暫停。我們靜靜地吃著布朗尼，只有湯匙撞到外婆瓷盤的鏗鏘聲。「妳會考到二十七分的。」吃完時，翔恩突然開口。

「無所謂，」我說：「反正我大概也不能去。如果爸爸說得對呢？如果我被洗腦呢？」

翔恩聳肩。「妳和爸爸一樣聰明，如果爸爸沒說錯，妳上大學之後就知道了。」

電影演完了，我們向外婆道晚安。那是個涼爽的夏夜，很適合騎摩托車，翔恩說我應該搭他的車回家，明天再來開車。他發動引擎，等我上車，我才走一步就想到數學課本在外婆餐桌上。

「你先走吧，」我說：「我隨後跟上。」

翔恩戴上帽子，騎車迴轉，轟隆隆地騎過空蕩蕩的街道。

我那晚開車，心情輕鬆愉快。那是個漆黑夜晚，只有偏僻農鎮入夜後才會這麼暗，因爲房舍少，路燈更少，沒有光源與星光爭輝。我駛在蜿蜒公路上，這段路我已經開了無數次。我開過熊河丘，愜意地開在與五哩溪平行的馬路上。前方是上坡路段，道路彎向右邊。我不必看也知道前方有彎路，納悶夜裡竟然有一對靜止的頭燈。

我開始上坡，左側是草原，右邊有排水溝。坡度變陡時，我看到三部車停在水溝附近。車門開著，車內的燈也亮著，七、八個人圍觀石子地的某樣東西。我切換車道開到他們附近，看到路上那樣東西才停車。

那是一頂寬邊帽。

我停車，衝向水溝邊的路人。「翔恩！」我大叫。

路人讓路給我，翔恩臉朝下躺在石子上，旁邊一灘血泊在車燈照耀下成了粉紅色，他沒有任何動靜。「他撞上轉彎處的一頭牛，」有個男人說：「今晚很黑，他沒看到。我們叫救護車了，現在不敢動他。」

翔恩的身體變形，背部扭曲。我不知道救護車還要多久才到，他又流了好多血，我決定先幫他止住。我雙手劃進他的肩膀下卻抬不起他，我環顧路人，看到一張熟悉的面孔，是杜文。他是**我們**的人，八個小孩有四個由母親接生。

「杜文，來幫我把他翻過來。」

杜文將翔恩翻過來仰躺。我盯著哥哥，那一秒彷彿是一小時，看到鮮血從太陽穴順著右臉頰流下來，湧入耳朵又淌到白T恤上，腦門上的傷口約高爾夫球大。他閉著眼睛，嘴微張。太陽穴可能擦過柏油路上，導致皮開肉綻，最後傷口深可見骨。我傾身觀察傷口，看到像海綿的柔軟物質。我脫下夾克，壓住翔恩的傷口。

我碰到傷口時，翔恩發出一聲長嘆，睜開眼。

「妹蕭。」他喃喃說完就昏過去了。

手機就在我的口袋裡，我撥號，爸爸接了電話。

我一定很慌張，語無倫次。我說翔恩撞車，頭破血流。

「說慢一點，發生什麼事了？」

我重複說第二次。「我該怎麼辦？」

「帶他回家，」爸說：「你們母親會處理。」

我張嘴，但沒吐出一言半語。最後終於說：「我不是開玩笑，我可以看到他的腦子！」

「帶他回家，」爸說：「妳媽有辦法。」接著就是嘟嘟聲，他掛斷電話了。

杜恩聽到我們的對話。「穿過這塊田就是我家，」他說：「妳媽可以在那裡治療他。」

「不行，」我說：「我爸要他回家。幫我把他抬上車。」

我們搬動翔恩時，他發出哀號聲，但沒再說話。有人說我們應該等救護車，另一個說我們應該直接送他去醫院。大概沒有人相信我們要載他回家，畢竟腦門都破了那麼大的洞。

我們把翔恩抬到後座。我上駕駛座，杜恩坐上副駕駛座。我看過照後鏡才開上公路，我伸手調照後鏡，才能看到翔恩的臉，覆滿血的臉面無表情。我的腳停在油門上方。

三秒過了，也許四秒，總之不會超過四秒。

杜恩大叫：「開車！」但是我幾乎沒聽到，我太恐慌，思緒亂糟糟，只覺得惱火。那種狀態彷彿是作夢，因爲歇斯底里，彷彿走出五分鐘前還深信不疑的虛構世界。

我從未想過翔恩從木箱摔下來的那一天。沒必要，他摔下來是神的旨意，沒有其他更深奧的涵義。我從未想像過，如果我在場會是什麼心情，如果我看到翔恩從高空落下，看到他本能地想抓住東西，然後撞到水泥、身體對折、動也不動地躺著。我從不准自己想像後來的經過，想像爸爸決定將他放在車邊，或想像路克和班哲明緊張對看的模樣。

現在看著哥哥臉上每個皺褶都是血，我想起來了。我記起腦出血的翔恩在車邊坐了十五分鐘，想到他癲癇發作，其他男生必須將他撲倒在地，導致他第二次摔傷腦袋，醫生說第二次很可能當場要了他的命。所以翔恩再也不是以前那個翔恩。

如果第一次摔下來是神的旨意，第二次又該找誰負責？

我從沒去過鎮上的醫院，但是很容易就找到。

我迴轉，加速開下坡時，杜文問我搞什麼鬼。我沿著五哩溪狂飆，再開上熊河丘，邊開邊聽翔恩的短淺氣息。我停在醫院的緊急車道，杜文和我抬翔恩進玻璃門，我大聲求救。有個護士跑過來，接著第二人也出現，當時翔恩已經醒來。醫護人員接手，要我到等候室。

該做的事情躲不了，我打給爸爸。

「你們快到家了嗎？」他說。

「我在醫院。」

他沉默了一會兒說：「我們馬上來。」

他們十五分鐘後抵達，我們三人模樣尷尬，我坐在粉藍色沙發上咬指甲，母親來回踱步彈指，爸爸穩如泰山地坐在聲音奇大的壁鐘下。

醫生幫翔恩做斷層掃描，他說傷口很可怕，但是傷不重，那時我才記起上次的醫生說的話——腦部受傷的案例通常是傷口越可怕，傷勢反而比較輕——覺得自己慌了手腳，送他來醫院眞是愚蠢。醫生說骨頭上的傷口很小，可能會自己癒合，也可以開刀放進金屬板。翔恩說他想等頭骨癒合，醫生便縫合皮膚。

我們約凌晨三點帶翔恩回家。爸爸開車，母親坐在他旁邊，我和翔恩坐後座。沒有人開口，爸爸沒咆哮也沒訓斥誰，其實他後來沒再提過那一夜。但是他的眼神有所改變，再也沒正眼瞧過我，我不禁納悶我們已經走到岔路，各有各的方向。那晚之後，沒有人問我該上學或留下。我們兩父女彷彿已經生活在未來，那個未來裡並沒有我。

現在想起那一晚，我不會想到黑暗的公路或躺在血泊中的哥哥。我想到醫院的等候室，想到粉藍色的沙發和白牆；聞到空氣中的消毒水味道，聽到塑膠時鐘的滴答聲。

父親就坐在我對面，我看著他疲憊的臉頓時瞭然於心，那眞相如此強而有力，我先前竟然不知道。那就是：我不是個好女兒，我是叛徒、羊群中的狼。我和其他孩子不同，那個差異可不受歡迎。我想大聲哭嚎，想趴在父親的腿上流淚，信誓旦旦地保證下不爲例。但我是狼，不屑說謊，何況他也會嗅出謊言。我們兩人都知道，我再看到翔恩滿身是血，依舊會做出同樣的決定。

我不後悔，只覺得羞愧。

那個信封三週後寄到，當時翔恩已經漸漸恢復。我拆開信封，覺得麻木無感，彷彿法庭已經判我有罪，我現在只要讀出自己的刑期。我往下找總分，二十八。我又看了一次，也找了名字，沒有錯。我辦到了，我只能說這是奇蹟。

第一個想法就是下定決心，我決心不再爲父親工作。我開到鎭上唯一的雜貨店「史托克」，應徵打包商品的工作。當時我只有十六歲，但我沒告訴經理，他願意付我週薪四十美元，隔天早上四點就要上班。

回家時，爸爸開堆高機穿過垃圾場。我踏上梯子，抓緊橫杆，在引擎聲下告訴他，我已經找到工作，但是他找到人之前，我下午還能去開吊車。他降低剷叉，望著前方。

「妳已經決定了，」他沒看我。「不必再拖拖拉拉。」

一週後，我申請楊百翰大學。我不知道如何寫申請書，所以泰勒幫我寫。他說我根據母親的嚴格教育方案學習，她也要求我達到高中畢業的各科標準。

我對申請大學的心情每天都不同，幾乎可說每分鐘都有變化。有時我確定上帝要我上大學，因爲祂賜給我二十八分。有時我又確定學校一定會拒絕我，上帝會懲罰我送件申請、懲罰我遺棄家人。無論結果如何，即使沒學校可上，我也知道自己會離開。我送翔恩到醫院而不是送回母親身邊，此後家不再是家。我拒絕了我們家的某個部分，現在我也遭到排擠。

招生委員會非常有效率，我沒等多久。信件就裝在普通信封中寄來，我看到的時候心都沉了。拒絕信函才會這麼小封，我心想。我拆封，看到「恭喜」。學校收我了，一月五號開始上課。

母親擁抱我，爸爸努力裝得開心。「至少證明了一件事，」他說：「我們的自學方法和公立學校一樣有用。」

我滿十七歲的三天前，母親載我到猶他州找公寓，找了一整天，很晚才到家，看到爸正在吃冷凍食品。他沒煮透，餐點糊成一團。他看起來情緒緊繃、惱火，彷彿一觸即發。母親甚至沒踢掉鞋子就衝到廚房，馬上找鍋子煮一頓眞正的晚餐。爸走到客廳，開始咒罵錄影機。我從走廊就看到電線沒接好，我指出這點，他立刻發作。他罵髒話，揮舞手臂，說家裡的電線應該**隨時**都接好，回家不該看到錄影機的電線沒接好。我他媽幹嘛拔掉這些線。

母親從廚房衝進來說：「是我拔掉電線。」

爸爸口沫横飛地斥責她：「妳爲什麼老要站在她那邊？女人應該支持她的丈夫。」

我緊張地摸弄電線時，爸爸站在我旁邊大吼大叫。我越來越慌張，最後腦筋都無法冷靜思考，甚至不記得紅線要插紅洞，白線插白洞。

接著所有情緒都煙消雲散。我抬頭看父親發紫的臉孔，看著他脖子暴露的青筋，我還是沒接好電線。我一站起來之後，就不在乎電線是否接好了。我走出客廳，走到廚房時，爸爸還在怒吼。我走進長廊時回頭，看到母親已經蹲在錄影機旁摸索電線，爸爸就站在旁邊。

那年等待聖誕節就像等待走下懸崖。自從千禧年之後，我再也不覺得恐怖時刻就要來臨，不覺得有大難會徹底消滅我所熟悉的事物。取而代之的是什麼樣的生活？我努力想像未來，想像教授、作業、教室，但是我腦筋一片空白。當時我的想像裡沒有未來，除夕之後就是一片空白。

我知道我該準備就緒，學會泰勒宣稱我已具備的高中教育程度。但我不得其門而入，也不想求助於泰勒。他在普渡大學展開新生活，甚至就快成婚，我認爲他不會想爲我負責。

但是我發現他帶了一本《悲慘世界》回家過聖誕節，我認爲那一定就是大學生的讀物。我也去買了一本，希望能學會歷史或文學，結果事與願違。因爲我無法辨別哪些是虛構情節，哪些是眞實的歷史背景。拿破崙對我而言不比尚萬強[28]眞實，畢竟兩人我都沒聽過。

28 Jean Valjean，法國文豪雨果所著的《悲慘世界》主人翁。

第二部
PART TWO

第十七章／守安息日爲聖[29]

一月一日當天，母親開車送我展開新生活。我帶的東西不多，就是十幾罐蜜漬水蜜桃、床單、用垃圾袋裝的衣服。我們駛下州際公路時，眼前的風景變得破碎、崎嶇，陡峭的落磯山脈取代起伏不大的熊河丘。大學坐落於瓦薩奇山脈中，白色山壁莊嚴地拔地而起。山景雄偉，但是這種美卻帶有侵略性，令人膽怯。

我的住處在校園南方一哩，有廚房、客廳和三個小房間。其他女生還在過聖誕假期，所以沒回來；我之所以知道室友是女性，是因爲楊百翰大學不准男女同宿。我幾分鐘之內就把行李從車上搬進屋裡，母親和我尷尬地在廚房站了一會兒，她抱抱我便離開。

我獨自一人在寂靜的公寓住了三天，但是我一點都不覺得安靜。**沒有一個地方**安靜，以前我在城裡待的時間都不超過幾小時，覺得隨時都有各種奇怪噪音入侵。我聽得到每個聲音，好比行人號誌燈的警示聲、尖銳的警笛聲、氣動剎車器的嘶嘶聲，就連行人壓低的說話聲也不例外。我的耳朵不堪其擾，畢竟我早已習慣山區的寧靜。

第一個室友抵達時，我已經嚴重失眠。她名叫珊儂，上的是對街的彩妝學校。她穿了長絨粉紅睡褲、白色細肩帶緊身上衣，我緊盯著她露出來的肩膀。以前我也看過這種打扮的女人，爸爸說她們是異教徒，我向來避免接近她們，深怕染上她們的敗德行徑，結果現在我的住處就有一個。

珊儂打量我的寬鬆法藍絨大衣和男性化牛仔褲，眼神明顯表露出失望。「妳幾歲？」她問。

「我大一。」我不想承認自己才十七歲，應該念高一。

珊儂走向水槽，我看到她的臀部上印著「多汁」。我已經無法承受，只能退回房間，低聲說我要睡了。

「好主意。」她說：「明天很早就要上教堂，我老遲到。」

「**妳**上教堂？」

「當然。」她說：「難道妳不去？」

「我當然會去。可是妳……妳真的會去？」

她瞪著我咬唇，然後說：「八點要到教堂，晚安。」

我關上房門時，思緒一團亂。**她**怎麼可能是摩門教徒？

爸爸說到處都有異教徒，多數摩門教徒也是，只是他們不自知。我想到珊儂的緊身衣和睡褲，頓時發現，也許楊百翰大學裡的每個人都是異教徒。

另一個室友隔天才到。她名叫瑪麗，是主修幼童教育的大三生。她的穿著符合週日上教

29 To Keep It Holy，節錄《出埃及記》第二十章第八節：「當紀念安息日，守為聖日。六日要勞碌做你一切的工，但第七日是向耶和華你神當守的安息日。」

堂的摩門教徒在我心中的印象，花裙長度及地。她的服裝就像某種暗號，表示她不是異教徒，有那麼幾小時，我覺得自己沒那麼孤單。

但也只持續到當天晚上。瑪麗突然從沙發上站起來說：「明天就開學，我該去採買雜貨了。」一小時後，她帶著兩大紙袋回來。安息日不能逛街，我週日連一包口香糖都沒買過，但是瑪麗卻百無禁忌地拿出蛋、牛奶、義大利麵，渾然不覺得她放進共用冰箱的每樣東西都違反了上帝的誡命。最後她拿出一罐健怡可樂[30]，那也是違禁品，我又再次逃回房間。

隔天早上，我搭公車搭錯方向，等我回頭，幾乎已經快下課。我尷尬地站在教室後方，後來那位五官精緻的纖細女教授示意我去坐前方唯一的空位。我坐下時覺得所有人都盯著我看，那是莎士比亞的課，我選這門課是因爲我聽過莎翁的名字，覺得這是個好兆頭。來上課之後，我才知道我對他一無所知，只聽過他的大名。

下課鐘響，教授走到我桌前。「妳不該來這裡。」她說。

我困惑地看著她。我當然不該來，但是她怎麼知道？就在我打算全盤托出，承認我從沒上過學，也沒達到高中畢業標準時，她補上一句：「這是大四上的課。」

「有專門開給大四上的課？」我說。

她翻白眼，當我開了無聊玩笑。「這是三八二，妳應該去一一〇。」

我幾乎走過整個校園才恍然大悟，我查了課表，第一次注意到課程名稱旁邊的號碼。

我到註冊組，辦事人員說大一課程已經滿額。他們請我每隔幾小時就上網，如果有人退課，我就可以補上。那週快結束前，我已經擠進英文、美國史、音樂和宗教的導論課，至於西方文明藝術史，我只能選到大三課程。

大一英文的教授是二十八、九歲的活潑女性，她屢屢提到「論文形式」，還不斷向我們保證高中已經學過。

下一堂的美國史課堂以先知約瑟·斯密[31]命名。我以爲美國史應該很簡單，因爲爸爸教過美國開國元勛，我對華盛頓、傑佛遜、麥迪遜知之甚詳。結果教授幾乎沒提過他們，只說到「哲學基礎」、西塞羅[32]和休謨[33]的著作，這些名字都是我前所未聞。

教授第一堂課就告訴全班，下一堂課要測驗我們有沒有溫書。我努力和課本密密麻麻的段落奮鬥了兩天，但是文中的「公民人文傳統」[34]、「蘇格蘭啓蒙運動」[35]就像黑洞，將所

30 摩門教禁止咖啡因、酒精、尼古丁、檳榔菸草等。

31 Joseph Smith（一八〇六—一八四四），美國宗教領袖和摩門教主要分支後期聖徒運動的創始人，二十四歲時發表《摩爾門經》。

32 Marcus Tullius Cicero（西元前一〇六—西元前四三年），羅馬共和國晚期的哲學家、政治家、律師、作家、雄辯家。支持古羅馬憲制，因此被認為是三權分立學說的先驅。

33 David Hume（一七一一—一七七六），蘇格蘭的哲學家、經濟學家和歷史學家，他被視為蘇格蘭啟蒙運動以及西方哲學歷史中最重要的人物。他所著的《英格蘭史》一書在當時成為英格蘭歷史學界的基礎著作。

34 Civic humanism，提倡人民與政治精英的公共精神與德行。強調品德、政治參與以及自由的關係。

35 The Scottish Enlightenment，一般是指從一七四〇年至一八〇〇年期間在蘇格蘭所發生的人類文明的巨大進步，分享了歐洲啟蒙運動的人文與理性主義。

有字眼都吸進去。我考是考了，只是每個問題都答錯。

那次失敗難以消化。我能不能安然念完？我的**教育**所得到的養分是否足夠？那是我第一次受到檢驗。考試之後，答案昭然若揭：顯然不夠。有了這點體悟，我可能懊悔自己的養成背景，結果沒有。隨著我們父女之間的距離拉長，我反而越來越忠誠。在山上，我可以反骨叛逆。但是在這個明亮又嘈雜的城鎮，四周盡是僞裝成聖人的異教徒，我則謹守他教導的每個眞理、每個教條。醫生是「沉淪之子」[36]，自學是上帝的誡命。

一次考差無損我重新擁抱教義，但是某次西洋藝術課卻動搖了我的信仰。

我到教室時，溫暖的晨光從高牆窗邊灑了滿室。我在穿高領上衣的女生旁坐下，她名叫凡妮莎。「我們要互相幫忙，」她說：「全班大概只有我們兩個是大一。」

一個小眼睛、高鼻子的老先生拉上窗簾，開始講課。他打開開關，投影機的白光照亮教室，幻燈片投影出一幅畫。教授討論構圖、筆觸和歷史。接著又一幅幅解說。

後來出現一張獨特的畫作，畫中男子戴著褪色帽子，身穿大衣，背後隱隱約約有道水泥牆。他手裡拿著一張小紙頭湊在面前，但是他沒看著紙，而是望著我們。

我打開爲了這堂課買的畫冊看個仔細，圖下有斜體字，但是我看不懂，有個黑洞般的詞彙吞噬其他字眼。我看過同學發問，便舉起手。

教授點我，我大聲唸出那個句子，看到那個詞彙時，我頓住。「我不認得這個詞，」我說：「請問這是什麼意思？」

班上鴉雀無聲，沒有噓聲，沒有人要大家安靜，而是極度靜默。沒有人翻書，沒有鉛筆刮過紙張的聲音。

教授緊抿著嘴。「謝謝妳來**這招**。」然後繼續看筆記。

接下來的課，我幾乎紋風不動。我盯著鞋子，納悶究竟發生了什麼事情，爲何每次抬頭都有人看著我，當我是怪胎。我當然清楚自己**是**怪胎，只是不明白**他們**怎麼知道。

下課鐘響，凡妮莎將筆記本推進背包，接著停下動作說：「妳不該拿那種事情開玩笑，不好笑。」我還來不及回答，她已經離開。

我假裝外套拉鍊卡住，等所有人出去才離開座位，避開別人的目光。我直接奔到電腦教室，查「猶太人大屠殺[37]」。

我不知道我坐在那裡看了多久，總之後來終於看夠。我向後靠，盯著天花板。我大概太震驚，究竟是因爲讀到的資料太恐怖，抑或發現自己太無知，我就無法確定了。我記得自己愣了一會兒，想的不是集中營，不是亂葬崗或毒氣室，而是母親的面孔。一種奇怪的情緒湧上心頭，那種感覺強烈又陌生，我不確定那到底是什麼感受。只知道我想對她大吼，對我的親生母親大吼大叫，那個念頭著實嚇到我。

我搜尋記憶，「猶太人大屠殺」其實不是完全前所未聞。也許母親**教過**，可能是我們摘

36 Sons of Perdition，引自《聖經帖撒羅尼迦後書》第二章第三節：「因為那日子以前，必有離道反教的事，並有那大罪人，就是沉淪之子，顯露出來。」

37 Holocaust，第二次世界大戰前及期間納粹分子對猶太人的大屠殺。

玫瑰果或做山楂酊劑時。我的確依稀記得，許久之前，猶太人在某個地方遭到殺害。但是我以爲規模很小，例如「波士頓大屠殺」[38]那類小型衝突。爸爸常提到那件事，說五個平民遭到殘暴專制政府殺害。誤會兩件事規模相當（五之於六百萬）簡直是不可思議。

我在下堂課之前找到凡妮莎，道歉我亂開玩笑。我沒解釋，因爲我辦不到。我只說抱歉，下不爲例。說到就要做到，所以我那學期沒再舉過手。

那個週六，我坐在堆滿作業的桌前，當天就得完成所有功課，因爲我不能違反安息日的傳統。

我從早讀歷史課本讀到下午，依舊不太明白。傍晚，我想寫英文課的自我介紹，但我從沒寫過文章，也不知道該從何下筆，我只論述過罪孽和悔改，而且沒人讀過。我不知道何謂老師口中的「論文形式」，只能潦草寫幾句又畫掉，再從頭來。我就這樣來來回回，忙到半夜十二點之後。

我知道我該停筆，現在已經是安息日，但是我還沒開始寫週一早上七點前要交的音樂理論作業。我說服自己，起床之後才是安息日，便繼續奮戰。

我醒來時是趴在桌上，房間已經大亮。我聽到珊儂和瑪麗在廚房走動，穿上週日才穿的洋裝，我們三人出發到教堂。因爲會衆都是學生，人人都與室友一起坐，我便和她們坐在同一張長椅上，珊儂立刻與後面的女生攀談。我環顧四周，驚訝地發現許多女人穿的裙子還遮不住膝蓋。

和珊儂聊天的女生說，我們下午應該去看電影，瑪麗和珊儂附和說好，我搖頭，因爲我不在週日看電影。

珊儂翻白眼低語：「她**非常**虔誠。」

我始終知道父親信仰的是不一樣的上帝。從小我就發現，雖然我們和鎮上的人去同樣的教會，我們的信仰卻不一樣。他們**相信**要端莊，我們親身力踐。他們**相信**上帝醫治的能力，我們將傷病交給上帝裁決。他們**相信**要迎接「耶穌再臨」，我們準備就緒。自從我有記憶以來，我只知道我們家才是唯一的眞正摩門教徒。然而進大學以後，我在這個小教堂中頭一次發現我們之間的差距有多巨大。我懂了，我可以和家人一道，也可和非教徒同行，只能選邊站，中間沒有灰色地帶。

禮拜結束，我們排隊進主日學校。珊儂和瑪麗選了前面的座位，還留一個位子給我，我卻猶豫了，想著我已經違反安息日的規矩。我才進大學不到一週，卻從上帝那裡偷了一小時。也許**那**就是爸爸不贊成我來的原因，因爲他知道和他們同住，和那些信仰較淺薄的人一道，我可能會變得和他們一樣。

珊儂向我揮手，尖領領口更低了。我走過她身邊，在角落坐下，盡可能遠離她和瑪麗。我喜歡這種熟悉的座位安排，縮在一角，遠離其他孩子，就像孩提時代每週的主日學。自從上學以來，這是我唯一熟悉的場景，而且我樂在其中。

38 發生於一七七〇年，軍官與民眾起衝突，導致五名平民死亡、六人受傷。最後激發北美殖民地的反抗，導致美國革命。

第十八章／鮮血與羽翼

後來我很少與珊儂或瑪麗交談，她們也鮮少與我說話，除非提醒我做分內雜事，只是我從來不做。公寓看起來挺好。就算冰箱有爛掉的桃子，水槽有髒碗盤又如何？就算你一進門，怪味道就撲鼻而來又如何？對我而言，味道只要堪能忍受，屋子就算乾淨，這個道理也適用在我自己身上。除非洗澡，否則我從不用肥皂，即便淋浴也是一週一、兩次，有時也只用清水。早上離開廁所，我直接走過走廊的水槽，**毫無例外**，珊儂和瑪麗每次都在那裡洗手。我看到她們瞪大眼睛就想到鎮上的外祖母。**愚蠢無聊**，我告訴自己，**我又不尿在手上**。

住所的氣氛緊繃。珊儂看我的眼神彷彿當我有狂犬病，我也任憑她胡思亂想。

我銀行帳戶裡的數目逐漸減少。我本來擔心分數不及格，開學一週後，就在我付了學費、房租、採買食物、書本之後，我開始納悶即使及格，我恐怕也不會再回學校，理由顯而易見，就是我負擔不起。我上網查獎學金要件，學雜費全免的標準是幾近完美的平均成績。

雖然我才入學一個月，也知道我申請獎學金的機率低得可笑。上美國史越來越輕鬆，但也僅止於每次小考不見得都不及格。我在音樂理論課表現不俗，英文課就很費力。老師說我有寫作天分，但用字遣詞莫名地刻板、生硬。我沒解釋我學會讀寫的教材是《聖經》、《摩爾門經》、約瑟．斯密和楊百翰的講稿。

然而我最大的障礙來自西洋文化史。在我聽來，講課內容毫無意義，也許是因爲我到一月底才知道歐洲不是一個國家，而是洲陸，因此先前我幾乎聽不懂。而且在「猶太人大屠殺」事件後，我根本不敢發問澄清疑慮。

即便如此，那還是我最愛的課，因爲有凡妮莎在。我們每節課都坐在一起。她似乎是與我有相同理念的摩門教徒，所以我喜歡她。她穿高領、寬鬆服裝，而且她說她從不喝可樂，週日也不做功課。我在大學認識的人當中，只有她不像異教徒。

二月時，教授宣布以月考取代期中考，而且一週後就是第一次月考。我不知道該如何準備，這堂課沒有課本，只有一本畫冊和幾張經典音樂的CD。我邊聽音樂邊看畫，稍微記一下畫家或作曲家的名字，但是沒記下拼音。我只做過ACT測驗，那個測驗是選擇題，我以爲所有測驗都如出一轍。

考試當天，教授請所有人拿出藍色練習簿。我還來不及納悶藍色練習簿是什麼，所有人已經從包包拿出一本。大家的動作流暢、一致，彷彿經過練習，我是台上唯一錯過排演的舞者。我問凡妮莎是否多帶一本，她果然有。我以爲打開來會看到選擇題，卻是一片空白。

窗子關上，投影機開啓，投射出一幅畫。我們有六十秒的時間可以寫出畫作名稱與畫家的全名。我腦中只響起嗡嗡聲，連續看了好幾張幻燈片，我依舊呆若木雞，完全沒作答。

前方出現卡拉瓦喬[39]的作品，是〈茱蒂絲斬首荷羅芬尼斯〉。我盯著畫，看到一個年輕女孩冷靜地將匕首拉向她自己，刀刃斬過一名男子的脖子，那動作彷彿是拉繩子切割乳酪。我和爸爸一起斬過雞頭，我抓著粗糙的雞腳，他負責舉起斧頭，剁下雞頭時會發出響亮的重擊聲。雞被宰殺時會抽搐，羽毛和雞血都噴到我的牛仔褲，我則拚命抓緊。想到那些雞，我就懷疑卡拉瓦喬作品的眞實性，砍掉別人首級時，不可能有**那種**安詳又無動於衷的表情。

我知道那是卡拉瓦喬的畫，但是我只記得姓氏，甚至拼不出來。我確定畫名是〈茱蒂絲斬首某人〉。然而就算是我躺在刀下，我也想不起那個人的名字。

只剩下三十秒。如果我在紙上隨便寫點東西，也許還能得幾分，所以我照發音拼出名字Carevajio，看起來不太對勁，我記得裡面有一個字母重複兩次，我畫掉又寫Carrevagio。還是不對。我又試了幾次，每次都越看越不順眼。只剩二十秒了。

隔壁的凡妮莎不慌不忙地作答，那當然，她屬於這裡。她的筆跡很整齊，我看得出她的答案是Michelangelo Merisi daCaravaggio。旁邊娟秀的字體寫著〈茱蒂絲斬首荷羅芬尼斯〉。只剩十秒。我抄下畫作名稱，沒抄卡拉瓦喬的全名。在選擇性的誠實前提下，我認爲全抄才是作弊。投影機放出下一幅作品。

後來我又數度偷瞄凡妮莎的練習簿，無功而返。我不能抄她的文章，又沒有作答技巧建構自己的答案。在缺乏技巧、知識的前提下，我只能想到什麼就胡謅。我不記得教授是否要求我們評論〈茱蒂絲斬首荷羅芬尼斯〉，就算有，我相信我一定寫下原先的看法，也就是根據我屠宰雞隻的經驗，那女孩的冷靜表情並不合理。如果有恰當的詞彙修飾，這個答案也許令人驚豔，可以說那女子的沉著恰好與畫作的寫實風格成爲明顯對比。如果教授看到的是「砍雞頭時不該微笑，因爲羽毛和鮮血可能會濺到你嘴裡」，恐怕不會佩服我的觀察。

考試結束後，窗戶也開了。我走出教室，站在寒冬的天空下凝視瓦薩奇山脈的頂峰。我想留下來。這些山脈依舊陌生、險惡，但我不想離開。

我等了一週才知道考試結果，那個星期夢到翔恩兩次，夢到他動也不動地躺在柏油路上，夢到他轉過來時滿臉鮮血。在害怕過去、擔憂未來的包夾中，我在日記寫下這個夢。不知爲何，我又寫下：**我不知道孩提時期為何無法接受完善的教育**，彷彿兩種畏懼心情之間的連結就是這麼明顯。

幾天後發下考試結果，我不及格。

在我還是幼童的某年冬天，路克在草地上發現一隻凍昏的大鵰鴞。那隻鳥是煤灰色，看在小小年紀的我眼中，體積幾乎和我一樣大。路克將貓頭鷹抱回屋裡，我們讚嘆著牠柔軟的羽毛、尖銳的爪子。我還記得爸爸抱著癱軟的大鵰鴞，我撫摸牠的斑紋羽毛，覺得光滑似水。我知道這隻鳥如果有意識，我絕不會靠得這麼近。光摸著牠，我對大自然就湧現敬畏之情。

因爲荊棘刺穿翅膀，大鵰鴞的羽毛上都是血。「我不是獸醫，」母親說：「我治療的是

39 Caravaggio，Michelangelo Merisi da Caravaggio（一五七一—一六一〇），義大利畫家。

人類。」但是她還是拔掉那根刺，清洗傷口。爸爸說翅膀要癒合得花上好幾個禮拜，貓頭鷹很快就會醒來。如果牠發現自己受困，四周都是天敵，爲了脫困一定會撞到沒命。他說那隻貓頭鷹是野鳥，而那種傷勢在野外會致命。

鳥兒醒來時，我們將牠放在後門邊的油氈地板上，吩咐母親不要進廚房。母親說，除非地獄結冰，否則她不會將廚房交給一隻貓頭鷹，便大搖大擺走進去，乒乒乓乓拿出鍋子準備早餐。貓頭鷹悲慘地到處跳，爪子抓花地板，驚慌地拿頭亂撞。我們哭著喊著，母親才撤退。兩小時後，爸爸用三夾板隔開一半的廚房，貓頭鷹就在那裡療傷了好幾週。我們捕老鼠餵牠，有時牠不吃，我們又無法清理老鼠腐屍。屍體惡臭嗆鼻，令人難以忍受。

大鵰鴞越來越躁動不安。牠開始絕食時，我們便打開後門讓牠離開。鳥兒尚未完全康復，但爸爸說放回山區的存活率比關在家裡高。牠不該留在我們家，也無法學會融入環境。

我想對人訴說考試不及格的事情，卻不想打給泰勒。也許是因爲羞愧，也許是因爲他就快當爸爸。他在普渡大學認識妻子史蒂芬妮，兩人很快就結婚，她對我們家也一無所知。我認爲，他比較喜歡新生活、新家庭，勝過他的原生家庭。

我打回家，爸爸接電話。母親去接生，因爲當時她不再偏頭痛，所以越來越常重操舊業。

「母親什麼時候回來？」

「不知道，」爸說：「問上帝才知道，因爲由祂決定。」他呵呵笑，問道：「妳在學校過得好嗎？」

自從爸爸上次為了錄影機對我咆哮之後，我們沒再說過話。我聽得出他想幫我打氣，但我無法坦承我越讀越糟糕。我想說一切順利，**輕鬆得很**，我想像自己這麼說。

「不太好，」結果我這麼說。「我不知道會這麼困難。」

話筒靜默無聲，爸爸大概板起嚴肅面孔。我準備迎接他蓄勢待發的一擊，但一個溫和的聲音說：「沒事的，寶貝。」

「才怪，」我說：「以後就沒有獎學金，我連及格都沒辦法。」我的聲音已經開始不穩定。

「沒有獎學金就沒有。」他說：「也許我可以想辦法出錢，我們會有辦法。開心點，好嗎？」

「好。」

「想回家就回來。」

我掛斷電話，不太確定究竟聽到什麼。我知道這種好景不長，下次再談話，情況絕對不同。他會忘記這一刻的溫柔，我們之間依舊是沒完沒了的紛爭。但是今晚，他想幫忙，那就夠了。

三月時，西洋文化史又要考試。這次我做了閃卡，花了好幾個小時記住奇怪的拼法，其中有許多法文（這時我已經知道法國是歐洲的一部分）。雖然我唸不出賈克－路易・大衛[40]和馮索瓦・布雪[41]這些字，但是我拼得出來。

我的上課筆記毫無意義，我問凡妮莎能否看看她的。她懷疑地看著我，當時我以爲她發現我考試偷看。她說她不能給我看，但是我們可以一起溫書，因此我下課後隨她回宿舍。我們盤腿坐在地上，筆記本就攤開放在前面。

我想讀自己的筆記，但是那些句子不完整，牛頭不對馬嘴。「不必擔心筆記，」凡妮莎說：「課本比較重要。」

「什麼課本？」我說。

「課本啊。」凡妮莎說。她當我要寶似的大笑，我全身緊繃，因爲我沒說笑。

「我沒有課本。」我說。

「妳有啊！」她舉起我用來背畫名和畫家名字的厚畫冊。

「喔，那本，」我說：「我會看。」

「妳會**看**？妳沒讀過嗎？」

我不解地瞪著她。這堂課教的是音樂和藝術，我們有ＣＤ可以聽，有一本畫冊瀏覽。我不必讀ＣＤ，也從沒想過要讀畫冊。

「我以爲我們只要看看那些畫。」我一說出口就覺得蠢。

「所以課程大綱要我們從五十頁念到八十五頁，妳都不覺得需要**讀**？」

「我會看畫。」我又說一次，第二次聽起來更糟。

凡妮莎開始翻閱，我突然覺得畫冊看起來就像課本。

「那就是妳的問題了，」她說：「妳必須讀課本。」她輕快的聲音充滿諷刺，彷彿我拿「猶太人大屠殺」開玩笑、考試偷看她的答案之後，又鑄下這個大錯，她已經受夠了。她下逐客令，說她該溫習另一堂課，我收拾筆記離開。

「讀課本」果然是好建議。下一次考試，我拿到B，學期末時，我已經可以拿到A。那是奇蹟，我也認定得到神助。我繼續每晚溫書到兩、三點，我覺得就是要這麼用功才能得到上帝的支持。我的歷史課成績優異，勝過英文，最棒的則是音樂理論。我不可能申請到全額獎學金，但也許能拿到一半的減免。

西洋文化史教授在最後一堂課宣布，因爲太多學生第一次考試不及格，他決定刪掉那次的成績。咻，我不及格的分數消失了。我好想揮拳慶祝，和凡妮莎空中擊掌。那時我才想起，我們已經不坐在一起了。

40 Jacques-Louis David（一七四八—一八二五），法國新古典畫派的奠基畫家。

41 François Boucher（一七〇三—一七七〇），法國洛可可時期的重要畫家。

第十九章／起初

學期結束之後，我回巴克峰。大學幾週後就會公布成績，到時我就知道秋季能不能回去上課。

我在日記寫滿承諾，期許自己遠離廢鐵場。我需要錢，爸爸一定說我比摔碎的十誡石板還慘，所以我去「史托克」雜貨店應徵原來的工作。我選在下午最忙碌的時刻過去，那時候店裡最缺人手，果然就看到經理正在幫忙裝袋。我問他需不需要我幫忙，他看了我三秒就脫下圍裙交給我。副理對我眨眼，就是她建議我在尖峰時段來應徵。「史托克」讓我覺得平靜又開心，可能是因爲貨架走道整齊乾淨，員工友善熱情。這麼形容雜貨店有點怪，但那裡給我家的感覺。

我從後門進屋時，爸爸正在等我。他看到圍裙說：「妳夏天要來幫我。」

「我要去『史托克』上班，」我說。

「撿廢鐵配不上妳？」他提高聲音。「**這**是妳的家，妳是這裡的一分子。」

爸爸面容憔悴，眼裡布滿血絲。前一年冬天生意慘淡，因爲他在秋天時花掉多數存款買施工設備，包括挖土機、高空作業車和焊接拖車。現在才春季，所有新工具都報銷。路克不慎燒毀拖車；某人沒固定好作業車，以致從拖車落下，我始終沒問誰是罪魁禍首；至於挖土機則是成了廢鐵，因爲翔恩開超大拖車載運挖土機時急轉彎，導致拖車連挖土機都翻覆。翔恩走運才從車禍現場爬出來，但是他撞到頭，不記得事發前幾天的事情，只是拖車和挖土機全毀。

爸爸的絕境都刻在他的臉上，也顯現在他嚴厲的語調中。他**必須**打破停滯不前的僵局，甚至說服自己只要我加入工班，意外和失誤就會減少。「妳的動作比瀝青爬坡還要慢，」他對我說過幾十次。「可是妳可以順利完成任務，不會破壞任何設備。」

但我不肯，否則就是開倒車。我搬回原本的房間，回歸以往的生活。如果我又去幫爸爸打工，每天早上又穿上工作靴去垃圾場，先前四個月就是一場空，我等於從未離家。

我繞過爸爸回房。母親片刻之後來敲門，她默默坐到床上挨著我，我幾乎無法察覺她的重量。我以爲她要舊事重提，我便會提醒她，我才十七歲，她就會說可以住下來。

「妳有機會幫助妳的父親，」她說：「他需要妳。他從不說出來，但是他需要妳。怎麼做操之在妳。」她沉默了一會兒又補上：「但是妳不幫忙就不能留下來，只能另外找地方住。」

隔天凌晨四點，我開車到雜貨店值班十小時。下班時間還早，外面下著滂沱大雨，我到家時看到屋前的草坪上丟著我的衣服。我撿起衣服進門，母親正在廚房調精油，當我抱著濕答答的襯衫和牛仔褲經過時，她沉默不語。

我坐在床上，衣服上的水緩緩滲進地毯。我手裡抓了一支電話，我盯著它看，不知道能拿來做什麼。我沒有人可找，也無處可去。

我打到印第安那州找泰勒。「我不想在廢鐵場工作。」他接起電話，我對他說，聲音低啞。

「怎麼了？」他聽起來很擔心，以為家裡又出意外。「大家都還好嗎？」

「大家都好。」我說：「可是爸說我不能住在家裡，除非我去廢鐵場工作，但我已經辦不到。」我的聲音不自然地拔高、顫抖。

泰勒說：「妳希望我怎麼做？」

如今回想，我相信他沒有其他意思，單純詢問我希望他該如何幫忙。但是當時孤單又多疑的我卻是聽者有心，以為他的弦外之音就是「妳要我怎麼辦？」我開始發抖、頭暈眼花。以往泰勒是我唯一的救生索，多年來，我都當他是最後的希望；倘若我被逼到牆角，他就是我的逃生門。現在我想逃，才知道這扇門根本開不了，完全派不上用場。

「怎麼了？」泰勒又說。

「沒事，一切都很好。」

我掛斷電話打到「史托克」，接電話的是副理。「妳下班了？」她語調輕快。我說我要辭職，向她道歉，放下電話。我打開衣櫃就看到那雙工作靴依舊放在四個月前的老地方。我套上靴子，那感覺彷彿從未脫下。

爸爸正在操作堆高機剷起一疊浪板，有人得幫忙把鋪木放到拖車上，他才能堆上鐵皮。他看到我便降低剷叉，我才能跳到浪板上，幫忙上拖車堆貨。

大學的記憶迅速消褪。金屬鏗鏘聲和柴油引擎的低吼已經淹沒鉛筆寫在紙張上的沙沙聲、幻燈片更換時的喀嗒聲與交互鳴響的下課鐘聲。我在廢鐵場做上一個月，楊百翰大學已經如夢境般縹緲，先前的時光只是我的空想。現在才是眞正醒來。

每天的生活作息一如以往，早餐後就去分類廢鐵，或是從暖爐上拆下銅料。如果男人到工地，有時我會跟去開挖土機、堆高機或吊車。午餐就幫忙母親下廚、洗碗，飯後不是回廢鐵場就是去駕駛重型機具。

唯一不同的就是翔恩。他不再是我記憶中那個人，從沒說過一句重話，心平氣和。他正在溫書取得高中同等學歷，某晚我們從工地回來，他說他要去社區大學試個一學期。他想研讀法律。

那年夏天的蟲溪歌劇院推出一齣話劇，翔恩和我買了門票。查爾斯也去了，就坐在我們前面幾排。中場休息時，他趁著翔恩和某個女生搭訕時走來，那是我第一次不覺得張口結舌。我想著珊儂如何在教會與人攀談，想著她友善開心的表情，想著她如何說笑。我心想：**學珊儂就對了**。那五分鐘裡，我的確成了她。

查爾斯打量我的眼神有點怪，那模樣就像其他男人凝視珊儂。他問我週六想不想看電影，那部電影粗野、通俗，是我絕對不想看的片子，但我是珊儂，所以答應了。

週六晚上，我又試著化身珊儂。電影很難看，比我預期得還糟，只有異教徒會看。但是我很難當查爾斯是異教徒，他就是查爾斯。我考慮告訴他那部電影淫蕩猥褻，他不該看，但是我還扮演著珊儂的角色，所以什麼也沒提，只在他問我想不想吃冰淇淋時報以微笑。

我回家時只有翔恩還醒著。我進門時掛著微笑，翔恩打趣說我交了男友。他是眞心想逗我笑，他說查爾斯品味眞好，說我是他認識最乖巧的人，說完便去睡覺。

回到房間後，我看著鏡子中的自己許久。我注意到的第一點就是我的男裝牛仔褲，注意到這條褲子不像其他女生穿著的樣式。第二點就是我的襯衫太大，顯得我整個人過於古板。

查爾斯幾天後又打來。我站在房裡時已經鋪了整天的屋頂，身上都是塗料稀釋劑的味道，覆滿灰色粉塵，但是他不知道。我們聊了兩個小時，隔晚他打來，第三晚又打來。他說我們週五應該相約去吃漢堡。

週四撿完廢鐵之後，我開了四十哩路到最近的沃爾瑪百貨，買了一條女裝牛仔褲和兩件藍襯衫。我套上之後幾乎認不出自己的身體，輪廓變窄又有凹凸起伏。我立刻脫下，覺得這些衣服不端莊。嚴格說來，這些衣褲很普通，但是我知道自己想買的理由，我希望有人注意到我曲線畢露。即使衣服本身沒問題，這個念頭卻恬無廉恥。

隔天下午下工後，我跑回家洗澡，沖掉所有髒汙。我把衣服放在床上，盯著看了幾分鐘才換上，再度覺得震驚。因爲沒時間換掉，儘管天氣溫暖，我還是套上外套。後來不知爲何，我又認定自己不需要外套。那整晚，我不必提醒自己要模仿珊儂就能談笑自如。

那週查爾斯和我每晚都膩在一起。我們去了公園、冰淇淋店、漢堡餐廳、加油站。我帶他去「史托克」，因爲我喜歡那裡的氣氛，也因爲副理一定會送我麵包店賣不完的甜甜圈。我們聊到音樂，聊到我從未聽過的樂團，聊到他想當樂手到處巡迴演出。我們從沒聊到我們，未曾討論我們究竟是朋友還是另一種關係。我希望他會提，結果沒有。我希望他用其他方法示愛，例如輕輕牽起我的手或一手環抱我的肩膀，他也沒有。

週五，我們在外面待到很晚。我回家時，屋裡已經熄燈。母親的電腦還開著，螢幕保護程式在客廳投射出一道綠光。我坐下來，反射性地上了楊百翰大學的網站。成績公布了，我過關，不只如此，除了西洋文化史之外，我每科都拿A。學費可以減免一半，我又能回學校了。

查爾斯和我隔天下午都耗在公園，懶洋洋地坐在輪胎鞦韆上盪啊盪。我提到獎學金，本來只是為了炫耀一番，卻莫名透露出我的恐懼。我說我根本不該上大學，應該規定我先完成高中學業，至少也該去上過。

我說話時，查爾斯都靜靜地坐著沒搭腔，許久之後才說：「妳氣妳爸媽沒讓妳上學嗎？」

「沒上學才好！」我本能地脫口而出，幾乎是扯開嗓門。那就像聽到熟悉的歌詞，我忍不住接著唱。查爾斯多疑地看著我，彷彿要我想清楚再決定是否要推翻先前的話。

「好吧，就算妳不氣，」他說：「我都很生氣。」

我不語。除了翔恩之外，我沒聽過任何人批評我的父親，因此也無法回應。我想提光明會，但那些話出自父親，就算只在心裡默想，我都覺得突兀、刻意。我覺得很羞愧，自己竟然說不出口。當時我深信（其實有部分的我永遠這麼相信），我應該可以隨時引述父親的話。

一個月以來，我每晚從廢鐵場回家就花一小時清洗指甲縫的油汙和耳朵裡的塵土。我會刷開打結的頭髮，笨拙地化妝，在指腹塗抹許多乳液軟化硬繭，以防查爾斯碰到。

他終於摸到的時候是傍晚，我們坐在他的吉普車上準備去他家看電影。當時車子開到五哩溪邊，他的手伸過排檔桿，放在我的手上。他的手心溫熱，我想握住，結果我卻像碰到火似的迅速抽走。那是無意識的反應，我當下就希望時光倒轉。他第二次嘗試也一樣，我因爲奇怪的強烈本能，身體劇烈震動。

那種本能竄過我的身體，以粗體裝飾字體呈現。那個字眼不陌生，我已經放在心裡好一陣子，它只是安安靜靜、動也不動地沉睡在記憶深處。但是查爾斯一碰我就喚醒它，而且立刻活蹦亂跳。

我把手壓在膝蓋下，身體往窗邊靠。無論是當晚或往後好幾個月，他一靠近我，我就不住顫抖，因爲那個字，因爲**屬於我的那個字眼**，迅速竄進腦海。**妓女**。

我們抵達查爾斯的家。他開電視，坐在沙發上，我輕巧地坐在另一邊。燈光暗下，片頭名單出現。查爾斯慢慢湊過來，起初只是慢慢移動，後來更有把握地坐過來，最後我們腿挨著腿。在我心裡，我已經瞬間跑到一千哩外。其實我只是抖了一下，他也是，因爲我嚇到他。我重新坐好，身體移到沙發扶手邊，手腳盡量遠離他。我維持這種怪異姿勢約莫二十秒，他聽到我說不出口的話而瞭然於心，改坐到地上。

第二十章／父執輩的敘述

查爾斯是我第一個來自另外一個世界的朋友，那是父親努力保護我不接近的世界。從各方面看來，他都奉行社會習俗，而父親最痛恨的就是傳統慣例。查爾斯聊足球和流行樂團的時間遠超過「世界末日」；他熱愛高中生活；他上教堂，但就像多數摩門教徒，一旦生病找的是醫生而不是牧師。

我無法將他的世界納入我的當中，只好加以區隔。每晚我都在窗邊等著他的紅色吉普車開到高速公路，一看到就衝出門。他開上山時，我已經在前面草地等他。查爾斯不必下車，我已經上車和他爭論安全帶的必要。（除非我扣上，否則他拒絕開車。）

有一次他提早抵達，走到前門。當時母親正在調佛手柑和依蘭依蘭精油，並且用手指測試比例，我向她介紹他時還緊張口吃。她開口打招呼，但是手指並未停下來。查爾斯不解地看著我，母親解釋上帝透過她的手指傳達神旨。「昨天我測試到，如果我不泡個薰衣草熱水澡，今天就會偏頭痛。」她說：「所以我就泡澡，你猜怎麼著？果然沒頭痛！」

「醫生無法在偏頭痛出現前就治好，」爸爸插嘴：「上帝卻可以！」

我們走向車子時，查爾斯說：「妳家一直都是這個味道嗎？」

「什麼味道？」

「聞起來像腐爛的植物。」

我聳肩。

「妳一定聞到了，」他說：「味道很**濃**。以前我就在妳身上聞過，妳向來都有這個味道。糟糕，我現在可能也沾上了。」他嗅嗅襯衫，我沒說話。我從不覺得有怪味道。

爸說我變得「自命清高」。他不高興看到我一下工就從廢鐵場衝回家，也不喜歡看到我與查爾斯出門前拚命洗掉所有油汙。他知道我寧可在「史托克」打包商品，也不想去開推土機，爸爸就在那個往北一小時車程外的灰撲撲黑腳鎮搭建擠奶牛棚。他無法接受我想去另一個地方、打扮成另一個模樣。

他在黑腳鎮工地指派怪異任務給我，彷彿只要做了那些工作，我就會想起自己的出身。某次我們在三十呎高空的桁條上吃力攀爬，一如往常，我們沒穿安全吊帶，爸發現他的墨斗在建築物另一邊。「泰拉，去幫我拿墨斗。」他說。我估計距離，我得跳過十五根桁條，而且每根間距四呎寬才能拿到，過去之後還得再回來。聽到爸爸下這種指令，翔恩通常會說：「她不去。」

「翔恩，你可以開堆高機載我過去嗎？」

「妳自己拿。」翔恩說：「除非妳上了不起的大學，交了不起的男友之後就不屑做這種事情。」他的表情變得冷峻，我覺得既陌生又熟悉。

我搖搖晃晃走到桁條另一端，也就是牛棚屋頂框架邊緣。其實走框架更危險，如果摔向右邊，沒有桁條可以托住我，但是框架比較粗，我就當是走鋼索。

爸爸和翔恩就是因此結盟，即使他們之間只有一個共識，就是我上大學之後就自命不凡，所以需要讓我回到過去。最好恢復以前的模樣，而且不能改變，從此定型。

翔恩頗有語言天分，擅長利用語言描述別人。他開始搜尋腦中的外號資料庫，有幾週很愛用「蕩婦」。他會大叫：「蕩婦，幫我拿磨輪。」或「升起吊桿，蕩婦！」然後打量我的反應。因爲我面無表情，接著他又換「韋伯[42]」。他說是因爲我食量很大。「**好一頭**豬仔！」我彎腰轉螺絲或丈量時，他就會吹口哨大叫。

工班下班之後，翔恩就會在外面徘徊。他的卡車總是有換不完的機油，我懷疑他想等查爾斯開到車道附近。第一晚，他在外面，還來不及開口，我已經跳上吉普車。第二晚，他比我快。「泰拉是不是很美啊？」他對查爾斯大叫。「眼睛就像魚，而且幾乎和魚兒差不多聰明呢。」這不是他第一次用這種措辭奚落我，因爲說太多次，效果自然大打折扣。他一定知道我在工地聽到也不會有反應，所以特地留到查爾斯來，希望多少能刺傷我。

第三晚則是「你們要去吃飯？不要阻撓韋伯吃晚餐，否則你會被踩扁。」

查爾斯從不搭腔。我們之間有默契，照後鏡看不到山岳時，那晚才算揭開序幕。我們一起探索的宇宙裡有加油站、電影院，閃爍著點點車燈的高速公路；那個宇宙的人歡笑著，或按喇叭揮手招呼，因爲這是個小鎮，每個人都認識查爾斯；那個宇宙有覆蓋著白堊的泥土

42 Wilbur，兒童文學《夏綠蒂的網》中的小豬名字。

路，有顏色像燉牛肉的運河，還有無邊無際的黃銅色麥田。就是沒有巴克峰。

白天我只看得到巴克峰和黑腳鎮的工地。翔恩和我花了將近一星期製作桁條鋪完牛棚屋頂，我們用露營車大小的機器將桁條壓成Z字形，再把鋼絲刷綁到磨輪上磨掉桁條上的鐵鏽，才能上漆。油漆乾了之後，桁條就堆到工具間旁。但不出一、兩天，山上的強風又讓桁條蒙上一層厚厚的黑灰，混雜了金屬上的油料就成了黑垢。翔恩說裝上之前得先洗過，所以我拿來抹布和一桶水。

那天很熱，我抹掉額頭上的汗珠。原本的髮帶斷了，我沒有另一條。山風將髮絲吹到我眼裡，我橫過臉龐撥開頭髮。因爲雙手烏漆墨黑，每撥一次就在臉上留下汙漬。

我擦完桁條之後喊翔恩，他從工字梁之後走出來，翻開焊接面罩，一看到我就露出燦爛笑容。「我們的黑鬼回來了！」他說。

翔恩和我使用「剪切機」那年夏天的某個下午，我因爲抹汗抹了太多次，休息吃晚餐時，我的鼻子和雙頰都成了黑色。那是翔恩第一次喊我「黑鬼」，這個字眼令人意外但並不陌生。我聽爸爸說過，所以我懂這個詞。但是另一方面，我不知道這個字眼到底有何意義。我只看過一個黑人，是個小女孩，教會某個信徒的養女。顯然爸爸說的不是她。

翔恩那年夏天都喊我「黑鬼」，「黑鬼，快去幫我拿C形夾！」或是「吃午餐囉，黑鬼！」我總是立刻應聲。

後來我的世界天翻地覆。我進了大學，有機會進視聽教室上美國史，最後聽得我瞠目結舌。那位教授是理查・金寶，他的聲音響亮，發人省思。我知道奴隸制度，聽爸爸提過，也在他最愛的美國建國史書中讀過。我讀到殖民時期的奴隸比他們的主人更快樂、更自由，因爲主人得負擔奴隸的生活費用。我也覺得有道理。

金寶博士講課提到奴隸，上方螢幕播出奴隸市場的炭筆素描。那幅速寫線條凌亂，畫中的女人不是全裸就是半裸，而且身上有鐵鍊，男人則圍著她們。投影機發出喀嗒聲，下一張是古老的模糊黑白照。因爲褪色和過度曝光，畫面更具時代意義。照片中的男人坐著，赤裸著上半身，露出浮腫的十字交叉傷痕。就這些傷勢看來，肌膚已經不像肌膚。

往後幾週，我又看到更多圖像。多年前扮演安妮，我已經聽過「經濟大蕭條」，但是戴帽子、穿著長大衣的男人在救濟所前排隊，這些幻燈片是我前所未見。金寶博士講到第二次世界大戰，螢幕出現好幾排戰鬥機散布在荒涼的空襲廢城。其間還穿插著幾張臉孔，例如羅斯福、希特勒和史達林。投影機燈光熄滅，第二次世界大戰就此消失。

下一堂課進視聽教室，螢幕上出現新面孔，他們都是黑人。自從奴隸那堂課結束之後，幻燈片不曾出現過黑人，至少我不記得。我完全忘記這些人的存在，這些美國人在我看來就像異邦人。我從未想過奴隸制度落幕，大家一定都聽到他們呼籲正義，問題肯定已經解決。

金寶博士開始講解所謂的美國非裔民權運動時，我就秉持著這種心態。螢幕上出現一個年分，一九六三年。我心想教授打錯了，我記得《解放奴隸宣言》是一八六三年公布，我不知道怎麼會有一百年的差距，便擅自認定是打錯字。我在筆記上記錄這個年分，旁邊還打了問號。但是隨著幻燈片一張張出現，教授要說明的世紀顯而易見。雖然是黑白照，畫面中的景物都出自現代，充滿活力、明確清晰。那不是另一個世代的赤裸裸靜物畫，捕捉到許多動態畫面。有遊行、警察、對著年輕人噴水的消防員。

金寶博士唸出我聽都沒聽過的人名，第一個就提到羅莎．帕克斯[43]，螢幕上出現警察抓著女人手指壓印泥的畫面。金寶博士說她在公車上占了一個座位，我可以理解他說她偷座位，雖然在我看來，座位沒有偷不偷的問題。

她的照片之後是一個黑人少年，他穿著白襯衫，戴著圓邊帽。我沒聽到他的故事，因為心裡還想著羅莎．帕克斯，想著要如何偷竊公車座位。下一張幻燈片是一具屍體，我聽到金寶博士說：「他們從河裡打撈出他的屍體。」

照片下的年分是一九五五年。我知道母親當年已經四歲，我與遇害男孩艾默特．提爾[44]的疏離感瞬間瓦解，我們之間的距離可以用我家人的年歲來丈量。計算單位不是遙不可及的歷史或地理變遷，不是以哪些文明的衰敗或山巖風化程度計量，而是產生皺紋的時間。就是根據母親臉上的線條當成參考準則。

接下來的名字是馬丁．路德．金恩。我沒看過他的照片或聽聞他的大名，所以金寶博士講了幾分鐘，我才發現他說的不是我**認得**的馬丁．路德[45]。我又過了幾分鐘才知道這個名字就是螢幕上的人，是那位站在白色大理石教堂前，又有大批群眾包圍的黑人男性。教授說到他遇刺身亡時，我才剛摸清這個人的身分，了解他為何發表演說。當時會意外是因為我還很無知。

「我們的黑鬼回來了！」

我不知道翔恩看到我有何反應，也許是震驚、憤怒或茫然。總之他很開心，以為找到我的弱點，這時再假裝無所謂，已經來不及了。

「不要取這個綽號，」我說：「你不懂這是什麼意思。」

「我當然知道，」他說：「妳整張臉黑嘛嘛，就像黑鬼！」

那天下午之後，甚至整個夏天，我就成了「黑鬼」。以前不以爲意，聽到就應。甚至認爲翔恩很聰明，我還覺得有趣。現在聽到這名字卻想勒死他，或是想叫他好好讀書，隨便哪本歷史書籍都好，只要不是爸爸放在客廳裱框憲法下的那一本都行。

我無法以言語表達聽到那個綽號的心情。翔恩的用意是羞辱我，希望我停留在過去，回到幾年前。然而那個字眼沒讓時間停住，反而將我送往另一個時空。每次他說「嘿，黑鬼，升起吊桿」或「黑鬼，幫我拿」，我就回到大學，回到那個教室，想到當時如何看著歷史在我眼前攤陳，想到我在歷史洪流中的位置。每當翔恩大叫：「黑鬼，開到下一排。」我便想

43 Rosa Parks（一九一三—二〇〇五），美國黑人民權行動主義者，一九五五年搭公車拒絕讓座給白人而遭到逮捕，後來引發聯合抵制蒙哥馬利公車運動。

44 Emmett Till（一九四一—一九五五），非裔美國人，因為某名白人女子撒謊，慘遭兩名白人殺害。此案是黑人民權運動的契機之一。

45 Martin Luther（一四八三—一五四六），德國教會司鐸暨神學教授，在十六世紀發起德國宗教改革，繼而引發全歐洲的宗教改革，促成基督教新教興起。

到艾默特・提爾、羅莎・帕克斯和馬丁・路德・金恩的事蹟。他們的臉龐出現在那年翔恩焊接的每根桁條上，最後我終於理解上課時就該明白的道理：有人反對爭取平等的大遊行，必須經過抗爭才能從某人手中搶到自由。

我不認爲那個人是哥哥，我大概一輩子都不會這麼看待翔恩。然而一部分的我開始改變，我邁上覺知的道路，察覺翔恩、父親和我自己的基本特質。我發現我們根據他人所給予的傳統塑造自己的人格，而我們對這種傳統無知無覺，也許是故意不多加探索，也許是無意識忽略。我漸漸明白我們聲援的中心概念只有一個宗旨，就是物化他人、殘暴對待他人。因爲助長這種概念比較輕鬆，因爲保留權力**就像**通往成功。

我無法說出這些意見，我頂著豔陽開堆高機開得汗流浹背時，實在說不出這番話。當時我不具備現在的論述能力，但是我很清楚，以前別人喊我「黑鬼」，我還笑得出來，現在卻沒辦法。翔恩說的字眼或說話的態度沒變，只是我的耳朵不一樣了。它們已經聽不到戲謔的成分，只聽到一種信號，一種來自過去的呼喚。我以日益堅定的信念回應這個呼喚，沒有人可以再逼我當步兵，打一場我都不了解的仗。

第二十一章／美黃岑

爸爸在我回楊百翰的前一天付工資給我，他沒有足夠的錢支付當初答應的數字，但也夠我付清該繳的一半學費。我在愛達荷州的最後一天是和查爾斯一道，當天是週日，但我沒上教堂。我耳朵已經痛了兩天，前一晚從隱約陣痛變成連續不斷的刺痛。我發高燒、視線模糊、畏光。當時查爾斯打來問我要不要去他家？我說我看不清楚，無法開車，十五分鐘後，他來接我。

我摀住耳朵，駝背坐在副駕駛座，接著又脫外套罩住頭，隔絕光線。查爾斯問我吃了什麼藥。

「半邊蓮，」我說：「和美黃岑。」

「應該沒有用。」他說。

「有用的，只是還要幾天才會發揮藥效。」

他睜大眼睛，沒說話。

查爾斯家整齊寬敞，窗戶大、採光好，地板亮晶晶，讓我想起鎮上外祖母的家。我坐在高腳椅上，頭壓著冰涼的吧檯。我聽到開櫃子的**嘎吱聲**、塑膠蓋子開啓的**啵聲**。我睜開眼睛，看到前方有兩顆紅色藥丸。

「大家都吃這個止痛。」查爾斯說。

「我們不是。」

「**我們**是誰？」查爾斯說：「妳明天就離開，已經不是他們的一員了。」

我閉上眼睛，希望他別再說。

「妳覺得吃了藥會怎麼樣？」

我沒回答。我不知道。母親總說藥是特別的毒物，會永遠留在體內，在你死前慢慢腐蝕你的五臟六腑。她說我若吃了藥，即使相隔十年，都會生下畸形的孩子。

「一般人都吃藥止痛，」他說：「這很**正常**。」

我聽到「正常」一定皺了眉，因爲他沒再說下去。他倒了一杯水放在我面前，然後慢慢把藥丸往前推到我胳膊邊。我拿起一顆，以前從未近看過藥丸，原來比我想像中還小。

我吞下去，接著吞第二顆。

自從我有記憶以來，只要我覺得痛，無論是割傷或牙痛，母親就用半邊蓮和美黃岑做酊劑。我從未因此減少痛楚，一丁點也沒有。所以我很尊敬甚至敬畏痛苦，因爲那種感覺有存在的必要，而且所向披靡。

我吞下紅色藥丸二十分鐘後，耳朵不痛了。我不能理解痛楚爲何消失，所以整個下午都拚命左右搖晃腦袋，想恢復痛感。我以爲叫得夠大聲或跑得夠快，也許耳痛會再出現，我就知道藥物根本是騙人的伎倆。

查爾斯默默觀察我，但他一定覺得我舉止古怪，何況我還開始狂拉耳朵，就是爲了測試這種古怪巫術的極限，結果導致耳朵隱隱約約發疼。

母親隔天早上應該開車載我去楊百翰，但是前一晚出勤去接生。外面車道有一部車，那是爸爸幾週前向東尼買來的起亞喜芬娜。鑰匙就插在車上，我丟上行李，開向猶他州，心想這部車剛好抵爸爸欠我的錢。我猜他也有同樣看法，因爲他後來一句話也沒吭。

我搬到大學半哩外的公寓，有了新室友。羅蘋高䠷、熱愛運動，我第一次見到她時，她穿著超短的運動短褲，但我不再看得目瞪口呆。我見到珍妮時，她正在喝健怡可樂，我也沒大驚小怪，因爲我常看查爾斯喝這種飲料。

羅蘋年紀最大，而且莫名地同情我。有時她理解我犯錯是因爲無知而不是蓄意，她會溫柔卻坦率地糾正我。她明確告訴我什麼該做、什麼不該做，才能和其他室友相處融洽。不能把食物放在櫃子裡放到腐爛，也不能把發臭的碗盤丟在水槽。

羅蘋在公寓開會時解釋這些事情，她說完之後，另一位室友梅根清清喉嚨。

「我想提醒每個人如廁之後洗手，」她說：「不是只用清水，還要用肥皂。」

羅蘋翻白眼。「我相信這裡每個人都會**洗手**。」

那天晚上，我離開洗手間，走到走廊的水槽洗手。也用了肥皂。

隔天是開學第一天。查爾斯幫我設計課表，幫我選了兩種音樂課和一門宗教課，他說這些課程對我而言都很簡單。接著幫我選了兩門較難的課程，一門是嚇得我半死的大學代數，另一門是我根本不怕的生物，因爲我一無所知。

代數可能害我丟掉獎學金。教授每堂課都在黑板前踱步喃喃自語，一頭霧水的人不只有我，但我是最困惑的人。查爾斯想幫忙，但他已經升上高三，自己也有一堆功課。十月期中考後，我的代數果然不及格。

我開始熬夜不睡，努力想讀懂課本時抓得頭髮都打結，躺在床上又看著筆記本發愣。我得了胃潰瘍，有一次珍妮發現我倒在大學和公寓途中的陌生人家草地上。我的胃猶如火燒，痛得發抖，卻不肯讓她帶我去醫院。她陪我坐了半小時才陪我走回家。

胃痛越來越劇烈，整晚刺痛難眠。因爲我需要賺錢付房租，所以到工學院當工友，每天早上四點值班。因爲胃痛又要早起，我幾乎沒怎麼睡。羅蘋和珍妮一直說我該去看醫生，我就是不肯。我說我會回家過感恩節，母親會醫好我。她們緊張地互瞄對方一眼，不再多說。

查爾斯說我的行爲有自毀傾向，不肯求助的個性簡直嚴重到有病。他在電話上告訴我，聲音小到像是喃喃自語。

我說他瘋了。

「否則就去找妳的代數教授，」他說：「妳會不及格，請他想辦法幫幫忙。」

我從沒想過要找教授，因爲我不知道我們**可以**找他們談。我想向查爾斯證明我辦得到，所以決定試試看。

感恩節前幾天，我去敲他辦公室的門。教授看起來比課堂上瘦小，也比較耀眼，因爲他的頭頂和眼鏡反射出桌子上方的燈光。他正在翻桌上的紙，我坐下時，他頭都沒抬。「如果這堂課不及格，」我說：「我就拿不到獎學金。」我沒說明一旦失去獎學金，我便無法上學。

「我很遺憾，」他幾乎沒看我。「我們學校並不好念，也許妳應該年紀大一點再來，或是乾脆轉學。」

我不知道他說「轉學」的意思，所以我不發一語，準備起身離開。不知為何，他突然態度軟化。「老實說，」他說：「很多人都不及格。」他往後靠。「這樣吧，期末考的範圍含括整學期的上課內容。我會在班上宣布，期末考拿到完美分數的人——我說的可不是九十八分，而是一百分——就能拿到A，期中考成績一筆勾銷。不錯吧？」

我附和。雖然機會渺茫，但我也是一路過關斬將。我打給查爾斯，說我會回愛達荷過感恩節，需要找人教我代數。他說他會到巴克峰找我。

第二十二章／低語的、吶喊的

我回到巴克峰時，母親正在準備感恩節大餐。大橡木桌上都是一罐罐的酊劑和精油，我立刻清掉。查爾斯稍晚要來晚餐。

翔恩心情不好，坐在桌邊的長凳上，冷眼看我收拾瓶瓶罐罐藏好。我洗了母親的瓷器，以前家裡從沒用過。我開始擺餐盤，仔細測量餐盤與刀子之間的距離。

翔恩不高興我小題大作。「來的人只是查爾斯，」他說：「他的眼光沒那麼好，畢竟他只看上妳。」

我拿出玻璃杯。我放杯子在他面前時，他用手指用力戳我的肋骨。「別碰我！」我尖叫。結果房子上下顛倒，我的腳遭到結實一踢，我整個人飛進客廳，飛出母親視線之外。

翔恩把我翻過來仰躺，坐在我的肚子上，用膝蓋將我的雙手壓在我身體兩側。他壓得我喘不過氣，還用前臂壓住我的喉嚨，我掙扎著，想出聲大叫，卻無法呼吸。

「妳自己行爲幼稚，就不要逼我當妳是小孩。」

翔恩大聲說，幾乎是大吼大叫。這句話是對我說，但不是**為了**我才說。他是說給母親聽，解釋他的行爲，因爲我像小朋友一樣不守規矩，他才出手教訓。他壓我喉嚨的力道減小，我的肺又恢復正常大小，因爲他知道我不會大叫。

「別鬧了！」母親從廚房吆喝，只是我不知道她喝斥的是我或翔恩。

「大吼大叫很沒禮貌。」翔恩又對廚房說。「除非道歉，否則我不會讓妳起來。」我說我很抱歉對他大叫，片刻之後，我已經起身。

我用餐巾紙折餐巾，每個座位放一份。放到翔恩餐盤上時，他又戳我的肋骨，我什麼也沒說。

查爾斯提早抵達，爸爸都還沒從廢鐵場回來。翔恩就坐在他對面瞪著他，眼睛眨也不眨。我不希望讓他們兩人獨處，但是母親需要人幫忙烹飪，所以我回到火爐邊，但是常找藉口回到桌邊。某次回去時，我聽到翔恩向查爾斯說起他的槍，另一次則聽到他敘述自己可以用哪些方法殺死人。兩次我都大笑，希望查爾斯認爲哥哥只是開玩笑。我第三次回到桌邊，翔恩拉我坐到他腿上，我依舊大笑帶過。

我沒辦法繼續僞裝，甚至無法撐到晚餐。我端著一大盤肉捲經過翔恩身邊，他刺我的肚子，力氣大到我無法呼吸。我鬆開雙手，盤子碎了滿地。

「你爲什麼戳我？」我大叫。

事情發生得很快，我不知道他怎麼把我壓到地上，但是我又躺下，他坐在我身上要我道歉砸破盤子。我小聲道歉，免得查爾斯聽到，因此更惹火翔恩。他抓了我頭皮附近的一把頭髮，扯著我起身，然後拖我到浴室。因爲動作突然，查爾斯來不及反應。我被摔過走廊，最後只看到查爾斯瞪大眼睛跳起來，臉色蒼白。

我的手肘往後彎屈，胳膊扭到背後。腦袋被推進馬桶，鼻子就快碰到水面。翔恩咆哮著，但我聽不到他說什麼。我仔細聽走廊有沒有傳來腳步聲，一聽到便驚慌失措。不能讓查爾斯看到我這個模樣，不能知道在我的偽裝之下（我的妝容、新衣服、瓷器碗盤），**這**才是眞正的我。

我拚命晃動，拱起身體，趁翔恩不注意，從他手中用力抽回手腕。我比他預想的更強壯，也可能只是更不計後果，總之他沒抓好。我衝向門口，已經往走廊跑出一步，腦袋突然又被往後扯。翔恩抓住我的頭髮，因爲太用力，我們兩人都往後摔進浴缸。

接下來我只記得查爾斯抱起我，我尖聲瘋狂大笑。我以爲只要笑得夠大聲，就能扳回一城，查爾斯可能會相信一切只是打鬧。因爲大腳趾斷掉，我痛得流淚，但我依舊放聲大笑。翔恩站在門口，一臉尷尬。

「妳還好嗎？」查爾斯不斷問我。

「當然沒事！翔恩實在太太太——**耍寶**了。」身體的重量壓到腳上，一陣痛楚襲來，我差點說不出最後幾個字。查爾斯想揹我，但我推開他，自己走，一邊咬牙以防我痛得大叫，一邊還開玩笑地拍拍哥哥。

查爾斯沒留下來吃晚餐。他逃向吉普車，幾個小時後才打來，要我到教堂找他，他不肯來巴克峰。我們坐在他的車上，車就停在暗夜的空曠停車場。他不住哭泣。

「你看到的事情不如你所想。」我說。

當時如果有人問我，我會說查爾斯是世上最重要的人。然而他不是，而且我也會證明給他看。當時我看重的不是愛情或友情，而是我哄騙自己的能力，我必須相信自己夠強壯。我不能原諒查爾斯知道我的軟弱。

我變得脾氣古怪、予取予求、劍拔弩張。我想出各種不斷演變的奇怪評量指標丈量他對我的愛，只要他做不到，我就疑神疑鬼。我屈服於暴怒情緒之下，一股腦將所有對爸爸或翔恩的怒氣、怨恨都轉嫁到他身上，轉嫁到這個不明就裡的旁觀者，他還是唯一幫過我的人。我們一吵架，我便尖聲吶喊說再也不見他。這種事情屢見不鮮，某天晚上我又反悔打去找他，他已經不肯和好。

我們最後一次見面是在高速公路下的草地，巴克峰若隱若現。他說他愛我，但是這段關係超出他所能理解的範圍。他救不了我，唯有我才有辦法自救。

我完全聽不懂。

冬季的校園覆蓋著厚厚的白雪。我留在屋裡背代數方程式，努力過以前的日子，也就是想像大學生活與巴克峰的人生毫不相干。隔開兩個世界的高牆本來屹立不搖，查爾斯成了牆上的一個洞。

胃潰瘍又找上我，整晚劇痛不堪。有一次羅蘋搖醒我，她說我在睡夢中大叫。我摸摸臉，一頭汗水。她兩手緊緊環抱我，我彷彿被包在繭裡。

隔天羅蘋要我和她一道去找醫生看胃潰瘍，還要幫我的腳掌照X光，因為我的大腳趾發黑。我說我不需要看醫生，潰瘍會痊癒，腳趾也有人治療過了。

羅蘋挑眉。「誰？誰治療過？」

我聳肩。她大概以爲是我母親，我也任由她誤會。其實感恩節隔天，我就請翔恩幫我看看是否骨折了。他跪在廚房地板上，我的腳就擱在他的大腿上，這種姿勢下的他看起來似乎縮小許多。他檢查了一會兒之後抬頭看我，我在他的藍眼睛中看出某種異狀。我以爲他要道歉，正等著他開口，他抓住我的趾尖用力扯。我的腳似乎炸開，痛楚立刻竄遍整條腿。我還來不及忍下陣陣痛楚，翔恩就起身，一手搭在我的肩頭。「抱歉，妹蕭，沒有心理準備比較不痛。」

羅蘋提議帶我去看醫生的一週後，她又再度搖醒我。她扶我坐起來，將我壓在她胸前，彷彿我挨著她才不會崩潰碎裂、魂飛魄散。

「妳需要去見主教。」她隔天早上說。

「我沒事，」我說，明明有事還睜眼說瞎話。「只是睡眠不足。」

沒多久，桌上就出現大學輔導室的小冊子，我看也不看就丟進垃圾桶。我不能找輔導老師，否則就是開口求援，但我又深信自己刀槍不入。這種心態是故作優雅的騙術，是在心裡單腳旋轉。我的大腳趾沒斷掉，因爲斷不了。只有X光能反駁我，所以照X光會折斷我的腳趾。

我的代數期末考也沿用這種迷信心態，在我看來，這場考試有著無比神祕的力量。我瘋狂溫書，深信即使腳趾斷掉，即使沒有查爾斯幫忙，只要我能在**這次**考試拿下滿分，就能證明我更強大，天下無敵。

考試當天，我跛著腳走進考場，坐在冷風颼颼的大教室，考卷就放在我面前。那些問題對我畢恭畢敬，在我的運算下俯首稱臣，一個個化成解答。我交出答案卷，坐在寒風刺骨的走廊盯著螢幕，等待成績揭曉。分數出現時，我眨了眨眼睛。一百分，無懈可擊的成績。

我全身麻木，覺得飄飄然，好想對全世界大喊：**這就是證據**，什麼事情**都打不倒我**。

聖誕節的巴克峰一如往昔，猶如點綴著針葉樹的矗矗高塔。我的眼睛已經習慣紅磚、水泥牆，這般宏偉、清澈的大自然幾乎叫我不敢直視。

我開車上坡時，理查正駕駛著堆高機搬運桁條，因爲爸爸要在鎮上附近的富蘭克林搭蓋商店。理查二十二歲，我認識的人當中沒有幾個比他聰明，但是他沒有高中畢業證書。我開車經過他身邊時突然想到，他這輩子可能都得駕駛堆高機了。

我才回家沒幾分鐘，泰勒就打來。「我只是打回來問問，」他說：「看看理查有沒有在準備ACT。」

「他要考嗎？」

「我不知道，」泰勒說：「也許吧，爸和我一直勸他去。」

「爸？」

泰勒大笑。「對，爸。他要理查去上大學。」

一小時後吃晚餐時，我才知道泰勒不是開玩笑。我們才開動，滿嘴馬鈴薯的爸爸就說：「理查，你下星期放假，但是我照樣付你工資，條件就是你利用這段時間看書。」

我等他解釋，沒多久之後就眞相大白。「理查是天才。」爸爸片刻之後對我眨眨眼。

「他比那個什麼愛因斯坦聰明五倍，可以推翻那些社會主義者的理論和無神論說法。他要去大學，好好教訓那套無聊的教育體制。」

爸爸繼續滔滔不絕，無視聽眾的感想。翔恩無精打采地坐在長凳上，垂著頭、背靠牆。看到他就像看到一尊石像，神情沉重、動也不動。理查是奇蹟，是上帝的恩寵，是推翻愛因斯坦的愛因斯坦。理查可以撼動全世界，翔恩不能，他從木箱上摔下來時就摔壞腦袋。父親有個兒子下半生都得開堆高機，那個人絕對不是理查。

理查的模樣比翔恩更慘，駝著背、低著頭，爸爸的讚美似乎壓得他坐不直。爸爸上床之後，理查告訴我，他做過練習測驗，但分數低到不肯告訴我。

「顯然我是愛因斯坦，」理查的臉埋在兩手中。「怎麼辦？爸爸說我會徹底擊潰敵人，但我連能不能通過都不確定。」

往後每晚都是同樣的情景。爸爸晚餐時依序唸出天才兒子即將推翻的謬誤理論，飯後我就對理查說說大學生活，聊聊課程內容、書籍、教授，我知道這些事物會激發他求知若渴的心情。然而我有點擔心，爸爸的期望很高，理查太害怕讓他失望，可能因此根本不去考ACT。

富蘭克林那間商店已經準備蓋屋頂，所以聖誕節過後兩天，我硬將彎曲、發黑的腳趾塞進工作靴，整天早上都在屋頂的電鍍錫板上鑽螺絲。傍晚時，翔恩放下電鑽，走下堆高機的叉鏟。「該休息了，妹蕭。」

我跳進木箱，翔恩降低叉鏟到地上。「妳開車！」然後椅背往後躺，閉上眼睛。我開向史托克雜貨店。

我竟然記得開進停車場時的所有細節，記得皮手套散發出來的機油味，記得指尖的灰塵如同砂紙，記得翔恩在副駕駛座對我咧嘴笑。我在車陣中看到一部紅色吉普車，是查爾斯。我開過主要停車場，駛進北側的柏油車道，也就是員工停車場。我拉下遮陽板打量自己，看到被屋頂狂風吹得打結的頭髮，發現毛孔中積著錫板的油汙，以致毛孔粗大、骯髒。身上的衣服也都是塵土。

翔恩看到紅色吉普車，看著我舔舔大拇指，摳掉臉上的泥土，他頓時情緒亢奮。「走吧！」他說。

「我在車上等就好了。」

「妳要進來。」

翔恩察覺我感到丟臉。他知道查爾斯沒見過我這副德性，因爲我那年夏季每天都衝回家洗掉髒汙、油漬，用新衣和妝容遮掩傷口、硬繭。翔恩看我煥然一新地從浴室走出來起碼看過一百次，他幾乎不認得身上不帶一絲廢鐵場氣息的我。

「妳要進來。」翔恩說第二次。他繞到駕駛座，打開我的門。這個動作很傳統，甚至頗有紳士風度。

「我不想。」我說。

「不想讓男友看到妳容光煥發？」他微笑著戳我。他看著我的神情奇怪，似乎說，**這就**

是妳，妳以前裝成別人，自命清高，其實妳就是這副德性。

他開始瘋狂大笑，彷彿看到天大的笑話，其實什麼都沒發生。他邊笑邊舉高我的手臂，似乎要將我扛在肩上，就像救人的消防員。我不想讓查爾斯看到，決定不陪他玩。我冷冷地說：「不要碰我。」

接下來的記憶就很模糊，我只記得片段的畫面，天空莫名其妙翻覆、亂拳雨點般落在我身上、某個我不認得的男子眼露野蠻凶光。我看到自己雙手緊抓著方向盤，一對強有力的手臂拉扯我的腿。我的腳踝發生異狀，似乎有東西碎裂或斷掉。我沒抓好，整個人被拉下車。

我躺在冰冷的路面上，小石子壓進我的肌膚。翔恩拉我的雙腿時，我的牛仔褲落到臀部之下，一吋一吋越來越低。上衣往上捲，我低頭看到身體攤在柏油路上，看著我的胸罩和褪色的內褲。我想遮住自己，但是翔恩將我雙手壓在我的頭頂。我躺著不動，覺得寒意滲進身子。我聽到自己哀求他放開，那聲音卻不像我，我聽著那個陌生女孩的啜泣聲。

他拖我站起來，我緊抓著衣服。接著他將我的手腕往後折，我痛得彎腰，而且不斷往前傾。骨頭彎曲時，我的鼻子都快碰到地面。我想站好，想用雙腿的力量推回去，但是腳踝一承重就發軟。我放聲嘶喊，許多人回頭看，有人伸長脖子想探個究竟。我立刻開始大笑，雖然使盡全力，那歇斯底里的刺耳笑聲聽起來依舊像尖叫。

「妳要進去。」翔恩說，我覺得手腕已經骨折。

我和他一起走進明亮的店裡。走過一排排貨架時，拿下他要採買的商品時，我拚命笑。他說什麼我都笑，希望停車場的人認爲先前只是笑鬧。我拖著扭傷的腳踝，卻幾乎不察覺痛感。

我們沒看到查爾斯。

翔恩和我沉默地開回工地，雖然只有五哩路，感覺卻像五十哩。到了之後，我拖著腳走向商店。爸爸和理查在店裡。因爲之前腳趾受傷，我本來就瘸著腿，所以沒有人注意到我的步伐更蹣跚。然而理查看了我一眼，看到我臉上掛著油汙和淚痕，立刻知道事情不對勁。爸爸什麼也沒發現。

我拿起電鑽用左手鑽螺絲，但是力道不平均，身體重心又全落在一隻腳上，我的平衡感很差。螺絲從錫板上彈出，留下捲曲彩帶般的痕跡。我毀了兩面錫板之後，爸爸打發我回家。

那晚，我手上纏著厚厚的繃帶，在日記上寫下潦草的一篇。我提出許多問題。我哀求他，他爲何不住手？我寫下：**那就像給殭屍咬了一口，他似乎聽不到我的聲音**。

翔恩敲門，我將日記塞進枕頭底下。他駝著背走進來，輕聲細語地說話。他說他只是跟我玩，在工地看到我抱著手才知道我受傷。他檢查我手腕的骨頭和腳踝，用毛巾裹著冰塊送來我房間，說下次我們再嬉鬧，只要覺得不對勁就要告訴他。他離開之後，我又拿出日記。**那真的只是嬉笑打鬧嗎？**我寫著。**他看不出他打傷我？我不知道，真的不知道**。

我開始和自己辯論，懷疑先前是不是講得不夠清楚，哪些是我輕聲低語，哪些又是我尖叫吶喊？最後我認定，只要我用不同問法、語氣再平靜一點，他絕對會住手。我寫著寫著，寫到自己相信爲止，那時間也要不了多久，因爲我**想**相信。想到錯是在我，心裡就舒坦多了，因爲那表示情勢還在我掌控中。

我收起日記，躺在床上，反覆背誦這段文字，彷彿想背下一首詩。背著背著，我幾乎都要牢牢記住了，可是腦海浮現的畫面打斷我的思緒。我看到我仰躺著，手被壓在頭上。我馬上又回到停車場，低頭看著慘白的腹部，又抬頭看看哥哥。他的表情令人難忘，那不是生氣或暴怒，絲毫沒有憤慨的情緒。只有快感，毫無顧忌的快感。一部分的我懂了，侮辱我會讓他覺得痛快，儘管有另一部分的我不想接受。那不是意外，也不是連帶效應，那就是他的目的。

這種一知半解的領悟就像中邪，我有幾分鐘都無法擺脫這種情緒。我從床上坐起來，拿出日記，開了前所未見的首例，寫下事發經過。不同於以往，這次我用的不是模稜兩可、模糊帶過的文字。我不再言語閃爍，而是直白地寫下記憶：**他逼我下車，將我兩隻手壓在我頭頂，當時我的衣服往上捲，我求他讓我拉好，但是他似乎聽不見。他看著我上衣的模樣就像個無敵大混帳，幸好我很瘦小，如果我身材高壯，當時一定將他碎屍萬段。**

「我不知道妳怎麼傷到手腕的。」爸隔天早上告訴我。「妳這個狀況也無法上工，不如直接回猶他。」

回楊百翰的車程有催眠效果，等我回到租處，前一天的記憶已經模糊、褪色。

那段記憶在我看電郵時才又恢復清晰。翔恩寫信來道歉，但是他在我房裡已經說過。我認識的翔恩從沒道歉過兩次。

我拿出日記，又寫了另一篇，我在新的這篇中重新審視記憶。我寫道：那是誤會，如果我請他住手，他會照辦。

然而無論我相信哪一篇，那件事是重大轉捩點。如今回想起來，我驚異不已，不是因爲那件事情本身，而是我竟然寫下事發經過。在那個脆弱的軀殼中，在那個催眠自己無懈可擊的女孩體內，原來還殘存一絲火花。

第二篇的文字無法遮蔽第一篇。兩篇都留著，各自記述著**我的**記憶和**他的**記憶。我沒爲了前後連貫一致而加以修改，沒撕掉這兩篇任何一頁，其中倒是頗有點勇敢的興味。承認自己沒把握就是承認自己的弱點、無力感，儘管如此，還能相信自己。這就是示弱，但這種脆弱又隱含著力量，那就是相信自己的判斷，而不是盲從他人。我常納悶，那晚最有震撼力的文字不是來自憤怒，而是來自疑惑：**我不知道，真的不知道**。

雖然不確定，又拒絕向言之鑿鑿的人低頭屈服，這是以往我從未允許自己享有的特權。我的人生由他人說給我聽，他們的聲音鏗鏘有力、篤定決絕、不容置疑。我從沒想過，我的聲音也可能和他們一樣擲地有聲。

第二十三章／我來自愛達荷州

一週後的週日，教會有個男人約我共餐。我拒絕了，幾天後另一個男人又來邀約，我同樣回絕。我無法答應，不希望他們任何一人接近我。

有人向主教告狀說某個女信徒反對婚姻，主教請他的助理在禮拜過後找我去他的辦公室。

我和主教握手時，手腕還隱隱發痛。他是個中年男子，面孔圓潤，深色的頭髮整齊旁分。他的聲音像絲緞般柔軟，我還沒張口，他似乎就很了解我。（他的確了解，羅蘋已經說了許多事情。）他建議我找大學輔導室，將來才有可能享受嫁給正直男子的婚姻生活。

他侃侃而談，我不發一語地坐著，猶如一塊石頭。

他問到我的家庭，我沒搭腔。我不夠愛他們已經是背叛，至少我可以保持緘默。

「婚姻是上帝的旨意。」主教說完便起身。會面結束，他請我下週日再去找他。我說好，心裡知道不會再去。

走回公寓時，我覺得身體沉重。從小家裡就灌輸婚姻是上帝旨意的觀念，拒絕婚姻的罪孽深重。我違背神旨，然而這也不是我的初衷。我想要生兒育女，想要成家立業，然而即使我再渴望，我也知道自己永遠得不到。我沒有這個能耐，接近任何男人都教我自我厭惡。

我向來瞧不起「妓女」這個字眼，不但聽起來粗嘎，就連我都覺得過時。儘管我默默嘲笑翔恩選擇這個詞，卻漸漸認同。這個字眼不合時宜只會更加強我與它之間的連結，表示我一聽到這個詞彙，就是與我有關。

十五歲那年，我開始擦睫毛膏、塗唇蜜。有一次翔恩告訴爸爸，他在鎮上聽到我的八卦，說我名聲很差，爸爸馬上聯想到我懷孕了。爸爸大罵媽媽，說他不該讓我去鎮上演話劇。母親說我值得信任，端莊樸實。翔恩說少女都不值得信賴，而且就他的經驗看來，有時越虔誠的人越糟糕。

我抱膝坐在床上，聽他們大吼大叫。我懷孕了嗎？我不確定。我仔細回憶自己和男生的所有互動、眼神和接觸。我走到鏡子撩起上衣，手指撫過腹部，一吋吋地檢查，心想：**也許吧**。

我以前從沒親過任何男孩。

我見過分娩實況，但是沒人教過我男女之間的性知識。父親和哥哥大吼大叫，無知卻導致我沉默不語。我無法爲自己辯駁，因爲我不懂他們指控的罪名。

幾天後，大家確定我沒懷孕，「妓女」一詞對我而言有了新意義。這個字眼無關行爲，反而與本質有關。與其說我做錯什麼，不如說我的存在方式都不對。總之，我這個人就是不潔。

我在日記寫下：**妳所愛的人竟然從妳手中得到這麼龐大的力量，大到可以支配妳**。翔恩對我的影響遠比想像中更大，我對自己的看法居然由他說了算，世上沒有更大的權力了。

二月某個寒夜，我站在主教辦公室外，我不知道自己怎麼會走到那裡。

主教平靜地坐在桌子後方，問我需要什麼協助，我答說不知道。我要的，沒人給得起，因爲我希望得到重生。

「我可以幫忙，」他說：「但是妳得告訴我爲何心煩。」他的聲音和藹可親，但那種友善反而殘忍。我眞希望他大吼大叫，我就能發脾氣，一旦發了脾氣，我就覺得自己夠強大。如果覺得軟弱，我就不知道如何說出口。

我清清喉嚨，說了一個小時。

春天來到前，主教和我每週日見面。在我看來，他是個可以管束我的大家長，但是他彷彿在我一進辦公室時便放下威權。我說話，他傾聽；他洗滌我的羞愧，猶如療癒者治療傷口的膿瘍。

學期結束時，我告訴他，我要回家過暑假。我已經沒錢，付不出房租。他聽到我這麼說時，面露疲憊之色。他說：「不要回家，泰拉，教會可以幫妳付房租。」

我不要教會的錢，而且我心意已決。主教只要求我答應一件事，就是不再爲父親工作。

我回愛達荷州第一天就去史托克應徵，爸爸嗤之以鼻，說我絕對賺不到下學期的學費。他沒說錯，但主教說上帝會指引明路，我深信不移。我整個夏天都在整理貨架，攙扶老婦人上車。

我特意避開翔恩，這倒不難，因爲他交了新女友愛蜜莉，他們已經論及婚嫁。翔恩二十八歲，愛蜜莉是高三，性格溫馴。翔恩用玩弄莎蒂的花招對付愛蜜莉，測試他的控制力有多大。她總是百依百順，他稍微提高音量，她就顫抖，他大吼大叫，她就道歉。他們的婚姻顯然會是尊卑分明、充滿暴力，而且這番話不是出自於我，而是來自主教，當時我還不太了解。

暑假結束時，我只帶著兩千美元回大學。回學校的第一晚，我在日記寫下：好多帳單要付，我無法想像自己怎麼付得出來。然而上帝不是提供成長的試驗，就是成功的途徑。那篇日記的語調志節高超、情操偉大，但是我也嗅出一絲聽天由命的意味。也許我得離開學校，那也無所謂。猶他州也有雜貨店，我可以去打包商品，總有一天會當上店長。

秋季學期才開學兩週，有一晚我下巴痛醒，我立刻被嚇得放棄這個志願。我從沒感覺過這種如同遭到電擊的劇痛，我好想砍掉下巴，只為了擺脫這種痛苦。我搖搖晃晃走到鏡子前，痛感來自多年前就缺角的牙齒，現在那顆牙又斷裂，而且斷得很深。我去看了牙醫，對方說那顆牙齒已經蛀了許多年，醫藥費得花上一千四百美元。如果我要留下來念書，連一半都繳不起。

我打回家。母親同意借錢，父親卻加上但書，條件就是我隔年暑假得幫他打工。我連考慮都不肯，只說我這輩子不會再回廢鐵場工作，隨後就掛斷電話。

我努力不多想，專注學習，然而那就像我邊聽課邊忍受一頭野狼啃咬我的下巴。

自從查爾斯上次給我布洛芬之後，我再也沒吃過止痛藥，如今卻當成口氣清香錠似的狂吞。但是效用有限，發痛的是我的神經，而且我的病根太嚴重。自從開始牙痛以來，我完全睡不著，也開始有一餐沒一餐，因為我根本無法咀嚼。羅蘋就是那時候去向主教報告。

某個晴朗的下午，他要我到他的辦公室。坐在桌子後的他平靜地看著我說：「我們該拿妳的牙齒怎麼辦？」我努力放鬆臉部肌肉。

「妳不能整學年都不管它。」他說：「有個解決方法很簡單，事實上是簡單得不得了。令尊賺多少錢？」

「不多。」我說：「自從我哥哥他們去年弄壞所有設備，他就開始負債。」

「太好了。」他說：「我這裡就有助學金的表格，我確定妳有資格申請，最棒的是妳還不必償還。」

我聽過政府助學金。爸爸說一旦接受，就永遠受制於光明會。「這就是他們的手段，」他說：「他們送錢給妳，接下來就成了妳的**主人**。」

這些字句在我腦中迴盪。我聽過其他同學聊助學金，後來我盡量避開他們。我不會允許自己接受收買，否則我就離開大學。

「我不相信政府助學金。」我說。

「爲什麼？」

我轉述父親的話。他嘆氣抬頭望。「治療那顆牙齒需要多少錢？」

「一千四百美元，」我說：「我會想辦法籌錢。」

「教會幫妳付，」他平靜地說：「我有自由運用基金。」

「那筆錢是奉獻金。」

主教無奈地攤手。我們相對兩無言，後來他打開抽屜拿出支票簿。我看到抬頭，那是他個人帳戶。他開了一張一千五百美元的支票給我。

「我不准妳因為這件事離開大學。」他說。

支票就在我手中。我好心動，下巴的痛又那麼劇烈，我恐怕拿了十秒鐘才還他。

我在學校乳品商店打工，負責煎漢堡和挖冰淇淋。沒發薪時，我不管過期帳單，或向羅蘋借錢，因此帳戶每個月兩次進帳幾百美元，我大概幾小時就花光。九月滿十九歲時，我已經破產。我放棄看牙，因為我知道自己不可能籌到一千四百美元。況且牙痛已經減緩，不是神經壞死，就是我的腦子已經習慣。

然而我還有其他帳單，所以我決定賣掉我唯一有價值的財物，就是我的馬「巴德」。我打給翔恩，問他能賣多少錢。他說混種馬不值錢，但我可以送去拍賣，就像爺爺那些送去當狗糧的馬。我想像巴德進輾肉機，然後說：「先找買家吧。」幾週後，翔恩寄來一張幾百美元的支票。我打給他，問他把馬兒賣給誰，他語焉不詳，說是某個來自圖埃勒的男人。

我那個學期沒有學習興趣。經濟無虞才有餘裕感到好奇，我只能顧慮眼前的問題，例如銀行帳戶餘額、欠誰多少錢、房裡有沒有東西可以賣個十元、二十元。我照樣交作業、準備考試，理由只是出於恐懼，而不是真正有學習興趣，因為我的平均成績只要少〇．一分，就會失去獎學金。

十二月領到最後一張支票之後，我的戶頭只剩六十美元。房租是一百一十元，而且一月七日就得繳，我得趕快籌錢。聽說購物商場附近的醫院收購血漿。診所是醫療機構，但是我說服自己，只要他們是拿走我原有的東西，而不是要我攝取不明物體，我便安全無虞。護士到處戳了二十分鐘，才說我的血管太小。

我用最後三十美元加滿油，開車回家過聖誕節。聖誕節早晨，爸爸送我一把來福槍，我沒從盒子取出來，所以不知道是什麼款式。我問翔恩肯不肯收購，爸爸立刻拿走，說他幫我保管。

完了。我沒有東西可賣，沒有孩提時期的朋友，也沒有聖誕節禮物。我該放棄學業找工作，我也接受事實。哥哥東尼住在拉斯維加斯當長程貨運司機，因此我在聖誕節當天打給他。他說我可以去住上幾個月，到他對街的漢堡店打工。

我掛斷電話，走過走廊，好希望自己有勇氣開口向東尼借錢，才有交通費去賭城。這時有個粗啞聲音喚我。「嘿，妹蕭，過來一下。」

翔恩的房間髒兮兮。地上丟著髒衣服，我看到槍托從一堆髒T恤下露出來。書架上壓滿一盒盒彈藥和路易．拉蒙[46]的平裝小說。翔恩駝背坐在床上，兩腿張開。他似乎坐了許久，正在沉思眼前邋遢的景象。他探口氣，起身向我走來，舉起右手。我無意識往後退一步，結果他只是伸進口袋，取出皮夾，拿出一張全新的百元鈔票。

「聖誕節快樂。」他說：「給妳才不浪費，我只會亂花。」

我深信那一百美元是上帝給我的訊號，我應該繼續求學。我開車回楊百翰，繳了房租。因為我知道二月又會繳不出來，就去兼差當清潔工，每週往北開二十分鐘三次，到德雷珀打掃豪宅。

主教和我依舊每週日碰面。羅蘋告訴他，我沒買那學期的課本。「太離譜了，」他說：「去申請助學金！妳很窮，所以才需要這些助學金！」

我的反感已經超出理智範圍，而是發自內心。

「我賺很多錢，」主教說：「繳很多稅。就當是我的錢吧。」他印申請表給我。「考慮一下，妳要學會接受援助，即使來自政府也一樣。」

我接過表格。羅蘋都塡好了，我還是不肯寄出去。

「就去準備資料，」她說：「到時再想想。」

我需要爸媽的納稅申報單。我甚至不確定他們是否納稅，就算有，如果爸爸知道我需要的理由，也不會給我。我想了幾十個藉口，沒有一個可信。我認爲申報單就在廚房的灰色檔案櫃，決定直接偷走。

我在午夜前出發回愛達荷，希望凌晨三點抵達，那時候家裡很安靜。我開到山頂，緩緩開上車道，車胎每次壓過小石頭發出嘎吱聲，我就嚇得半死。我輕輕打開車門，躡手躡腳走過草地，溜進後門，靜悄悄穿過屋子，伸手摸索檔案櫃。

我才剛走幾步，就聽到熟悉的**叮鈴聲**。

「別開槍！」我大叫。「是我！」

46 Louis L'Amour（一九〇八—一九八八），美國小說家，許多著作改編為電影，如《火力衝突》（*Crossfire Trail*）等。

「誰？」

我打開電燈開關，看到翔恩坐在另一邊舉槍瞄準我。他放下槍。「我以為妳是……別人。」

「顯然是。」我說。

我們尷尬地站了一會兒，我就上床去了

隔天早上，爸爸去廢鐵場之後，我對母親瞎掰大學需要她的納稅申報單。她知道我說謊，因為爸爸突然進來問她為何影印申報單，她說要留底存檔。

我拿了影本回大學。我離開之前，翔恩和我沒說過一句話。他沒問我為何半夜三點偷偷摸摸回家，我也沒問他，半夜不睡還舉著上膛手槍是等誰。

文件在我桌上躺了一週，羅蘋才陪我到郵局，盯著我親手交給辦事員。我沒等多久，一週，頂多兩週。我在德雷珀打掃豪宅時，郵件寄達，羅蘋將信放在我的床上，還寫便條說我成了共產黨。

我拆信，支票落到床上，金額是四千美元。我想占為己有，接著又害怕起自己的貪婪。信中附有聯絡電話，我便撥過去。

「有問題。」我告訴接電話的女子。「支票寫著四千美元，但我只需要一千四百元。」

電話一陣靜默。

「喂？喂？」

「我先問清楚，」女子說：「妳說支票金額太大嗎？妳希望我怎麼做？」

「如果我寄回去，妳可以再寄一張給我嗎？我只需要一千四百元做根管治療。」

「聽好了，親愛的，」她說：「妳收到這麼多就表示妳可以拿這麼多。隨便妳要不要拿去兌現。」

我做了根管治療，買了教科書，付了房租還有餘額。主教說我應該對自己大方一點，我說不行，我得存起來。他說我用掉一點也無所謂。「別忘了，」他說：「妳明年還可以申請同樣金額。」於是我買了一件上教會的洋裝。

以前我以爲那筆錢是用來控制我，結果只讓我信守對自己的承諾，我說以後不再爲父親工作，這是我第一次相信自己。

如今我納悶當天出發去偷納稅申報單，不是我第一次離家去巴克峰。那一晚，我以入侵者的身分進入父親的家。那是心理語言的轉變，等於放棄我的家鄉。

我自己的話也證實了這種轉變。其他同學問起我的出生地，我便說「我來自愛達荷州」。儘管這些年來說了這麼多次，卻沒有一次感到自在。如果你屬於某個地方，在那塊土壤上成長茁壯，你絕對沒機會說你來自於某某地方。我離開之後，才開始說「我來自愛達荷州」。

第二十四章／迷途的騎士

我的帳戶裡有一千美元。光想到都覺得奇怪，更遑論說出口了。一千元，而且是多出來的錢，是我現在用不到的錢。我花了好幾週才接受事實，之後才體驗到金錢最大的好處，也就是思考金錢以外的事情。

教授的模樣突然變得清晰、明確。拿到助學金之前，我彷彿透過模糊的鏡片看他們。課本也漸漸變得有意義，我閱讀的範圍也超越教授的要求。

我就在這種狀況下頭一次聽聞「躁鬱症」這個名詞。我在基礎心理學課堂上聽到教授唸出螢幕上標示的症狀：沮喪、狂熱、偏執、情緒高漲、自視甚高和受迫害妄想。我入迷得不可自拔。

這就是我的父親，我在筆記上寫著。**他描述的就是爸爸**。

下課鈴響的幾分鐘前，有個學生問到精神疾病在分離主義運動中扮演何種角色。「我想到幾場著名的衝突，就是德州的韋科慘案或愛達荷州的紅寶崖事件。」教授說。

愛達荷出名的事情沒幾件，我應該聽過那個什麼「紅寶崖」，他說是衝突事件，我努力搜尋記憶，回想以前有沒有聽過類似的情節，畢竟這起衝突的經過的確有點熟悉。模糊又扭曲的畫面漸漸浮現，彷彿傳送端有訊號干擾。我閉上眼睛，畫面逐漸變得鮮明、活跳。我蹲在家裡的三夾板櫃子後面，母親跪在我旁邊，呼吸又淺又疲憊。她舔舔嘴唇喊渴，我還來不及阻止她，她就起身開水龍頭。我感覺到槍彈的震動，聽到自己大叫，有重物落地傳來砰的一聲。我挪開她的胳膊，抱起寶寶。

下課鐘響，學生紛紛離開大禮堂。我去了電腦教室，手懸在鍵盤上，猶豫了一會兒，因為我有預感知道了恐怕會後悔，結果我還是打了「紅寶崖事件」幾個字。維基百科說，蘭迪・韋佛[47]和一幫政府單位，包括美國法警和聯邦人員在紅寶崖發生致命對峙。

蘭迪・韋佛這名字很耳熟，我看到的時候彷彿聽到父親說出口。我十三年前想像的故事又在我腦中上演：先是少年遭到射殺，接著是他的父親、母親。政府謀殺了一家老幼婦孺，就為了掩飾他們的惡行。

我跳過背景故事，直接拉到第一次交火。聯邦探員包圍韋佛家的小屋，原本只是為了監視，韋佛一家也沒注意到他們，直到狗兒開始狂吠。蘭迪十四歲的兒子山米認為狗兒發現野生動物，便進入樹林。探員射殺狗兒，帶著槍的山米便開火。這次交鋒導致一名探員和山米兩人死亡，當時山米正要撤退，奔回山上的小屋，背後中彈。

我往下讀。隔天蘭迪・韋佛去察看兒子屍體時，背後也中彈。因為少年的屍體在儲藏室，蘭迪打開木栓要出去，狙擊手本來瞄準他的背脊，卻打偏了。他的妻子薇琪到門邊幫忙丈夫，狙擊手又開槍。當時她抱著十個月大的女兒，腦袋中彈當場喪命。這家人與母親的屍

47 Randy Weaver（一九四八—），紅寶崖事件的主要關係人。

體困在小木屋中九天，最後終於由協商人員勸降，蘭迪・韋佛遭捕。

我看了最後一行好幾次才看懂。蘭迪・韋佛還活著？爸爸知道嗎？

我繼續讀。人民群情激昂，幾乎每家大報社都抨擊政府無視寶貴生命。司法部進行調查，參議院也舉行聽證會。兩者都建議改革執法規則，尤其是嚴格規定何時使用致命武力。

韋佛一家提起過失致死的訴訟，索賠兩億美元，最後在庭外和解。薇琪三個女兒各得一百萬美元的賠償，蘭迪則拿到十萬美元。除了兩件未出庭的案件之外，政府撤銷所有針對蘭迪的控訴。各大新聞媒體爭相訪問蘭迪・韋佛，他後來還與女兒合寫一本書，如今在槍展演講謀生。

要說政府想粉飾太平，似乎也做得太差。媒體報導、官員詰問、人民監督鬧得沸沸揚揚，那不就是民主政治的丈量標準嗎？

有一點我還搞不清楚：起初聯邦調查員爲何包圍蘭迪・韋佛的小屋？爲什麼調查蘭迪？我記得爸爸說我們也很可能成爲目標。他總說政府一定會追捕拒絕接受洗腦的人，盯上不肯讓孩子上學的家庭。十三年來，我一直以爲政府就是因此才找上蘭迪，就是爲了逼他送孩子上學。

我回去讀網頁最上方，又重看了一遍，這次沒跳過背景故事。根據消息來源，包括蘭迪・韋佛本人指出，衝突的起源是因爲他在亞利安國[48]聚會賣了兩把削短的獵槍給臥底探員。我閱讀這句話不只一次，事實上是看了很多次。後來我才明白，白人至上思想才是整件事的核心，而不是自學。政府不會因爲誰沒讓孩子上公立學校，就置他們於死。這下眞相大白，我反而不懂以前怎麼會相信其他說法。

有那麼一刻，我惡毒地認爲爸爸蓄意說謊。後來我想起他臉上的恐懼、沉重的呼吸聲，我確定他深信我們置身險境。我試圖解釋他的行爲，腦海卻浮現某些奇怪的字眼，那些我幾分鐘前才學到的字詞，例如**沮喪**、**狂熱**、**偏執**、**情緒高漲**、**自視甚高和受迫害妄想**。最後，無論是網頁上的記載、或我從小記得的版本，我終於搞懂來龍去脈。爸爸一定在報上或電視上看到紅寶崖事件的新聞，那件事經過他瘋狂的思緒處理之後，不再是別人家的事情，**他**才是主角。如果政府鎖定蘭迪·韋佛，一定也會來追殺金恩·維斯托，畢竟他多年來勇敢對抗光明會。光看別人的英勇行徑已經無法滿足，他幫自己打了一頂鋼盔，跳上一匹老馬。

我埋首研究躁鬱症。心理學教授要我們交研究報告，我就選定這個主題，再利用這個藉口問遍學校每個神經學家和認知心理學專家。我描述爸爸的症狀，謊稱是某個虛構叔叔。某些符合，某些不符，教授們都說每個案例各不相同。

「妳的形容聽起來像是人格分裂症。」某個教授說：「妳叔叔曾經接受治療嗎？」

「沒有。」我說：「他認爲醫生也是政府陰謀的一員。」

「那麼情況就複雜了。」他說。

我的報告主題就是躁鬱症家長對子女的影響，而且寫法「細膩」，堪可比擬推土機。通

48 Aryan Nations，白人至上的新納粹組織。

篇充滿指責怪罪，文字冷酷無情。我指出，躁鬱症父母的孩子有雙重風險；第一，先天就有情緒失調的基因；第二，**患有這類疾病的家長只會塑造出充滿壓力的家庭環境，而且管教無方**。

我在課堂上學到神經傳導物質及其對大腦化學的影響，明白患者並非自願。我卻沒有因此同情父親，只覺得憤怒。**我們**才是受害者，我心想：母親、路克、翔恩和我都是。我們撞傷、慘遭刀割、摔得腦震盪、雙腳燒傷或頭破血流。我們時時刻刻都得提高警覺，永遠活在恐懼中，腦子充斥皮質醇，因爲我們知道上述事件隨時可能發生。因爲爸爸的信心大過安全考量，他相信自己絕對不會錯，而且始終深信不移，儘管翻車一次、兩次，經過分類箱事件、火災、木箱事故。倒楣的永遠是我們。

交出報告的那個週末，我回巴克峰。我回家不到一小時就和爸爸吵起來，他說我欠他車錢。其實他只是提起這件事，我卻暴跳如雷、歇斯底里。那是我生平第一次對父親大吼大叫，不是爲了車子的事，我說的是韋佛家。我火冒三丈，吐出口的話都成了哽咽啜泣。你爲什麼要這樣？以前爲什麼恐嚇我們？你爲什麼拚命對抗不存在的怪獸，卻無視自家的怪物？

驚訝的爸爸目瞪口呆。他張著嘴，兩手抽搐，彷彿想舉手做些什麼。上次看到他如此無助是他蹲在撞爛的旅行車邊，看著母親臉部腫脹卻碰不得，因爲電線會透過金屬傳送致命電流。

姑且不論原因是羞愧或憤怒，總之我逃離現場，頭也不回地開回楊百翰大學。幾小時後，父親打來，我沒接電話。尖叫怒罵沒用，也許冷漠無視才有效果。

學期放假後，我留在猶他州，那是我第一年夏天沒回巴克峰。我沒和父親說過話，連電話都不肯接。這種漸行漸遠的行徑不是正式脫離關係，我只是不想見他、不想聽到他的聲音，只是順著感覺走。

我決定試試正常生活。十九年來，我都照父親的要求過日子，現在我想改變。

我搬到鎮上另一區，那裡沒有人認識我，我想展開截然不同的新生活。第一週時，另一個教堂的新主教熱情握過我的手，便去向另一個新人打招呼。他一視同仁令我開心莫名，如果我裝正常人裝上一陣子，也許就會像個普通人。

我在教會認識尼克。他戴著方眼鏡，一頭深色頭髮上著髮膠，抓成整齊的刺蝟頭。爸爸一定對用髮膠的男人嗤之以鼻，所以我才更喜歡；尼克不可能懂得分辨交流發電機和曲柄軸也深得我心。他**確切**了解的就是書、電玩遊戲和服裝品牌。還有文字。他擁有驚人的字彙量。

尼克和我打從一開始就是情侶。他一認識我就牽起我的手，他的皮膚碰觸到我時，我已經準備忍住本能，不要推開他，結果完全沒起反感。那感覺奇特、刺激，我一點也不想擺脫這種接觸。眞希望我還在原來的教會，就能衝去告訴以前的主教，我再也不是那個支離破碎的我了。

我太高估自己的進步，太專注於正面幫助，沒注意到負面影響。我們交往了好幾個月，我和他的家人常共度晚餐，卻對自己家庭隻字不提。尼克說他肩膀痠痛時，我隨口提到母親的精油。他很有興趣，一直等我重拾這個話題，但我很氣自己說溜嘴，後來再也沒提過。

五月底時，我開始覺得不舒服。長達一個禮拜，我幾乎無法去律師事務所實習。儘管我早早上床睡到近午，整天還是呵欠打不停。我喉嚨痛，不太能說話，最後聲音變得低沉、粗嘎，聲帶彷彿成了砂紙。

起初尼克覺得我不肯看醫生很有意思，然而隨著我病情加劇，他從興味盎然轉爲擔憂、困惑。我隨意打發他。「沒那麼嚴重，否則我一定去看醫生。」

又過了一星期。我辭掉實習工作，開始沒日沒夜地睡。某天早上，尼克不請自來。

「我們立刻去看醫生。」他說。

我說我不去，但我看到他的臉。他的表情就像有個問題，卻知道問也沒用。那繃緊的嘴唇線條、那瞇成細縫的眼睛，**不信任就是這個模樣**，我心想。

去看邪惡的社會主義醫生，或向男友承認我認爲醫生是邪惡的社會主義者，我寧可選擇看醫生。

「我今天就去，我保證，但是我想自己去。」

「隨便。」他說。

他離開了，這下另一個問題來了，我不知道**如何**看醫生。我打給同學，詢問她能不能載我。她一小時後來接我，她開去離我家只有幾條街遠的醫院時，我苦惱地往外看。她帶我去學校以北的一棟小建築，也就是她口中的「診所」。我努力裝得稀鬆平常，假裝我是老手，但是我們穿過停車場時，我卻覺得母親正盯著我。

我不知道該對櫃檯說什麼。朋友以爲我不說話是喉嚨痛，代爲說明我的症狀，對方要我們等等。最後終於有個護士帶我去白色小房間幫我秤重、量血壓、採舌頭上的拭樣。她說這麼嚴重的喉嚨痛，多半是因爲鏈球菌或單核病毒所致，診所幾天之後就會知道結果。

化驗報告出爐，我單獨開去診所，有個頭髮稀薄的中年醫生告訴我結果。「恭喜，」他說：「妳染上鏈球菌和單核病毒，這一個月以來，妳是我唯一看過同時染上兩種的病例。」

「兩種都有？」我輕聲說：「怎麼會？」

「運氣非常非常背。」他說：「我可以開盤尼西林治療鏈球菌，至於單核病毒，我能幫的忙就很有限，只能慢慢等。不過只要殺死鏈球菌，妳就會好多了。」

醫生請護士送盤尼西林進來。「我們要立刻讓妳服用抗生素。」他說。我手心放著藥丸，不禁想起查爾斯給我布洛芬的那個下午。我想到母親，想到她屢屢告訴我抗生素會荼毒身體，導致不孕和胎兒先天缺陷。上帝的靈無法進入不潔的器皿，器皿一旦背棄神、仰賴凡人，就不可能聖潔。最後一句也可能是父親的話。

我吞下藥丸。也許是因爲我太不舒服才不顧一切，但眞正的理由應該更平凡，單純只是我好奇。畢竟我人在醫療機構，經過這麼多年，我想知道自己長久以來到底怕什麼。眼睛會流血？還是舌頭會掉出來？肯定會有恐怖的遭遇，我得親自看看。

我回到公寓，打給母親，以爲認罪可以減輕罪惡感。我說我看了醫生，因爲我得了鏈球菌和單核病毒。「我服用了盤尼西林，」我說：「我想跟妳說一聲。」

她連珠炮說了一大堆，但是我沒聽進去，我好累。她速度放慢時，我只說了「我愛妳」便掛斷。

兩天後，我收到愛達荷州寄來的快遞，包裹裡有六罐酊劑、兩小瓶精油、一袋白泥。我認得這種藥方，精油和酊劑用來強肝顧腎，白泥用來泡腳袪除毒素。此外還有一張母親的便條：**這些藥草會沖掉妳體內的抗生素。妳堅持吃藥吃多久，這些藥方就要用多久。愛妳。**

我躺回枕頭上，幾乎立刻入睡，但睡著前放聲大笑。她沒寄藥治療鏈球菌或單核病毒，只想著對付盤尼西林。

隔天早上，我被電話吵醒，是奧黛莉。

「出事了。」

她的話將我傳送到另一個時空，想到上一次有人劈頭就說這句話，而不是先寒暄，想到母親緊接著脫口而出的事情。希望奧黛莉要說的話不是舊事重演。

「是爸爸。」她說：「如果妳動作快，現在就出發，還來得及向他道別。」

第二十五章／硫磺的傑作

我小時候反覆聽過某個故事，因爲很小開始就常聽，也不記得第一次是誰說的；內容是關於山下祖父右側太陽穴爲何有個洞。

那是爺爺年輕時，某年夏天，他在山上騎乘某匹白色母馬，那匹馬負責趕牛羊，身材高大、年長，所以性格溫和。母親說那匹母馬步伐穩健，爺爺可以放膽騎牠辦事。他想放開韁繩就會放開，也許只是挑掉靴子上的針毬，也許是摘下紅色棒球帽清理，又或是用袖子擦汗。無論如何，母馬總是不動如山。儘管牠性情如此平穩，卻無敵怕蛇。

「牠一定是瞥到草叢間有東西鑽洞，」母親說起這個故事。「因爲牠立刻拋開祖父。」他後面有一個割耙，祖父直接落到耙上，一片圓盤直接插進他的額頭。

我每次聽這個故事，撞碎祖父頭骨的凶器都不一樣。有時是割耙，有時又是石頭，我懷疑大家都不確定，畢竟沒有人看到。祖父摔到失去意識，只記得奶奶在門廊見到他滿身鮮血。

沒有人知道他怎麼走回家。

上方的草原距離他家約一哩，而且是陡峭崎嶇的山坡路，爺爺傷勢嚴重，根本無法走那麼遠。然而他卻回到家門口。奶奶依稀聽到有人抓門，開門時就看到爺爺癱在門口，汩汩鮮血不斷從腦袋湧出。她十萬火急送他到鎮上，醫院幫他裝了金屬板。

爺爺出院回家後，奶奶出去上山找白色母馬，走遍整座山，最後看到牠被綁在畜欄後的圍籬邊，那繩結只有她的父親羅特會打。

有時我在奶奶家吃家裡不允許的麥片和牛奶時，會問爺爺他究竟怎麼下山的。他總說不知道，然後慢慢深呼吸，彷彿在整理心情，而不是準備說故事，最後才從頭娓娓道來。爺爺很沉默，幾乎可說是悶聲不吭。就算整個下午和他一起拔草，他全部說的話也不超過十個字，只有「嗯」、「不是那個」和「大概吧」。

一旦被問起那天怎麼下山，他便能說上十分鐘，雖然他只記得躺在地上，無法睜開眼睛，炎熱的陽光曬得臉上的血都凝固。

「告訴妳，」爺爺會拿下帽子，撫摸腦袋上的凹洞。「我躺在草叢時聽到聲音，是說話聲。我認得其中一個人的聲音，因為那就是老羅特。他說艾柏的兒子出事了，那絕對是羅特，我敢用這條命打包票。」爺爺的眼睛略微發亮，然後說：「只是羅特那時候已經過世快十年了。」

每當聽到這裡，我心裡的敬意就油然而生。母親和奶奶都喜歡講這個故事，但是我最愛母親的版本。她會在恰當的地方降低音量，並且說都是天使幫忙，然後一滴淚珠落到微笑的嘴角。妳的曾祖父羅特請天使出馬，祂們將爺爺抬下山。

爺爺頭上那個凹痕很可怕，是直徑兩吋的凹洞。孩提時期，我看著看著，偶爾會想像有個穿白袍的高大醫生拿著榔頭敲金屬片的畫面。在我的幻想中，醫生用的就是爸爸蓋乾草倉屋頂的波浪板。

但那只是偶爾，我通常看到其他景象。爺爺證明我們的祖先就在山上看護、等候，身邊還有天使可以使喚。

我不知道爸爸那天爲何獨自上山。

當天輾壓機要送到我們家，我猜他大概想拆掉最後一個油箱，但是我不知道他中了什麼邪，竟然沒抽乾汽油就點燃噴槍。我不知道他進行到什麼階段、切割了多少鋼鐵，噴槍火星才燒到油槽。但我知道車子爆炸時，爸爸躺在車底。

他穿了長袖襯衫、戴著皮手套和防護面罩。他的臉部和手指被炸得最嚴重。面罩在爆炸產生的熱力之下立刻熔化，如同一根塑膠湯匙。他的臉孔下半部熔化，因爲火焰先吞噬面罩，接著就是他的皮膚、肌肉。大火用同樣的方式淹沒他的手指，皮手套根本擋不住烈火。後來火舌又蔓延到爸爸的肩膀、胸膛。他從起火車輛下爬出來時，我猜他看起來應該像個活死人。

我無法理解他竟然還能動，更不能想像他拖著身子穿過草原、壕溝走了四分之一哩。如果世上有誰需要天使，肯定就是他。總之他竟然辦到了，而且就像他父親多年前一樣，倒在他妻子門外，連門都無法敲一下。

表妹凱莉當天幫我媽分裝精油，附近還有其他女人秤乾草葉、製作酊劑。凱莉聽到後門傳來微弱的敲門聲，好像有人拿手肘撞門。她開了門，卻忘了她在門外看到什麼。「我故意忘掉那段，」後來她告訴我：「想不起我看到什麼，只記得當時心想：**他沒有皮膚**。」

眾人將我父親抬到沙發上。她們在原本應該是嘴巴的洞內灌進治療休克的「急救寧」，給他半邊蓮、美黃岑止痛，當年母親也在路克身上用過。爸爸因爲藥水嗆到，他無法吞嚥，先前吸入大火，喉嚨內側都燒焦了。

母親想送他去醫院，但他在氣喘之餘低聲說他寧可一死也不要看醫生。那個男人說了算，她就此屈服。

她們輕輕剪掉死皮，他從腰部到頭頂都敷滿藥膏才包上繃帶。母親給他冰塊吸吮，希望能爲他補充水分。但是爸爸口腔和喉嚨內側嚴重燒傷，無法吸收液體，而且他沒有嘴唇的肌肉，也咬不住冰塊，所以不斷嗆到。

第一晚，他數度瀕臨死亡邊緣。他的呼吸變慢、停止，母親和她手下那群好心的婦女就忙進忙出，調整他的脈輪、按壓他的穴道，想盡辦法讓他脆弱的肺部繼續運作。

奧黛莉就是那天早上打給我。她說，他前一晚已經心跳停止兩次。如果不是肺部先舉白旗，就是心臟會要了他的命。總之，奧黛莉篤信他活不過中午。

我打給尼克，說我得回愛達荷幾天，因爲家裡有事，但並不嚴重。他知道我有所隱瞞，我也聽得出他頗受傷，因爲我不肯對他敞開心房，但我一掛上電話就把他拋到九霄雲外。

我起身，一手拿著鑰匙，一手握著門把，這時卻猶豫了。鏈球菌。如果傳染給爸爸怎麼辦？我服用盤尼西林將近三天，醫生說二十四小時後就沒有傳染性，但他可是個醫生，我不信任他。

我又等了一天，照醫囑服用數次盤尼西林，才打去問母親該怎麼做。

「妳應該回來，」她的聲音嘶啞。「明天鏈球菌就不重要了。」

我不記得沿途的景色，幾乎沒把田裡的玉米、馬鈴薯或覆滿松柏的黑山收進眼裡。我只看到父親，看到上次見到他的模樣，看到那張扭曲的面孔。我記得自己扯開喉嚨對他吶喊。

我和凱莉一樣，都不記得第一眼見到的父親。我知道母親當天早上拆開繃帶時，發現他的耳朵嚴重燙傷，皮膚化成膠質，與底下糖漿般的軟組織融合。我從後門進屋時，第一眼看到的就是母親握著奶油刀，她要用刀將父親的耳朵與頭顱分開。我到現在還能想像她緊握刀子，眼神專注的模樣，但是父親那個位置在我的記憶中卻是一片空白。

屋裡有種濃烈的味道，那是燒焦肌膚混合著聚合草、毛蕊花和車前草。我看著母親和奧黛莉更換剩餘的繃帶，她們先從他的手開始。他的手指模樣黏稠，覆了一層不知道是熔化的皮膚或膿液的慘白糊狀物。他的手臂、肩膀和背部都沒燒傷，腹部和胸部則蓋著極厚的繃帶。她們拿下繃帶時，我很高興看到大片的發紅皮膚。他身上有幾個凹洞，可能是較大的火焰所致。那些傷口發出腐肉般的劇臭，中間還有白色液體。

但是當晚我夢到的卻是他的臉。他的額頭和鼻子還在，眼周到臉頰的皮膚也是健康的粉紅色。但是鼻子底下的五官都消失，只是一團鬆垮的紅肉，就像太靠近蠟燭的塑膠面具。

當時爸爸將近三天沒吃任何食物或水，母親打去猶他州醫院，乞求給她一瓶點滴。「我必須幫他補充水分，」她說：「他再不喝水會沒命。」

醫生說他們立刻派直升機過來，母親卻拒絕了。「那麼我就幫不上忙。」醫生說：「妳會害死他，我不想成爲幫凶。」

母親非常慌張，逼不得已，最後只好幫爸爸灌腸。她鼓起勇氣，將管子努力往他的直腸塞，希望能藉此讓他活下來。她不知道這個方法是否有用，不曉得那裡是否有器官可以吸收水分，然而那是唯一躲過火焰的開孔。

那晚，我睡在客廳地上，他辭世時，我才能在陪在他身邊。晚上我醒來好幾次，因爲有人喘息、忙進忙出、交頭接耳說他又沒氣了。

拂曉前一小時，有一次他停止呼吸，我很確定他已經過世，不可能死而復生。我的手放在一小片繃帶上，奧黛莉和母親則衝到我身邊低聲默唸、拍敲。屋裡騷動不安，但也可能是我心情起伏不定。多年來，我們父女爭執不斷，僵持不下，我以爲我已經接受我們的關係就是這個模式。然而到了那一刻，我才知道自己有多期盼我們能休戰，才知道自己深信我們有朝一日可以和平共處。

我看著他的胸口祈禱，但他沒再呼吸。時間已經拉得太長，我準備挪開身子，換母親和姊姊道別，這時他突然咳嗽，那粗嘎的聲音就像皺紋紙發出的沙沙聲。接著就像死而復生的拉撒路[49]，他的胸膛又開始有起伏。

我告訴母親我要走了。爸可能會活下來，我說。如果他逃過一劫，可不能死於鏈球菌。

母親的生意停擺。她雇用的婦女不再調製酊劑、分裝精油，全都開始製作藥膏，這是母親特別爲父親調配的藥方，混合了聚合草、半邊蓮和車前草。母親每天在爸爸上身塗抹藥膏兩次，我不記得她們還用了其他療法，也不懂能量療癒，所以無法詳實說明。我只知道她們頭兩週就用了十七加侖的藥膏，而且母親訂購大量的紗布。

泰勒從普渡大學飛回來，每天早上接替母親幫爸爸換手指的繃帶，刮掉前一晚壞死的皮膚和肌肉。爸爸不覺得痛，因爲神經已經壞死。「我刮掉好多層，」泰勒告訴我：「我確定某個早上都刮到骨頭了。」

爸爸的手指開始彎曲，不自然地往後彎向關節，因爲肌腱萎縮、收縮。泰勒想把手指折回去、拉長肌腱，以免手指永久變形，但是爸爸無法忍痛。

我確定體內毫無鏈球菌就回巴克峰，我坐在爸爸床邊，用醫療滴管滴水，餵他吃蔬菜泥，彷彿當他是兩歲幼兒。他鮮少說話，痛得無法專注心力，幾乎沒辦法說完一整個句子。母親提議買藥，幫他買最強的止痛藥，但是他回絕。這是上帝的痛苦，他說，他會好好體會每一分每一毫。

我不在家時，尋遍方圓百哩之內的錄影帶店，終於找到一整套的《新婚夢想家》。我舉高給爸爸看，他眨眨眼，顯示他看到了。我問他想不想看一集，他再次眨眼。我把第一集放進錄影機，坐到他身邊，仔細打量他變形的臉孔，聽他發出微弱聲音，螢幕上的愛麗絲·克蘭登則一次又一次智取她的丈夫。

49 Lazarus，《聖經》中死而復活的麻瘋乞丐。

第二十六章／等待水動[50]

除非有哥哥揹，否則爸爸在床上躺了整整兩個月。他對著瓶子尿尿，而且持續接受灌腸。即使後來已經確定沒有生命危險，我們都不確定他將來會有什麼生活品質。我們只能等候，但是很快就覺得每件事都是另一種等待，等著餵他、等著換繃帶，等著看爸爸能恢復到什麼程度。

我很難想像爸爸終身殘廢，畢竟他這麼自負、強壯、整日勞動。如果母親下半輩子都得幫他剪食物，他該如何適應；如果他無法握住榔頭，是否還能開心地活下去，畢竟他失去那麼多。

但除了悲傷之外，我也覺得人生出現曙光。爸向來嚴厲、堅忍，他了解每件事背後的眞正意義，別人怎麼說，他一律置之度外。**我們**只有聽**他**說的份，絕對不可能反過來，因爲即使他不說話，也要求我們保持沉默。

他因爲這場爆炸而從講道的角色轉爲觀察者，他不方便說話，理由不只是疼痛，還因爲喉嚨也燒傷。因此他觀察、傾聽，日復一日躺上好幾個小時，眼神警敏、鮮少開口。

不出幾週，父親已經知道我修了哪些課、知道我男友是誰、暑期又在哪兒打工，以往有五年，他連我幾歲都搞不清楚。我什麼都沒告訴他，但是他聽我和奧黛莉邊換繃帶邊聊天，記住了所有資訊。

夏季快結束的某個早晨，他嘶啞地說：「我想多聽聽妳上課的事，好像很有意思。」

那時彷彿進入新紀元。

翔恩和愛蜜莉宣布訂婚時，爸爸還臥床不起。當時是晚餐時間，全家都坐在餐桌邊，翔恩說他最後大概會娶愛蜜莉。除了叉子刮餐盤的聲音之外，室內安靜無聲。母親問他是不是認眞，他否認了，他說他到頭來大概會找到更好的女人。愛蜜莉就坐在他旁邊，臉上掛著詭異的笑容。

當晚我無法入睡，三番兩次檢查門閂。眼前的現在似乎不敵過去，往日時光可能會淹沒一切，只要我眨個眼再睜開，我可能又會回到十五歲。

隔天早上，翔恩說他和愛蜜莉打算騎馬到二十哩外的布魯明湖，我說我想去不但嚇到他，也嚇到我自己。我想像和翔恩一起去荒郊野外就焦慮，但我推開那種心情，因為有件事我非做不可。

騎馬五十哩感覺就像開車五百哩，何況你的身體習慣椅子遠勝過馬鞍。我們抵達湖邊時，翔恩和愛蜜莉敏捷下馬搭帳篷，我只有力氣解開阿波羅的套具，坐到倒塌的樹幹上。我

50 Waiting for moving water，出自《聖經》約翰福音第五章第三節，許多病人等待池水攪動，水動之後，先下去的人就痊癒。

看著愛蜜莉架好我們共用的帳篷，她很高䠷，而且纖細得不可思議，一頭長直金髮，顏色幾乎接近銀色。

我們生火，唱著營火邊的歌謠、玩牌，最後才回到帳篷裡。我在黑暗中躺在愛蜜莉身邊，聽著蟋蟀鳴叫。我正想著如何切入正題，如何勸她不要嫁給我哥哥，她倒先開口了。

「我想和妳聊聊翔恩的事，」她說：「我知道他有問題。」

「他的確有。」我說。

「他非常虔誠，」愛蜜莉說：「上帝賦予他特別的天賦，要他幫助別人。他告訴我他如何幫助莎蒂和妳。」

「他沒幫我。」我想多說一些，想對愛蜜莉解釋主教告訴我的話。然而那是出自主教，不是我。我沒有任何想法，我爲了和她說話騎了五十哩，結果無話可說。

「惡魔給他更多誘惑，」愛蜜莉說：「因爲他天賦異稟，因爲他威脅到撒旦，所以他才有問題。因爲他太正直高潔。」

她坐起身，我在暗夜中看得到她長馬尾的輪廓。「他說他會傷害我，」她說：「我知道那是撒旦的緣故。但有時我很怕他，怕他會做出什麼事情。」

我說她不該嫁個她會怕的男人，任何人都不應該，但是那些話毫無效果。我雖然如此認定，卻不夠了解，無法表達得更有力。

我在黑夜中揣測她的表情，希望明白哥哥對她的支配力量有多大。他以前也能控制我，我知道，到現在都能影響我。如今我不受他擺布，卻也沒完全擺脫。

「他很虔誠。」她又說了一次便鑽進睡袋，我知道，這番對話結束了。

我在秋季學期開始的前幾天回到楊百翰，直接先開到尼克家。我們先前幾乎沒說到話，無論他何時打來，我不是被叫去換繃帶，就是得做藥膏。尼克知道我父親被灼傷，只是不知道有多嚴重。我隱瞞的資訊遠多過我所透露，從沒提起爆炸，也沒說「探望」父親的地方不是醫院，而是我家客廳。我沒告訴尼克，父親心跳停止，沒說過捲曲的手或灌腸，沒提起我們從他身上刮下多少液化的軟組織。

我敲門，尼克來應門，看到我似乎很驚訝。「令尊好嗎？」我隨他坐到沙發上後，他問道。

如今回想，也許這是我們友誼最重要的一刻，我本來可以做出更好的抉擇，卻選了另一條路。自從爆炸意外之後，這是我第一次見到尼克。我大可以對他掏心掏肺，告訴他我的家人不相信現代醫學，我們在家用草藥膏和順勢療法治療燒傷，告訴他這一切太可怕，駭人至極；告訴他，我這輩子會永遠記得焦肉的味道。我大可以全盤托出，可以卸下心防，可以和朋友分擔，可以讓我們的友誼更深厚。結果我選擇自己扛起來，我們的友情原本就奄奄一息、營養不良、不受重視，這時更是退化、枯萎。

我本以爲我有辦法彌補，因爲我已經回來，這裡就是我的全部，即使尼克完全不了解巴克峰的事情也無所謂。但是故鄉不肯放手，緊緊依附著我。黑板上常出現爸爸胸口的黑洞，我在書上也會看到他鬆垮的口腔。記憶中的世界比我日常作息的世界更鮮活，我常穿梭在兩者之間。尼克牽起我的手，有時我就在他身邊，感受到他的肌膚貼著我的驚喜。然而我一旦看著我們交纏的十指，那隻手不再是尼克，血淋淋、如同爪子，根本不是人類的手。

一旦入睡，我更是完全回到巴克峰。我會夢到路克，夢到他翻白眼。我夢到爸爸，聽到爸爸肺部的緩慢粗嘎聲。我夢到翔恩，夢到我的手腕在停車場骨折。我夢到自己跛行跟在翔恩身邊，發出恐怖的高頻笑聲。然而在夢裡，我留著一頭白金色的長髮。

婚禮在九月舉行。

我帶著焦慮的心情抵達教堂，彷彿我從多災多難的未來穿越時空回到這一刻，這時我的所作所爲還有影響力，我的想法也會左右後果。我不知道自己的任務是什麼，只能搓手、咬唇，等待關鍵時刻來臨。儀式開始前五分鐘，我在女廁狂吐。

當愛蜜莉說「我願意」，我整個人虛脫無力。我又成了行屍走肉，飄回大學。我盯著臥室窗外的落磯山脈，驚訝群山看起來如此不眞實。就像一幅畫。

婚禮一週後，我和尼克分手，而且無情到我都不好意思說。我從未說起我以前的生活，那個世界入侵、消滅他和我共有的日子，我卻從不提起。我可以解釋，可以說「那個地方不肯放過我，我恐怕永遠無法逃脫。」這麼一來，問題便能迎刃而解；結果我只是沉浸在過去。我已經來不及向尼克吐露心聲，來不及找他陪我傷春悲秋。只好分道揚鑣。

第二十七章／如果我是女人

我到楊百翰是爲了學音樂，以俾日後指揮教會合唱團。但是大三秋季學期，我一堂音樂課也沒選。我無法解釋自己爲何放棄進階音樂理論，轉而選擇地理和比較政治學，也無法說明自己爲何放棄視唱，選擇猶太史。但是我在選課表上看到這些課，再大聲唸出來，我感受到某種寬廣無邊的遼闊，希望有機會親身經歷。

我上了四個月的地理、歷史和政治學，學到柴契爾夫人、北緯三十八度線[51]和文化大革命；學到議會政治和世界各地的選舉制度；學到猶太人流散史與《錫安長老會紀要》[52]的詭譎歷史。那學期結束時，我覺得天下之大，我很難再回到山間，回到廚房，甚至回到廚房隔壁房間的鋼琴前。

這引發我的認同危機。我對音樂的熱愛、學習慾望符合我對女性身分的想像，歷史、政

---

51 Thirty Eighth Parallel，在朝鮮半島，穿越半島中央的北緯三十八度線曾是南北韓雙方的軍事分界線，韓戰後該線有所變化，但仍習慣性稱為三八線。

52 *The Protocols of the Elders of Zion*，是一本反猶太的書，內容描述猶太人意圖征服世界的陰謀。眾多不同獨立研究皆證明這是一本虛構文學。學者咸信這些文字是俄羅斯帝國祕密警察組織奧克瑞那（Okhrana）在一八九〇年代末或一九〇〇年代初虛構而成。

治和國際大事則不是女人應該涉獵的領域，我卻一心嚮往。

期末考前幾天，我和朋友賈許在空教室坐了一個小時。他正在檢查法學院的申請資料，我則忙著選下學期的課。

「如果你是女人，」我問：「你還會學法律嗎？」

賈許頭也不抬。「如果我是女人，連學都**不想**學。」

「但是我認識你以來，你開口閉口都是法學院，這不是你的夢想嗎？」

「沒錯。」他承認。「但如果我是女人，就不會有這個夢想。女人天生個性就不一樣，她們不會有這種雄心壯志，只想生兒育女。」他對我微笑，彷彿我一定了解他的話。我的確明白，也微笑了，有那麼幾秒，我們眞的有同感。

但我接著問：「但如果你是女人，還是懷有你現在的抱負呢？」

賈許盯著牆壁片刻，他果眞努力思索，然後回答：「我就知道自己肯定哪裡不對勁。」

自從開學一週學習國際事務以來，我就納悶自己不正常，不曉得自己一個女人家怎麼會喜歡這些不女性化的領域。

我知道一定有人有答案，便請教了某個教授。我選上猶太史教授，因爲他沉默、講話輕聲細語。凱利博士個子矮小、有對深色眼睛，表情嚴肅。即使是大熱天，他總穿著厚重的羊毛外套講課。我輕輕敲他的辦公室門，似乎希望他不會應門，但沒多久，我便坐在他對面。

我不知道該問什麼，博士也沒多問，反而隨口問起我的成績、修了哪些課。他問我爲何選猶太史，我想都沒想就脫口說我幾個學期前才學到「猶太人大屠殺」這個詞，想深入了解。

「妳何時學到『猶太人大屠殺』？」

「來楊百翰才學到。」

「以前學校都沒教過？」

「也許有，」我說：「只是我沒上學。」

「否則妳在哪裡？」

我盡可能詳盡解釋爸媽不相信公立教育，所以不讓我們上學。我說完之後，他十指交錯，彷彿沉思某個困難問題。「我覺得妳應該擴展觸角，順其自然發展。」

「如何擴展觸角？」

他的身子突然往前傾，似乎靈光一現。「妳聽過劍橋大學嗎？」我沒聽過。「那是英國的大學，」他說：「是世界頂尖學府。我在那邊主持海外留學方案，競爭非常激烈，課業壓力奇重無比。妳也許申請不到，如果申請上了，妳就可以了解自己有哪些潛能了。」

回公寓的途中，我反覆思索這段對話。我原本想聽道德忠告，想辦法在妻子、母親的天職與我的其他志趣之間找到平衡點。但他撇開那個話題，似乎說：「先找到妳的能力所在，再來決定妳是什麼樣的人。」

我申請了那個方案。

愛蜜莉懷孕了，但是過程並不順利，初期和中期差點流產，才懷二十週就開始宮縮。身爲產婆的母親給她金絲桃和其他藥方，收縮次數雖然減少卻未徹底消失。

我回巴克峰過聖誕節時，以爲愛蜜莉會臥床休息。結果她站在流理台邊處理藥草，旁邊還站了六個婦女。她鮮少開口，更少微笑，忙著搬一桶桶的莢迷皮和益母草。她沉默到幾乎成了隱形人，不消幾分鐘，我便忘記她的存在。

爆炸事故已經過了半年，儘管爸爸已經能站立，顯然也無法恢復原狀。他走到房間另一端就氣喘吁吁，肺部受損程度就是這麼嚴重。臉孔下半部的皮膚已經長出來，但是又薄又光亮，似乎被人拿砂紙磨到近乎透明。耳朵因爲布滿疤痕，看起來很厚。嘴唇極薄，嘴巴下垂，看起來憔悴、蒼老。然而他的右手比那張臉更引人側目，每根手指都不能動，有些彎曲，有些弓起，捲曲成骨結凸起的爪子。他可以用往上弓的食指和下彎的無名指夾住湯匙，但是他用餐很困難。儘管如此，我還是納悶移植皮膚能不能媲美母親用聚合草和半邊蓮藥膏所達到的效果。人人都說這是奇蹟，所以他們稱母親的新配方「奇蹟藥膏」。

我回家第一晚的晚餐，爸爸描述爆炸意外是上帝憐憫。「那是恩典，」他說：「是奇蹟。上帝要我活下來，要我克盡天職，證明祂的大能。讓人們知道，除了現代醫療之外，還有另一條出路。」

我看他數度嘗試夾緊刀子切肉又失敗。「我根本沒有生命危險。」他說：「我會證明給你們看，只要我能走過院子不昏倒，我就馬上拿噴槍再切割油箱。」

我隔天早上出來吃早餐，一群婦女圍在父親身邊。她們兩眼發亮，專心聽爸爸說他在生死之間看到屬天的造訪。他說，天使照料他，就像祂們當初照料古代的先知。那些婦女看他的眼神不一樣，近乎孺慕。

整個早上，我都仔細觀察這些女子，漸漸發現父親的奇蹟改變了她們。以前，這些婦女對待身為雇主的母親就像對待平輩，就事論事，不帶感情。現在她們輕聲細語，懷抱崇敬的心情。為了搶奪我父母關照的眼神，她們明爭暗鬥。這種改變可以一言蔽之，以前她們只是員工，如今則成了信眾。

爸爸灼燒的故事成了創始傳說，不斷對新人或原本的舊人傳頌。我在家的期間，幾乎每個下午都能聽到這個奇蹟，有時內容都已經失眞。我聽到母親對整屋子的專注聽衆說：爸爸上半身有百分之六十五的範圍是三級灼燒，這和我的記憶有出入。我印象中的爸爸多數傷勢都只傷及皮膚，而且雙臂、肩膀和背部幾乎完全沒受傷。只有他的下半臉和雙手是三級灼傷，但是我隱而不宣。

自從我有記憶以來，爸媽似乎頭一次有志一同。爸爸離開房間之後，母親不再暗自糾正他的說法，不再含蓄提出自己的意見。這場奇蹟徹底改變她，她成了爸爸的翻版。我印象中的母親是個年輕的產婆，小心謹愼，明明可以左右許多生命，卻溫柔對待每個人。這種溫良恭儉不復見，上帝親自引領她，除非主另有安排，否則交給她就對了。

聖誕節幾週後，劍橋大學寫信給凱利博士，拒絕我的申請。「競爭非常激烈。」博士在我到他的辦公室時說。

我向他道謝，準備起身離開。

「等一下，」他說：「劍橋交代我，如果有任何不公要寫信告訴他們。」

我不懂，他只好再說一次。「我只能幫一個學生，」他說：「如果妳想去，他們願意收。」

我獲准幾乎是不可思議，這時我才發現自己需要護照，沒有眞正的出生證明，我不可能申請到護照。我這種人不屬於劍橋，宇宙似乎了解這一點，努力阻撓我去，以免褻瀆神聖學府。

我親自去申請。櫃檯職員大聲嘲笑我的補發出生證明。「九年！」她說：「九年不算未準時登記，妳還有其他文件嗎？」

「有。」我說：「可是登記的出生日期又不一樣，有一張的名字還不同。」

她依舊面帶笑容。「日期、名字不一樣？那可不成，這樣申請不到護照。」

我後來又去找了她好幾次，每次都越來越焦急，最後黛比阿姨去法院宣誓，證明我的身分，我終於辦到護照。

愛蜜莉二月生產，寶寶體重只有一磅四盎司。

愛蜜莉聖誕節開始子宮收縮時，母親說懷孕時程長短就靠上帝決定了。結果上帝要愛蜜莉懷孕二十六週就在家生產。

當晚颳起典型的山區暴風雪，路面毫無車輛，鎭上沒有任何商店營業。愛蜜莉已經進入產程最後階段，母親才明白她需要送院。他們取名爲彼得的寶寶幾分鐘後就從愛蜜莉體內滑出來，母親說她是「接住」他，而不是接生他。寶寶沒有動靜，全身灰白。他們以爲他死了，後來母親發現他有微弱心跳，他們衝到廂型車上。屋外風雪呼嘯，我們愛達荷州稱這種氣象是「白茫茫」，強風吹掃落雪，大地彷彿覆上白紗，柏油路、農田、河流都消失無蹤，只看得到奔騰的白雪。

車子在冰雪上打滑，翔恩負責開車，母親幫寶寶進行心肺復甦術。他們成功開到鎮上，但是醫院太陽春，沒有足夠設備照顧這個脆弱的小生命。醫生說他們必須盡快將他送到奧格登的麥凱迪醫院，否則來不及。因為風雪太大，不能出動直升機，所以醫院派出一輛救護車。事實上是兩輛，以免第一輛因為暴風雪拋錨。

經歷了好幾個月無數次的心、肺手術，翔恩和愛蜜莉才能將寶寶帶回家，他們說那根細瘦得像根小樹枝的東西是我的姪子。當時彼得已經脫離險境，但是醫生說他的肺可能永遠發育不完全，一生都會很虛弱。

爸說這次生產就像上次爆炸意外，都是上帝的傑作。母親附和，還補充上帝蒙蔽她的眼睛，她才無法阻止子宮收縮。「彼得本來就該以這種模樣來到人世。」她說：「他是上帝的恩典，主以祂揀選的方式賜予恩典。」

第二十八章／賣花女

我第一次看到劍橋大學國王學院並不認爲自己在作夢，原因是我無法想像出那般宏偉的建築。我的目光落在石雕鐘塔上，有人領我們穿過塔樓，進入校園。前方有一片大得像湖的整齊草坪，對面有棟象牙白建築，我勉強看出是希臘羅馬式風格。但是三百呎長、一百呎高，如同石山的哥德式禮拜堂才是萬衆注目的焦點。

我被領著經過禮拜堂，進入另一個中庭，走上石階。門開了，有人說明那是我的房間，接著便離開，請我自便。那位好心的先生不明白，我根本不可能覺得自在。

隔天早餐地點是某個宏偉食堂，猶如一間大教堂，屋頂深邃幽暗，彷彿有人正密切觀察我，知道我混在人群中，而且根本沒有資格。我選了一張長桌，用餐的人多半來自楊百翰。那些女子聊著她們帶來的衣服，瑪麗安知道自己入選之後就開始採買。「歐洲需要不同的**行頭**。」她說。

海瑟同意，她的奶奶幫忙支付機票，她才有辦法添購新衣。「這裡的人的穿著打扮，」她說：「更講究，不能靠牛仔褲打混過去。」

我考慮衝回房間換掉運動衫和布鞋，只是我沒有其他衣服。我沒有瑪麗安和海瑟的鮮豔開襟衫和畫龍點睛的優雅絲巾，我沒爲了劍橋買新衣，因爲我還得申請助學貸款才付得起學費。況且，即使我有那些服裝，也不知道該如何搭配。

凱利博士出現，他宣布我們受邀去參觀禮拜堂，甚至可以上屋頂。大家手忙腳亂放回餐盤，跟著博士穿過中庭，我刻意走在隊伍最後方。

一踏進禮拜堂，我幾乎無法呼吸。裡面的空間（倘若這麼寬敞的地方可以稱爲空間）遼闊，猶如汪洋般無邊無際。有人領我們穿過一扇小木門，順著旋轉樓梯往上走，而樓梯的石階似乎走也走不完。我們終於登到樓梯盡頭的屋頂，倒V形的屋頂極陡，四周都是矮石牆。強風呼呼，天邊的雲朵翻騰，景色壯麗，底下的城市縮成迷你模型，在禮拜堂底下顯得無比渺小。我看得忘我，爬上斜坡，沿著屋脊走，任由風勢推著我邊走邊俯瞰一望無際的蜿蜒街道和石砌中庭。

「妳不怕掉下去。」有個聲音說。我轉身，原來是凱利博士。他跟在我後面，步伐蹣跚，幾乎風一吹就往前衝。

「我們可以走下去。」我衝下屋脊，回到扶壁邊的平坦步道。博士再度跟來，但是步伐奇怪。他不是面向前走，反而轉過身子，螃蟹般側著走。大風繼續呼呼吹，因爲他走得很不穩，我伸手牽他，他在我攙扶下走完最後幾步。

「剛才只是我的觀察，」我們往下走時，他對我說：「妳站得直挺挺，雙手插在口袋裡。」他揮手比比其他學生。「看到他們拱著背嗎？還貼著牆走？」他說得對，有幾個冒險走上屋脊，但是動作小心翼翼，和凱利博士一樣側著走，風一吹就搖搖擺擺；其他人則緊抓著矮石牆，屈膝弓背，似乎拿不定主意要站著行走或蹲下來爬行。

我舉手抓住牆。

「妳不必這麼做，」他說：「我不是批評妳。」他沒往下說，彷彿沒把握自己該不該講。「大家都變了，」他說：「其他人在登高之前都很放鬆，現在看起來都緊張不安、誠惶誠恐。妳剛好相反，這是我第一次看妳這麼自在，從妳的舉止就看得出來，彷彿妳這輩子都住在這個屋頂。」

一陣大風吹來，博士晃了一下連忙抓住石牆。我往屋脊靠，他才能貼著扶壁站好。他盯著我看，等我解釋原委。

「我常站在乾草倉庫上。」我終於開口。

「所以妳的腿比較強壯？所以妳在大風中也不會搖搖晃晃？」

我得先想一想才有辦法回答。「我可以站在風中是因為我沒多想。」我說：「風就是風，你在平地不怕這種強風，在高空也挺得住，都一樣。唯一的差異只存在於你的腦子裡。」

他茫然地看著我，顯然不懂。

「我只是站好而已。」我說：「你們全都因為懼高而彎低身子，但是蹲下來或側著走並不自然，這只是讓自己變得更脆弱。只要你們能控制驚慌的心情，大風根本不算什麼。」

「所以妳不放在眼裡。」他說。

我希望自己擁有學者的見地，凱利博士卻認為我有的只是屋頂工人的邏輯。其他學生應該留在圖書館，我應該待在鷹架上。

第一週就在眾多講課之間結束。第二週，每個學生分到一位教授指導他們的研究。我得知自己的教授是大名鼎鼎的強納森．史坦柏，以前是劍橋大學的副院長，以「猶太大屠殺」相關論文聞名。

幾天後，我第一次和史坦柏教授碰面。我在收發室等候，來了一位消瘦的先生，他拿出大串笨重鑰匙，打開石牆上的一扇木門。我跟著他上旋轉樓梯走進鐘塔，裡面有個房間採光良好，擺設簡單，只有兩張椅子和一張木桌。

我坐下時還能聽到耳朵後面血液奔流的聲音。史坦柏教授大約七十多歲，但我不會說他是老先生。他行動輕巧，目光炯炯地環顧室內四周。發言經過深思熟慮，措辭流暢優雅。

「我是史坦柏教授，」他說：「妳想讀什麼？」

我囁嚅說出史料編纂。我決定不研究歷史，而是史學家。打從我學到「猶太人大屠殺」和美國民權運動，打從知道一個人對歷史的認知有限，只能根據他人的說法得到有限的知識，我就覺得無依無恃，所以更有興趣。我了解錯誤觀念受到糾正的心情，而且這種錯誤觀念大錯特錯，甚至會改變整個世界觀。現在我必須理解守護歷史的史學家如何接受他們自己的無知和偏見，只要我能接受他們的作品並非絕對的眞理，只是蘊含個人偏見的對話和省思，那麼也許我就能心平氣和地承認多數人認同的歷史不同於我的認知。爸爸可能錯了，但是偉大史學家卡萊爾、麥考利和崔維廉[53]也可能錯了。然而從他們辯論的餘燼當中，我可以

53 這裡指的是英國著名史學家Thomas Carlyle、Thomas Babington Macaulay和George Macaulay Trevelyan。

建構出我能安身立命的世界。知道這些立論基礎都有討論空間，也許我便能找到自己的立足之地。

我恐怕表達得不盡理想。等我說完，史坦柏教授打量了我一會兒說：「我們聊聊妳所受的教育，妳在哪裡上學？」

「我在愛達荷州長大。」我說。

「妳上那裡的學校？」

日後回想，也許有人對史坦柏教授提過我的事情，也許就是凱利博士。也可能是因爲他發覺我迴避他的問題，因此更好奇。總之他聽到我承認我以前從未上過學，他才心滿意足。

「太棒了，」他笑著說：「我彷彿進入蕭伯納的《賣花女》[54]劇情。」

兩個月以來，我每週與史坦柏教授見面。他從未指派我讀哪本書，我們只看我要求閱讀的資料，無論是書或一頁文件都行。

楊百翰大學沒有一個教授像史柏坦教授般檢視我的文章。沒有一個逗點、句點、形容詞、副詞不值得他的關注。文法與內容、形式和實質都一樣重要。句子寫得不好，就是想法不周全；而且對他而言，文法的邏輯也需要修正。「我問妳，」他會說：「妳爲什麼在這裡放逗點？妳希望在這些句子當中建立哪種關係？」聽過我的解釋，有時他會說：「的確。」有時則是不厭其煩地解釋句子的結構。

和史坦柏教授見面一個月後，我交了一篇論文，比較艾德蒙．柏克[55]和普布利烏斯[56]，後者是詹姆斯・麥迪遜、亞歷山大・漢彌頓和約翰・傑伊[57]共用的筆名，他們用這名字合寫了《聯邦論》。我有兩週都睡得很少，一睜開眼睛不是閱讀，就是思考文稿。

父親告訴我，書只分兩種，如果不受人崇敬，就該成爲禁書。關於上帝的書（例如摩門教先知或開國元勛的著作）不是拿來研讀，而該好好珍藏，那些書籍本身就完美無瑕。他告訴我，我應該拜讀麥迪遜等人的文字，他們就像模子，我的想法要像石膏般倒進模子裡，根據這些完美無缺的模型重新打造。我拜讀這些書，是爲了學會正確的想法，而不是爲了獨立思考。無關上帝的書則不該出現在家裡，因爲危險、威力強大，而且詭譎狡詐令人無可抗拒。

我要寫出自己的文章就得用全新的視角讀這些書，不能害怕，也不能盲目崇拜。因爲柏克捍衛英國君主政治，爸爸一定會說他是擁護暴政，絕對不會讓家裡出現他的書。信任自己

---

54 *Pygmalion*，諾貝爾文學獎劇作家George Bernard Shaw創作的舞台劇。描寫一位粗俗的賣花女經由語言學教授調教，成為能躋身上流社會的大家閨秀。而畢馬龍（Pygmalion）是希臘神話中精於雕刻的國王，愛上自己創作的少女雕像。後來感動愛神，賦予雕像生命，成為畢馬龍的妻子。

55 Edmund Burke（一七二九－一七九七），英國政治家，擅長文學，主張秩序重於自由，極端重視傳統，反對自然權力。

56 全名是Publius Valerius Publicola，羅馬共和時代早期執政官。

57 James Madison、Alexander Hamilton、John Jay都是美國開國元勛，分別是美國第四任總統、第一任美國財政部長和美國首席大法官。

閱讀這些文字帶來莫大滿足。我讀詹姆斯、漢彌頓和傑伊的著作也有類似快感，每當我贊同柏克的想法而捨棄他們的定論，或是發現兩方的理論在實質上並無二致，只是形式略有出入，更感到格外開心。這種閱讀方法隱含著某種美妙的假設，書本不是騙人的花招，我也沒那麼意志薄弱。

我寫完論文，傳給史坦柏教授。兩天後依約與他碰面時，他默不作聲。教授從桌子另一端看我，我等他說我的文章奇差無比、作者無知駑鈍、內容太過牽強、參考資料不足卻妄下太多結論。

「我在劍橋教了三十年，」他說：「這是我讀過最好的文章之一。」

我準備聽人謾罵侮辱，他的反應令我措手不及。

史坦柏教授肯定又說了什麼，只是我再也聽不見。我好想衝出房間，那一刻，我已經不是在劍橋的鐘塔。我回到十七歲，坐在紅色吉普車上，我深愛的少年剛碰我的手，我立刻抽回來。

比起仁慈善心，我更能忍受各種殘酷對待。對我而言，褒獎形同砒霜，我無福消受。我希望教授大吼大叫，迫切需要到幾乎缺氧、頭暈。我的醜陋不能隱而不宣，如果他沒點出來，我就得自己招認。

我不記得自己怎麼離開鐘塔，也不記得當天下午怎麼過。當天晚上有正式晚宴，廳堂點了蠟燭，我開心的理由卻不一樣；因爲我沒有正式服裝，只有黑襯衫和黑褲子，光線昏暗，別人就不會注意到了。朋友蘿拉遲到，她說他爸媽來訪，帶她到巴黎走了一趟，她剛剛趕回來。她穿著深紫色的洋裝，裙子上有清晰的褶子，長度在膝蓋上方好幾吋。我本來覺得那件衣服太下流、猥褻，她卻說那是她父親在巴黎買給她。父親不可能送女兒猥褻的禮物，他會送女兒這種洋裝，顯然女人不可能是娼妓。晚餐結束、餐盤收走之前，我都不斷思索這個矛盾（送給摯愛女兒的猥褻洋裝）。

下次碰面，史坦柏教授說無論我以後申請哪家研究所，他都會確保對方務必收我。「妳去過哈佛嗎？」他說：「還是妳比較喜歡劍橋？」

我想像自己在劍橋讀研究所，穿著拖地的黑色長袍走過古老的迴廊。下一幕就是我在廁所弓著背，胳膊彎到背後，頭被壓進馬桶。我努力只想著學生的模樣，只是一想到穿黑袍的女孩，就聯想到另一個女孩。研究人員還是娼妓，不可能兩者皆是，有一個身分只是謊言。

「我沒辦法，」我說：「我付不起學費。」

「學費就交給我來擔心。」史坦柏教授說。

八月底，我們在劍橋的最後一晚，大廳有個結業晚宴。我從沒看過桌上擺放這麼多刀、叉、酒杯。在講究的精緻氛圍之下，我覺得自己格外突兀，卻也因此更不顯眼。我盯著經過的學生，細細打量她們的絲綢洋裝、粗濃眼線。華服、美妝看得我目不暇給。

用餐時，我聽著朋友開心聊天，卻好想回房獨處。史坦柏教授坐在高桌，每當我的目光掃到他，以往那種本能又湧現，導致我肌肉緊繃，隨時準備逃之夭夭。

我在甜點時間離開，立時覺得如釋重負，因為我逃離高雅、莊嚴的晚宴，可以做回不夠美麗的自己，也不再格格不入。凱利博士看到我離開便跟上。

天色昏暗，草地灰濛濛，天空更是漆黑。白色的燈光從地面往上打，照亮禮拜堂，建築物襯著夜空發出月亮般的光輝。

「妳讓史坦柏教授深感欽佩，」凱利博士走到我身邊的台階。「希望他也讓妳留下好印象。」

我聽得一頭霧水。

「跟我來，」他轉向禮拜堂。「我有話告訴妳。」

我跟在他後面，注意到自己的腳步寂靜無聲，這才明白我的布鞋踩在石頭上不會發出其他女孩高跟鞋的優雅喀喀聲。

凱利博士說他觀察我一陣子了。「妳似乎扮演另一個人，而且妳認爲唯有這樣才能活下來。」

我不知道該說什麼，所以沉默以對。

「妳從沒想過，」他說：「妳和其他人一樣都有權利來這裡。」他等我解釋。

「我寧可負責上菜，也比在這裡用餐自在。」

凱利博士微笑。「妳應該信任史坦柏教授，如果他說妳是做學者的人才，妳就是。我聽到他說妳是『純金』。」

「這裡很神奇，」我說：「每樣東西都光采奪目。」

「妳不能再這麼想了，」凱利博士提高聲調。「妳不是因爲光線角度對才發光的破銅爛鐵。無論妳將來有何成就，無論妳成爲什麼人才，那是因爲妳本來就是這塊料，妳一直有這種潛能。這種能力不是劍橋所賦予，是妳，妳本人就是黃金。回到楊百翰，甚至回到妳山邊的故鄉，都不會改變妳的本質。別人看妳的眼光也許不一樣，甚至妳看自己的角度都不一樣。在某些光線下，就連黃金看起來也不起眼。然而那只是假象，黃金就是黃金。」

我想相信他，我想根據他的話改頭換面，但是我以前沒有這種信心。無論我將記憶埋得多深，無論我眼睛閉得多緊不看，只要想到**自己**，湧上心頭的畫面就是**那個**女孩，那個廁所裡、停車場的女孩。

我無法對博士提起那個女孩。我無法說我不能回劍橋，是因爲這裡更凸顯我過往每個受虐、受辱的時刻。在楊百翰時，我幾乎可以忘記過去，可以不著痕跡地揉合兩段人生。在這裡，對比實在太強烈，我眼前的世界太奇幻。比起旋轉石梯，過去的記憶益發眞實，益發可信。

面對自己時，我哄騙自己不屬於劍橋是因爲其他理由，例如社會階級不符，因爲我很貧困，從小物質匱乏。因爲我在禮拜堂屋頂不怕強風吹拂，不會歪來倒去。那個屋頂工人不屬於劍橋，那個娼妓不是這塊料。當天下午，我在日記裡寫著：**我可以上學，可以買新衣服，但我還是泰拉·維斯托，我做過劍橋學生都不可能做過的粗活。無論如何穿著打扮，我們都不是同路人**。服裝無法醫治我的問題，我的心已經腐爛，惡臭太過嗆鼻，核心令人作嘔，光靠幾件衣服無法掩蓋。

凱利博士是否猜到原因，我不得而知。但是他明白我堅稱衣著就證明我不屬於、也無法融入劍橋的原因。然而我呆若木雞地站在壯麗禮拜堂邊，卻是因爲他離開時說的最後一句話。

「決定妳是誰的最大因素就在妳的心裡。」他說：「史坦柏教授說這就像《賣花女》，想想那個故事吧，泰拉。」他目光灼灼，聲如洪鐘。「她本來只是穿著華服的鄉巴佬，最後對自己產生信心。所以，她後來穿什麼衣服都不重要了。」

第二十九章／畢業典禮

留學計畫結束，我回到楊百翰。校園一如以往，我本來可以輕鬆忘記劍橋，重拾出國前的步調。但是史坦柏教授決心不讓我忘記，寄給我「蓋茲劍橋獎學金」申請書，他說那就像羅德獎學金[58]，只是送學生去劍橋而非牛津。如果申請過關，我就能拿到全額獎學金到劍橋，學費、住宿費全包。在我看來，這根本是遙不可及的目標，但是他不以爲然，因此我便申請了。

不久之後，我發現另一個差異，另一個微小的改變。某晚，我和馬克一起打發時間，他主修的是古語言。如同我和幾乎每個楊百翰的學生，馬克也是摩門教徒。

「妳覺得我們應該研究教會歷史嗎？」他問。

「應該啊。」我說。

「如果讀了之後不開心呢？」

我大概理解他的意思，但我等他自己解釋。

「許多女人聽到一夫多妻制之後，信仰都開始動搖。」他說：「我母親就是，她應該完

58 Rhodes Scholarship，設立於一九〇二年的國際性研究生獎學金，每年挑選各國菁英大學生前往牛津大學進修。

全不明白。

「我也想不通。」我說。

一片靜默，氣氛緊張。他等我說出我的台詞，說我祈禱自己有信心。我**的確祈禱過**，而且非常非常多次。

也許我們兩人都想到我們的歷史，又或者只有我想到。我想到約瑟・斯密，他的妻子多達四十人。楊百翰有五十五個老婆、五十六個子女。教會在一八九〇年廢除一夫多妻制，但始終沒放棄這條教義。從小，父親和主日學就教過我，等到時機成熟，上帝會恢復一夫多妻制，而我死後，也會成為某個妻妾。至於後宮有幾個姐妹，就看我的丈夫多正直，他生前越有操守，死後就能享有越多妻妾。

我始終無法接受這點。少女時期，我常想像自己上了天國，穿著白色婚紗，站在丈夫對面，身旁是珍珠白的雲霧。但是鏡頭拉遠之後，我們背後還有十個女人，全都穿著同樣的婚紗。在我的幻想中，我是第一個老婆，但我心知肚明這種事情說不準，我可能只是一長列妻妾中的一個。打從我有記憶以來，這個畫面就是我對天堂的印象，焦點就是我的丈夫和他的妻子。這個算術令人揪心，因為我知道在天堂的微積分中，一個男人等同無數個女人。

我記得我的高祖母，頭一次聽到她名字那年是我十二歲，就摩門教而言，十二歲就是女人了。超過十二歲，主日學的課程就會出現**純潔**、**貞操**這類字眼。教會也是那年指派我認識自己的先人，我問母親該選誰，她不假思索就說：「安娜・馬西亞。」我大聲唸出這個名字，聲音滾落我的舌尖，彷彿童話故事的開端。母親說我應該紀念安娜・馬西亞，因為她賜給我某樣天賦，就是她的嗓子。

「我們家之所以信教就是因為她的嗓子。」母親說：「她在挪威街道聽到摩門教信徒傳教，她祈禱之後就得到信仰，知道約瑟．斯密就是上帝派來的先知。她告訴她的父親，但是他聽過摩門教的故事，不肯讓她受洗，她便唱歌給他聽。她唱了『噢，我的天父』，唱完之後，她的父親熱淚盈眶，說這個宗教有這麼美的音樂肯定是上帝的傑作。他們父女便一起受洗。」

安娜．馬西亞勸父母成為信徒之後，一家人覺得上帝要他們到美國見先知約瑟。於是他們努力存錢，兩年之後的預算只夠一半的家庭飄洋過海，安娜．馬西亞便留在挪威。

旅程漫長、艱辛，一行人終於抵達愛達荷州的摩門教蟲溪社區，安娜的母親卻即將病危，遺願就是再見女兒一面。安娜的父親寫信給女兒，求她拿出所有積蓄到美國。安娜原本已經墜入愛河，預定結婚，卻丟下未婚夫，渡海尋母。然而她還沒靠岸，母親就已過世。

一家人陷入絕境，他們沒錢讓安娜回去找未婚夫，她無法依願成婚。安娜成了她父親的經濟重擔，主教便勸她嫁給富裕的農莊主人當第二個妻子。他第一個妻子無法生育，看到安娜懷孕之後醋勁大發。安娜擔心她傷害寶寶，便回到父親身邊生下雙胞胎，但只有一個熬過寒冬。

馬克還在等我回答，後來終於放棄，喃喃說出本該是我的台詞，說他並不了解，但是他知道一夫多妻制是上帝的教義。

我附和說了一遍，準備迎接屈辱的情緒襲來，準備看到我和其他女性站在某個面孔不清的男人後方；結果我很平靜。我想了想，發現自己有了新信念，我永遠不會成爲衆多妻子之一。有個聲音宣告這個堅定的結論，我因此渾身打顫。如果上帝下令呢？我問。**妳不會答應的**，那聲音回答，我知道所言不假。

我再度想到安娜·馬西亞，納悶這究竟是什麼樣的世界，她當年竟然爲了追隨先知，就拋下愛人，飄洋過海，嫁給不愛的男人當妾，又親手掩埋第一個孩子，結果兩代之後的高孫女渡過同一片海洋，但已經捨棄她的信仰。我是安娜·馬西亞的後代，她將嗓音遺傳給我。難道沒將信仰也傳給我嗎？

·

入圍蓋茲獎學金的人不多，我也是他們考慮的對象。我們二月將在安納波利斯面試，但我不知道該如何準備。羅蘋載我去帕克市，那裡有間安·泰勒[59]的暢貨中心。她幫我挑了深藍色褲裝和搭配的平底鞋，我沒有皮包，羅蘋便借我一個。

面試前兩週，爸媽來楊百翰。他們沒來看我，因爲要去亞利桑那，順便來找我吃飯。我帶他們到公寓對面的印度餐廳用餐。

服務生的目光停留在父親臉上太久，後來看到他的手，更是下巴都要掉下來。爸爸把菜單上一半的菜都點了一輪，我說三樣主菜就夠了，他眨眼說不必擔心錢。爸爸奇蹟復原的消息顯然聲名遠播，因此招來越來越多的顧客，美國山區[60]幾乎每個產婆和自然療癒師都販售母親的產品。

我們等餐點時，爸爸問起我的課，我說我正在學法文。「那是社會主義者的語言。」然後就講了二十分鐘的二十世紀史。他說歐洲的猶太銀行家簽署祕密協定，發動第二次世界大戰，還串通美國的猶太人資助。他們策劃大屠殺，因爲世界大亂，他們就能坐享漁翁之利。爲了錢，還將同胞送進毒氣室。

這種想法很耳熟，但我好一會兒之後才想起自己在哪兒聽過，就是凱利博士講《錫安長老會紀要》的那堂課。這份《紀要》在一九〇三年出版，佯裝成位高權重的猶太人意圖統治世界的祕密會議紀錄。日後雖然證明這份文件只是虛構，依舊廣爲流傳，助長第二次世界大戰之前幾十年的反猶太情緒。希特勒在《我的奮鬥》[61]中提到《錫安長老會紀要》，宣稱這份資料並非假造，而且揭露猶太人的本性。

爸爸義憤塡膺，那種音量在山區無所謂，在小餐廳就格外響亮。附近幾桌的客人都停止說話，豎起耳朵聽。我後悔選了住處附近的餐廳。

爸爸從第二次世界大戰扯到聯合國、歐盟和即將到來的世界末日，說得好像三者是同義詞。咖哩上桌了，我埋頭專心吃。母親聽煩爸爸訓話，請他換個話題。

「但是世界末日都要到了！」他現在已經是扯開喉嚨。

---

59 Ann Taylor，美國女裝品牌。

60 Mountain West，美國西部的一部分。一般分為兩個部分，西北部包括了愛達荷州、蒙大拿州、懷俄明州，西南部則包括了亞利桑那州、科羅拉多州、內華達州、新墨西哥州和猶他州。

61 *Mein Kampf*，希特勒於一九二五年出版的自傳，成為日後納粹的思想綱領。

「當然，」母親說：「但是麻煩你別在用餐時間討論。」

我放下叉子，盯著他們。先前聽了半個小時的莫名其妙發言，這句話最令我震驚。以前我從不覺得錯愕，他們的所作所爲都有道理，依據的邏輯也是我所能明瞭。也許問題出在背景，巴克峰是他們的地盤，所以能巧妙掩護他們。當我在那裡看到他們，四周都是我童年時期嘈雜、尖銳的遺跡，背景似乎將他們納入其中，至少也吸收了他們的聲音。但是在大學這裡，我的父母是這麼不眞實，彷彿從神話中走出來。

爸爸等我發表意見，我卻覺得背離了自己，不知道該扮演哪個角色。在山間，我當他們的女兒、輔祭不費吹灰之力。在大學這裡，我卻沒辦法說出他們想聽的話，不像我在巴克峰山腳那麼輕鬆。

我們走回公寓，我帶他們參觀房間。母親關上房門，看到金恩博士的海報，那是我四年前剛學到美國非裔民權運動時貼上的。

「那是馬丁．路德．金恩嗎？」爸說：「你不知道他與共產主義有關係嗎？」他咬住曾經是嘴唇的光滑軟組織。

他們很快就走，才能趁半夜開車。我看著他們離開，拿出日記寫下：**以前我竟然相信這些話，而且毫不懷疑。全世界都錯，只有爸爸腦筋清楚。**

我想到泰勒的妻子史蒂芬妮前幾天打電話告訴我的事，她說她花了好幾年才說服泰勒同意她帶孩子去注射疫苗，因爲他依舊認爲疫苗是醫療機構的陰謀。現在記起這件事，加上爸爸的聲音還留在耳邊，我暗自嘲笑哥哥。**他還是科學家呢！**我寫道。**他怎麼看不穿他們的妄**

想症！我重讀自己寫的文字，諷刺取代輕蔑的心情。**可是，**我寫著，**如果我現在沒想起自己至今都沒接種疫苗，也許我更有資格嘲笑泰勒。**

我到安納波利斯的聖約翰大學參加蓋茲獎學金的面試。那個校園令人心生畏懼，草皮修剪得分毫不差，還有顯而易見的殖民風格建築。我緊張兮兮地坐在走廊等候，穿著褲裝的我全身僵硬，死命地抓著羅蘋的皮包。後來我才知道，史坦柏教授寫了強而有力的推薦信，我幾乎手到擒來。

我隔天就收到確認通知，我拿到獎學金了。

我開始接到各種電話，從楊百翰的學生報社到當地新聞媒體都有。我接受六個採訪，還上了電視。某天早上起床，我就發現自己的照片出現在楊百翰大學網站的主頁。我是楊百翰第三個拿到蓋茲獎學金的學生，學校要拿來大作宣傳。媒體問到我上哪個高中、哪個小學老師給我最大啓發。我閃躲、迴避，甚至不惜說謊。我沒告訴任何記者，其實我沒上過學。

我也不知道自己爲何不敢說，我就是無法忍受別人鼓勵我、稱讚我有多厲害。我不想當霍瑞修・艾爾傑[62]，不想成爲引人熱淚的美國夢主角。我只希望自己的人生合乎常理，那種努力奮鬥的故事在我看來毫無道理。

62 Horatio Alger（一八三二—一八九九），美國少年小說家，故事多半描述白手起家的成功人士。

畢業典禮前一個月，我回巴克峰。爸爸讀了我申請到獎學金的報導，只說：「妳沒提到自學。我還以爲妳會感謝我和妳的母親，因爲我們特意不讓妳上學，果然奏效。妳應該告訴人們背後的原因，就是自學。」

我不發一語，爸爸認定我的沉默就是道歉。

他不贊成我去劍橋。「我們的祖先爲了逃出社會主義的國家，冒險患難渡海。結果妳現在要回去？」

我再度無言。

「我很期待妳的畢業典禮，」他說：「上帝交代我好好斥責那些教授。」

「不可以。」我平靜地說。

「上帝要我辦事，我就會起來說話。」

「不可以！」我又說一次。

「不歡迎耶穌基督的靈的地方，我也不會去。」

我們的對話到此結束。儘管我希望這場風波逐漸平息，但我在訪談中沒提到自學導致他大受打擊，這次口角更讓他懷恨在心。

畢業典禮前有個餐會，歷史系預定要在當晚頒發「傑出畢業生」獎給我。我在入口等爸媽，他們始終沒現身。我以爲他們遲到，打給母親，她卻說他們不來了。我獨自赴宴，領到獎章，整個會場只有我那張桌子沒坐滿。隔天有個優秀畢業生的午餐會，我和學院院長、研究計畫的指導教授同桌，這天又出現兩個空位。我的藉口是父母車子出問題。

餐會結束後，我打給母親。

「除非妳道歉，否則妳爸爸不會去，」她說：「我也不去。」

我道歉。「他想說什麼儘管說，請你們來就是了。」

他們錯過了大半典禮，我不知道他們是否看到我領畢業證書。我只記得和朋友等候重新奏樂，看著他們的父親忙著拍照、母親整理他們的頭髮。我記得朋友戴著鮮豔的花圈、新近收到的首飾。

畢業典禮之後，我獨自站在草地，欣賞別人家的親子互動。最後終於看到爸媽，母親抱了我一下。蘿拉幫忙拍了兩張照片，一張是我和母親勉強擠出笑容，另一張是我擠在爸媽之間，彷彿承受壓力又找不到容身之地。

我當晚就要離開美國，也早在畢業典禮之前就收好行李。我已經清空公寓，行李就放在門邊。蘿拉自願載我去機場，爸媽卻問我是否願意搭他們的車。

我以為他們會讓我下車就開走，但爸爸堅持陪我進機場。他們等我寄放行李，隨我走到安檢入口。爸爸似乎想等到最後一刻我改變心意，我們默默往前走，三人走到安檢入口，我抱他們道別。我脫鞋子，拿出筆記型電腦、相機，通過檢查站，再整理好包包，準備走向航廈。

當時我才回頭看到爸爸，他還站在檢查站邊看我離開。他雙手插在口袋、駝著背、嘴角下垂。我揮手，他往前踏出一步，似乎想跟上來。我想起多年前那一刻，當時旅行車上都是電線，母親在車上，爸爸只能站在她身邊的車外。

我拐彎時，他還是同樣姿勢。我永遠不會忘記爸爸那副模樣，不會忘記他的表情，不會忘記那張充滿父愛、恐懼和失落的面孔。我知道他爲何害怕，我最後一晚待在巴克峰時，他不小心說溜嘴，就是那晚說他不會去參加畢業典禮。

「如果妳在美國，」他輕聲說：「無論妳在哪裡，我們都能去接妳。我在空地埋了一千加侖的汽油，世界末日時，我可以去接妳回家，確保妳安全。但如果妳飄洋過海……」

第三部
PART THREE

第三十章／上帝的全能聖手

三一學院門口有座石牆，牆上嵌著小小的木門。我跨過之後，穿著黑色大衣、戴黑禮帽的管理員帶我認識校園，領著我穿過「巨庭」（最大的中庭）。我們穿過石廊，進入金黃色石材的騎樓走廊。

「這是北樓，」管理員說：「當初牛頓就是在這裡跺腳測量回音，計算音波速率。」

我們回到大門口，我的房間就在正對面的三樓。管理員離開後，我隻身站在房裡，兩邊各一個行李箱，凝視小窗外的神祕石門、彷彿出自仙界的城垛。劍橋和我記憶中的一模一樣，既古老又壯麗。變的是我，我不再是旅人、過客，如今我是大學的一員了。房門漆著我的名字，根據文件資料看來，我屬於這裡。

我第一天上課穿暗色服裝，希望自己不要太突兀，儘管如此，我與其他學生依舊不盡相同。我的口音絕對不像，不只是因爲他們是英國人，他們說話有種抑揚頓挫的聲音，更像是唱歌。聽在我耳裡，其他人講話文雅、有教養，我則常常口齒不清，一緊張還會口吃。

我選了大方桌邊的座位，豎起耳朵聽附近兩個學生討論課堂主題，亦即以賽亞．柏林[63]的兩種自由概念。我旁邊那位說他在牛津讀過柏林，另一個說他在劍橋讀大學時便聽過這個講師對柏林的評語。我根本不認得以賽亞．柏林。

講師開始授課，語調平穩，但是很快就講解完教材，似乎認定我們早就讀過。其他同學證實了我的猜測，因爲多數人都沒做筆記。我只能速速寫下每個字。

「那麼以賽亞．柏林的兩個理論是什麼？」講師問。幾乎每個人都舉手，說他在牛津讀大學的那位同學被點到。「消極的自由，」他說：「是不受外界阻礙或限制。所以個人行動不受到干涉，可謂自由。」我突然想到理查，他隨時都可以精準背誦讀過的文字。

「很好。」講師說：「第二種呢？」

「積極的自由，」另一位同學說：「就是不受內在的約束。」

我在筆記本中寫下定義，心裡卻不明白。

講師想澄清兩種概念。他說積極的自由是成爲自己的主人，自己駕馭自己。擁有積極自由，他解釋，就是控制自己的心智，擺脫不理性的恐懼、信念、癮頭、迷信等各種自我箝制。

我不懂何謂自我箝制，環顧四周，似乎沒有人覺得困惑，像我一樣做筆記的人也很少。我想進一步追問卻放棄了，否則等同我大聲叫囂，宣布我根本不該來。

下課後，我回到房間，盯著中古樣式城垛的石門，思索著積極自由，想著何謂自我箝制，最後腦袋隱隱作痛。

我打回家，接電話的是母親。我說「媽」，她認出我啜泣的聲音之後很興奮。我告訴

63 Isiah Berlin（一九〇九—一九九七），出生於俄羅斯猶太家庭的著名政治思想家。

她，我不該來劍橋，聽不懂講師上課內容。她說她以手指做過測試，發現我有個脈輪不平衡，但她可以調整。我提醒她，如今我人在五千哩外。

「那無所謂。」她說：「我在奧黛莉身上調整脈輪，然後投給妳。」

「怎樣給我？」

「**投**給妳，」她說：「距離不影響生命能量。我從這裡就能傳送更正的能量給妳。」

「能量跑多快？」我問：「就像音速嗎？還是類似飛機？可以直達，還是要在明尼亞波利斯轉機？」

母親大笑，掛上電話。

多數早上，我都在學院圖書館的小窗邊溫書。某天早晨，楊百翰的朋友德魯用電郵傳一首歌給我，他說那是經典歌曲，但是我沒聽過，也不認識那位歌手。我用耳機聽，立刻深受吸引。望著北樓時，我聽了一次又一次。

> 解放自己，不受心魔奴役。
> 我們的心只能靠自己解放。

我在筆記本的文章邊緣寫下這些歌詞，應該溫書的時候都想著這幾句話。我上網得知巴布・馬利[64]的腳罹患癌症，也發現馬利是拉斯塔法里教徒[65]。這個宗教相信全身不可有短少，所以他拒絕開刀截掉大拇指，結果四年後過世，得年三十六歲。

馬利在死前一年寫下「解放自己，不受心魔奴役」，原本可以治療的黑色素瘤當時已經擴散到他的肺、肝、胃和腦。我想像露出獠牙、手指瘦骨嶙峋的貪婪醫生催促馬利截肢。想到這個醫生和恐怖藥品的畫面，我就不寒而慄。那時我才明白先前不懂的一點，儘管我拒絕父親的世界，卻沒有勇氣活在現在這個時空。

我翻到筆記中關於消極、積極自由的那一頁，在空白角落寫下「我們的心只能靠自己解放」，接著便拿起電話撥號。

「我需要接種疫苗。」我告訴護士。

週三下午，我都會參加專題討論會。我注意到有兩個女人卡崔娜和蘇菲幾乎總坐在一起，我從未和她們攀談。聖誕節前幾週，她們邀我喝杯咖啡，以前我從未「喝過咖啡」，因為教會禁止，所以我沒嚐過咖啡的味道。但我跟著她們過馬路進咖啡館，櫃檯不太有耐性，我只好胡亂點一杯。她遞給我無敵迷你小杯子，裡面大概只有一湯匙的泥土色液體。我羨慕

64 Robert Nesta "Bob" Marley（一九四五—一九八一），將雷鬼樂帶入歐美流行樂壇的牙買加歌手，長期致力於牙買加社會運動。後來罹患黑色素瘤而癌逝。

65 Rastafarian，一九三〇年代源自牙買加的非裔基督教宗教，信徒相信衣索比亞皇帝是上帝轉世，《聖經》中預言的彌賽亞。

地看著卡崔娜和蘇菲端到桌邊的馬克杯，杯子裡還有白色的泡沫。她們爭論課堂提到的概念，我則掙扎著要不要喝下這杯咖啡。

她們輕鬆地說起複雜句子，例如我聽過卻不懂的「第二波」[66]，或是「霸權男性氣概」。我連說都說不順，更遑論腦子消化吸收了。我喝了幾口味道刺激的液體，才知道她們說的是女性主義。我盯著她們，彷彿我們之間有一面玻璃。以往我聽到「女性主義」都不是好話，在楊百翰時，如果有人說「妳的口氣就像個女性主義者」，就表示爭論結束，也代表我吵輸了。

我離開咖啡廳，前往圖書館。上網查了五分鐘，數度往返書庫，我已經坐在平常的位子，面前一堆書。這時我已經知道這些作者是第二波的作家，例如貝蒂・傅瑞丹[67]、吉蔓・基爾[68]和西蒙・波娃[69]。我每本都讀了幾頁才闔上，以前我從沒看過書上出現「陰道」的字眼，也從未說過這個詞。

我再度上網，又回到書架前，將這些第二波女性運動作家換成第一波之前的人士，例如瑪莉・沃斯東克拉夫特[70]和約翰・史都華・米爾[71]。我看了整個下午、晚上，第一次知道該如何解釋我從孩提時期以來懷抱的不安情緒。

打從我知道哥哥理查是男孩，我是女孩，我就想和他交換未來。我以後得當媽媽，他則是當爸爸。聽起來很類似，其實不然。父親是決策者，可以發號施令、整頓一家秩序。母親則是受整頓的一員。

我知道自己的渴望不正常。如同我對自己的許多認知，這一點也是透過我認識、敬愛的人的聲音所告訴我。這些年來，那個聲音就在我耳邊低語、納悶、操煩，說我**不對勁**，說我的夢想不是正道。那個聲音有許多音色、語調，有時是我父親的聲音，但多數還是我自己。

我將書抱回房間繼續看，我好愛瑪莉・沃斯東克拉夫特慷慨激昂的筆調，但約翰・史都華・米爾的一句話才改變我的世界：「關於這個主題，不可能得到最後定論。」米爾說的主題就是女人的天性。他宣稱，女性千百年來遭到威脅利誘，接受一連串的扭曲價值觀，所以現在已經無法詮釋她們天生的能力或抱負。

我覺得熱血衝上腦門，腎上腺素激增，因為我知道眼前有無限可能，看到未知疆界在我眼前展開。**關於女性的本質，不可能得到最後的定論**。我從未在空白中或無知的黑洞中找到慰藉，這句話的意思似乎是「無論妳是什麼樣的人，妳就是個女人。」

66 女權主義運動分為兩波，早期稱為第一波，一九六〇年代之後稱為第二波。

67 Betty Friedan（一九二一－二〇〇六），美國作家，後來成為女權運動家。

68 Germaine Greer（一九三九－），澳洲激進女性主義者。

69 Simone de Bauvoir（一九〇八－一九八六），法國作家，女權運動倡議者，也是哲學家沙特的伴侶。

70 Mary Wollstonecraft（一七五九－一七九七），十八世紀作家，咸認為是女權主義運動的鼻祖。最著名的作品是《女權辯護》。

71 John Stuart Mill（一八〇六－一八七三），英國著名哲學家和經濟學家。藉由《女性的壓迫》討論女性權益。

當我十二月交出最後一篇論文，我搭火車到倫敦，坐上飛機。母親、奧黛莉和愛蜜莉到鹽湖城機場接我，我們一起開上州際公路，幾乎午夜才看到大山。在漆黑的夜空下，我只能勉強看到她壯麗的輪廓。

我進廚房就看到牆上一個大洞，後面是爸爸正在加蓋新房間。母親和我一起穿過洞，她打開電燈。

「了不起吧？」她說。的確「了不起」。

那個巨大的房間大概是教會禮拜堂的大小，有高達二十呎的拱形屋頂。因爲面積大得離譜，我沒馬上發現裝潢風格。牆壁是外露的石膏板，和拱形屋頂上的木材嵌板大相逕庭。搶眼的深紅色麂皮沙發就放在爸爸多年前從垃圾場拖回來的髒兮兮雙人座沙發旁，地板有一半的面積都覆蓋著圖樣精緻的昂貴毯子，突然現身的爸爸說那是埃及舶來品，另一半的地板則是水泥地。房裡有好幾架鋼琴，但是似乎只有一架能彈，還有一個大得像餐桌的電視。這個房間非常適合我的父親，令人印象深刻，雖然不協調卻又不致使人心生厭惡。

爸爸以前就說他想蓋個跟郵輪一樣大的房間，但我始終認爲他不可能有預算。我轉向母親，希望她能解釋，結果回答的人是爸爸。生意好得不得了，他說。精油很受歡迎，母親調配的產品又是一級棒。「我們的精油熱賣，」他說：「已經開始影響到大企業的利潤。大家都知道愛達荷州的維斯托家。」爸說母親的產品嚴重威脅到某家公司，他們提議出三百萬美元買斷。爸媽完全不考慮，因爲治病是他們的天職，任何數目的金額都無法動搖他們。爸解釋他們將產品利潤再奉獻給耶穌基督，方法就是擴充補給品，例如燃料、槍枝、更好的防空洞。我努力克制自己別笑出來，就我看來，爸即將成爲美國山區最富裕的瘋子。

理查出現在樓梯井。他就快念完愛達荷州立大學的化學系，剛回家過聖誕節，還帶了妻子卡蜜和一個月大的兒子唐納文。一年前，我在婚禮上初次見到卡蜜，就覺得她**正常**得不可思議。她和泰勒妻子史蒂芬妮一樣，都來自另一邊。她是摩門教徒，卻是爸爸口中的「主流」。她謝謝我母親提供的藥草建議，卻無視婆婆希望她避開醫生的期許。唐納文就在醫院裡出生。

我眞不知道理查如何在正常的妻子和不正常父母之間的漩渦生存，那晚我仔細觀察他。我認爲他努力生活在兩個世界，謹守所有教條。父親譴責醫生是撒旦的手下，理查轉向卡蜜輕笑，彷彿當爸爸只是說笑。然而父親瞪大眼睛時，理查的表情就很嚴肅、順從。他彷彿隨時遊走在兩邊，一會兒進、一會兒出，不確定是要當父親的乖兒子，還是妻子的好老公。

假期的訂單忙壞母親，因此我在巴克峰時又過起孩提的生活，就是在廚房製作順勢療法的藥品。我倒進蒸餾水，添加幾滴基底配方，然後將小玻璃瓶通過拇指和食指扣成的圈圈五十或一百次，才再裝下一瓶。爸進廚房喝水，看到我時笑了。

「誰曉得我們得送妳去劍橋，才能讓妳回到妳該待的廚房？」他說。

每到下午，翔恩和我就會拿出馬鞍騎馬上山，馬兒有時得半跑半跳，才能越過深及牠們腹部的雪堆。山景好美，空氣清新宜人，還散發著皮革和松柏的味道。翔恩說到馬兒，說到如何訓練，以及隔年春天即將出生的小馬。我想起他和馬兒在一起時，性情最穩定。

我回家一週，寒流襲捲山區。溫度驟降到零度也沒停，我們把馬兒關進馬廄，因爲牠們只要工作，汗水就會在背上結冰。水槽完全結凍，即使碎冰也會立刻結冰，我們只好打水給每匹馬喝。

那晚大家都留在屋裡。母親在廚房調配精油，爸爸待在加蓋的房間，我已經打趣說那是我們的禮拜堂。他躺在紅沙發上，腹部放著一本《聖經》，卡蜜和理查彈奏著讚美詩。我開著筆記型電腦，坐在爸爸附近的雙人座聽音樂。我剛要留言給德魯，有人撞開後門，愛蜜莉衝進屋裡。

她纖細的胳膊交抱著身體，不斷發抖、喘氣。她沒穿外套、鞋子，只穿了牛仔褲、T恤，還是我留在家裡的舊衣服。母親扶她坐到沙發上，隨手抓了毯子裹在她身上。愛蜜莉嚎啕大哭，好幾分鐘都無法言語，就連母親也無法讓她開口。大家都沒事嗎？彼得呢？他很虛弱，只有一般小孩的一半大，而且隨時都得帶著氧氣管，因爲肺部發育不完全。他小小的肺部出問題了嗎？他停止呼吸嗎？

整個故事曖昧不明，因爲她一會兒歇斯底里地啜泣，一會兒又牙齒打顫到無法說話。就我聽來，愛蜜莉當天下午去史托克商店採買雜貨，結果買錯彼得要的蘇打餅乾，導致翔恩暴跳如雷。「如果妳不能買對食物，要他怎麼長大？」他大吼，然後把她丟到拖車外的雪堆。她拚命敲門，求他放她進門，後來才奔上山到我們家。她說話時，我盯著她的赤腳。她雙腳發紅，活像燙傷。

爸媽和愛蜜莉一起坐在沙發上，兩人分坐她左右，不斷拍拍她的肩膀或握握她的手。理查在他們後方幾呎來回踱步，模樣沮喪、焦慮，似乎想採取行動，又遭到制止。

卡蜜依舊坐在鋼琴前，困惑地看著一群人擠在沙發上。她不了解愛蜜莉，不了解理查爲何踱步，又爲何每隔幾秒就看爸一眼，似乎等他說話或打手勢，等他指示該怎麼做。

我看著卡蜜，胸口一陣緊縮，氣她看到這一幕。我想像自己是愛蜜莉，這倒很容易，因爲我就是忍不住想像與她易位而處。不出片刻，我已經在停車場尖聲假笑，試圖說服衆人相信我的手腕沒被扭斷。我還沒理清思緒，已經拉起哥哥的手走到鋼琴邊。愛蜜莉還在啜泣，我利用她的哭聲蓋過我的低語聲。我告訴卡蜜，這是非常私密的事情，愛蜜莉明天早上就會覺得尷尬。爲了愛蜜莉好，我說，我們最好都回房間，交給爸爸處理。

卡蜜起身，她決定相信我。理查猶豫了一會兒，意味深長地看著爸爸，才跟著妻子回房。

我陪他們進走廊又折返，我坐在餐桌邊看著時鐘。五分鐘、十分鐘過去，**拜託，翔恩，**我低聲說，**快來啊**。

我說服自己，如果翔恩幾分鐘內就出現，就是來看看愛蜜莉是否有走到我們家，沒在冰上滑倒、摔斷腿或在外面凍死。可是他沒來。

二十分鐘後，愛蜜莉終於停止顫抖，爸爸才拿起話筒。「來接你老婆！」他大吼。母親讓愛蜜莉的頭靠在她肩上，爸爸回到沙發上，拍拍愛蜜莉的手臂。我看著他們三人坐在一起，覺得這件事一定發生過，所有人都反覆排練過，就連我也不例外。

我幾年後才知道那晚發生的事情，才明白我究竟扮演什麼角色。我該沉默時卻開口，該出聲卻沒說話。我們家需要革命，顛覆我們自我幼時就開始扮演的古老、漠然角色。我們需要——愛蜜莉需要——一個不矯揉做作的女人，這個女人可以扛起男人的角色、發表自己的意見、採取奚落威權的舉措。簡而言之，就是一個父親。

父親裝上的對開門發出嘰嘎聲，穿著厚重靴子和防寒大衣的翔恩走進來。彼得身上披了好幾層羊毛毯，那是翔恩爲他準備禦寒的裝備，小男孩對愛蜜莉伸出手，她緊緊抱住他。爸爸站起來，示意翔恩坐到愛蜜莉身邊。我站起來，走回房間，但先止步看了爸爸一眼，他正在深呼吸，準備發表長篇大論。

「他嚴厲訓斥了一頓。」母親二十分鐘後到我門口，問我能否借愛蜜莉鞋子和大衣。我照辦了，站在廚房看著她離開，翔恩的手還摟著她的肩膀。

第三十一章／先是悲劇，後來變成鬧劇

我回英國的前一天，沿著山脈開了七哩，然後轉進狹窄的黃土路，停在粉藍色屋子前。我停在大得像房子的休旅車後方，下車敲門，姊姊來應門。

她穿著法蘭絨睡衣站在門口，背上揹著一個孩子，腿邊挨著兩個小女孩，六歲的兒子就站在她背後。奧黛莉往旁邊站，讓我進門，但是她的動作僵硬，盡量避免對上我的目光。自從她結婚以後，我們極少有時間共處。

我進屋，突然在玄關停住，因爲我看到地板有個三呎寬的洞通往地下室。我繞過大洞，走進廚房，那裡都是母親的精油味，有樺樹、尤加利和羅文沙葉。

我們的對話緩慢，有一搭沒一搭。奧黛莉完全沒問到英國或劍橋，對我的生活一無所知，所以我們就聊她的事情，聊到公立學校制度腐敗，所以她自己在家教孩子。奧黛莉和我一樣，從沒上過學。她十七歲那年，心血來潮想考高中同等學力測驗，甚至找了表姊蜜西大老遠從鹽湖城來教她。蜜西教了奧黛莉一整個夏天，最後宣稱奧黛莉的教育程度只有四到五年級，根本不可能考上。我咬住嘴唇，盯著她女兒。她剛剛才畫了一張圖送我，我納悶她能從沒受過教育的母親身上學到什麼。

我們幫孩子做早餐，然後陪他們到雪地玩耍。我們做糕點、觀賞犯罪影集、設計珠珠手鍊。我彷彿走進鏡子，如果我沒離開山區，這一天可能就是我的人生縮影。但是我沒留下，所以我的人生和姊姊南轅北轍，我們似乎毫無共通點。時光流逝，已經是傍晚，她依舊覺得疏離，依舊拒絕與我四目相對。

我帶了一套迷你茶具組送給她的孩子，他們搶著要茶壺時，我收起整組茶具。奧黛莉的長女提醒我，她已經五歲了，大人不該隨便拿走她的玩具。「如果妳表現得像小朋友，」我說：「我就當妳是小孩。」

我不知道自己爲何說這句話，可能是想著翔恩吧。我才剛說出口就後悔，也厭惡自己說這句話。我轉身將茶具拿給姊姊，交給她主持正義，但是我看到她的表情時，手差點沒拿穩。她的嘴張大成完美的圓形。

「以前翔恩會說這句話。」她與我四目相對。

我永遠記得那一刻。隔天我在鹽湖城上飛機時記得，在倫敦降落時也沒忘記。我無法忘記那種震撼的心情。不知爲何，我從沒想過姊姊也經歷過我的遭遇。

那個學期，我在劍橋的狀態就像雕刻家手下的樹脂。我相信自己可以被重塑，自己的心智也能重鑄。我逼自己盡量多交朋友，一次又一次笨拙地自我介紹，最後終於有了一小群朋友，接下來的目標就是消弭我和他們之間的藩籬。我初次品嚐紅酒，新朋友笑我把臉皺成一團。我丟了高領上衣，開始穿比較時尚的剪裁，衣服更合身，而且往往是無袖，領口也沒那麼高了。看到那個時期的照片，那種勻稱、和諧令我驚訝，我看起來就像其他人。

四月時，我的研究已經上軌道。我寫了一篇文章，內容是關於約翰．史都華．米爾的自我主權概念。指導教授大衛．朗希曼說，如果我的論文也有同樣品質，也許能在劍橋攻讀博士。我好驚訝，我這個溜進宏偉殿堂的騙子竟然有機會從大門堂而皇之進來了。我著手寫論文，同樣選米爾當我的主題。

學期快結束的某天下午，我在圖書館咖啡廳吃午餐，認出一群同學。他們圍著一張小桌子，我問能否加入，有個高大的義大利人尼克點頭。我從他們聊天內容得知，尼克邀請其他人春假去羅馬找他。「妳也可以一起來！」他說。

我們交了最後幾篇報告便上了飛機，在羅馬的第一晚，我們登上七座山丘[72]中的一座，眺望市景。拜占庭式的半球形屋頂懸浮在都市上，就像此起彼落的熱氣球。當時接近黃昏，街道籠罩在琥珀色的光芒中，那不是玻璃、水泥打造的現代城市顏色，就是日落的暮色，看起來好不眞實。尼克問我對他的家鄉有何感想，我只能說出這句話：看起來好不眞實。

隔天早餐時，大家聊到自己的家庭。有人的父親是外交官，另一個是牛津院長。他們問到我的父母，我說父親有個廢鐵場。

尼克帶我們去他學習小提琴的音樂學校，地點就在羅馬市中心，裝潢美侖美奐，有壯麗的階梯和充滿回音的廳堂。我努力想像在這裡受教育的模樣，每天早上都能走過這些大理石地板，日復一日，漸漸習慣在美感中學習。然而我無法想像，我只能想到現在的感受，只覺

72 羅馬建造在台伯河岸邊七座美麗的山丘上，故又名為「七丘之城」。

得這個學校像博物館，是他人生活的殘影。

我們探索羅馬兩天，這個城市既是活體，也是化石。古代慘白的建築結構就像乾枯的骨骸，四周不斷脈動的電纜和車水馬龍就是現代生活的主幹。我們去了萬神殿、古羅馬廣場和西斯汀禮拜堂。我的直覺就是做禮拜、心生崇敬。這就是我對整座城市的感想，羅馬應該放在玻璃罩中遠遠膜拜，絕對不要觸碰、改變。其他友人的心情就不一樣，雖然知道羅馬的意義，也不會因此甘拜下風。他們看到特雷維噴泉不會噤聲不語，看到羅馬競技場不會沉默以對。相反地，我們在古蹟當中穿梭時，他們激烈討論哲學，討論霍布斯[73]和笛卡兒、討論亞奎納[74]和馬基維利[75]。他們與這些壯麗古蹟之間有種共存關係，他們在這裡激辯，拒絕將之當成遺物神化、崇拜，反而讓古蹟得到新生。

第三晚颳暴風雨，我站在尼克的陽台看著閃電劈過天際，雷聲緊追在後。能感受到天地之間的威力，我彷彿又回到巴克峰。

隔天早晨晴朗無雲，我們帶著紅酒、糕點到貝佳斯公園野餐。陽光炙熱，食物美味，那是我覺得最活在當下的經驗。有人提到霍布斯，我沒多想就引用米爾的某句話。在這個籠罩於往日光輝的時刻，重現過去的哲人佳句再自然不過，儘管是由我來說。大家停下來問是誰說話，後來有人問起那句話的出處，隨後又繼續聊。

往後那週，我可以像朋友一樣體驗羅馬，那是座古城，也是人們過日子，享受美食，忍受交通、紛爭和雷電的地方。那座城市不再是博物館，就像巴克峰一樣栩栩如生。人民廣場、卡拉卡拉浴場、聖天使城堡，就像「公主」、紅色火車廂、「剪切機」般真實。這些地方所代表的哲學、科學和文學，這整個古羅馬文明都有了新生命，只是與我以往所認知的人生大相逕庭。當我站在羅馬古代藝術國家美術館的卡拉瓦喬畫作〈茱蒂絲斬首荷羅芬尼斯〉之前，一次也沒想到雞隻。

我不知道轉變的原因是什麼，我怎麼突然能與過去賢哲對話，不是只能心懷敬意到無法言語。那些白色大理石、黑色柏油路、那在車陣中閃閃發亮的光芒，那座籠罩在歷史中的城市有種魔力，教導我尊敬過去，卻又不至於敬畏得噤若寒蟬。

我回到劍橋時，還能聞到古城石頭的霉味。我衝上階梯，急著收電郵，因爲我知道德魯會寫信給我。我打開電腦，除了德魯的信之外，還有另一個人寄信，是姊姊。

我點開奧黛莉的信，全文只有一段，沒有幾個標點符號，許多字也拼錯。起初我只專注於文法錯誤，不肯多思考內容。但是那些字句不甘示弱，從螢幕上對我嘶吼。

奧黛莉說她多年前就該阻止翔恩，以免她的遭遇也發生在我身上。她說她小時候曾想過告訴母親、尋求協助，但是她認爲母親不會相信她。奧黛莉沒說錯。她婚前不斷作惡夢、回

---

73 Thomas Hobbes（一五八八－一六七九），英國政治哲學家。

74 Thomas Aquinas（約一二二五－一二七四），義大利神學家。

75 Niccolò di Bernardo dei Machiavelli（一四六九－一五二七），文藝復興時期重要人物，義大利政治家、外交官。他所提出的政治無道德的權術思想被人稱為馬基維利主義。

想到過去種種，她對母親提起這件事。母親說那些記憶只是想像，不可能發生過。**我應該幫妳**，奧黛莉寫道。**但是親生母親都不相信我，我也不再相信自己了**。

她要糾正這件錯事。**如果我再不阻止翔恩傷害別人，上帝會把這筆帳記到我的頭上**，她寫道。她要當面質問他和我們的父母，請我支持她。**無論妳幫不幫忙，我都打算做這件事，但是妳不幫忙，我可能會打輸這場仗**。

我在黑暗中坐了許久，很氣她寫這封信給我。我本來覺得現在這個世界、這個人生令我很開心，她又硬生生將我拖回另一個世界、另一個人生。

我打字回信，告訴她，她做得對，我們當然應該阻止翔恩，但是我請她在我回愛達荷州之前都不要輕舉妄動。我不知道自己爲何要她等我，時間又會給我們帶來什麼好處。我不知道我們找爸媽談會有什麼後果，但是我直覺知道有哪些風險。只要我們閉口不談，就可以說服自己相信爸媽會幫忙。一旦告訴他們，風險難以想像，因爲我們可能得知他們早就知情。

奧黛莉沒等我，一天也不等。隔天，她就將我的電郵傳給母親，我無法想像她們的對話細節，但是我知道奧黛莉一定覺得如釋重負，她可以將我的信拿給母親，她終於可以說她不是瘋子，泰拉也有同樣遭遇。

那天，母親想了一整天，決定聽聽我怎麼說。當時已經是愛達荷的傍晚，英國將近午夜。母親不確定如何打國際電話，上網找到我。螢幕上的字很小，侷限在螢幕一角的對話框，威力卻足以吞噬整個房間。她說她已經讀過我的信，我準備應付她的怒氣。

面對事實很痛苦，她寫道。**知道這件家醜，卻拒絕正視也很椎心**。

我看了好幾次才明白。我這才明白她不生氣，沒責怪我，也沒有想方設法說服我只是想像力作祟。她相信我。

不要自責，我告訴她。自從那次車禍之後，妳的心智就不一樣了。

也許吧，她說。**有時我覺得我們的疾病都是自己的選擇，因為就某種層面而言，那些疾病反而對我們有利**。

我問母親，她爲何從未阻止翔恩傷害我。

翔恩每次都說是妳先挑釁，我大概也想相信他，因為相信他比較輕鬆。因為妳堅強又講道理，可是任何人都看得出翔恩不是。

這個說法不合邏輯。如果我講道理，母親怎麼會相信翔恩說是我先挑釁？還說我需要吃點苦頭、需要教訓？

我是母親，她說。**母親必須保護子女，翔恩又那麼千瘡百孔**。

我想說她也是**我的**母親，但我沒講。爸爸應該一個字也不信，我打出這串。

他會的，她寫道。**但是他會很難熬，因為他會想到他的躁鬱症帶給我們一家的傷害**。

我從未聽過母親承認爸爸可能有精神疾病。幾年前，我與她分享課堂上學到的躁鬱症和人格分裂症特質，當時她滿不在乎。如今聽到她這麼說，我覺得神清氣爽。我不必只怪罪父親了，還能怪罪這種病。當母親問道我爲何不早點找她談，爲何不早點求援，我誠實回答。

因爲妳也遭到爸爸嚴重霸凌，我說。妳在家裡的地位不高，爸爸才能作主，而且他不會幫助我們。

我現在比較堅強，她說。**不再害怕了**。

我讀到這裡，想像母親是個年輕女子，雖然聰明、精力充沛，卻也焦慮又溫順。接著形象有所改變，她的身體拉長，越來越纖細，一頭銀白色長髮。

愛蜜莉遭到虐待，我寫道。

沒錯，母親說。**就像我以前一樣**。

她就是妳，我說。

她就是我。但是現在我們了解狀況，可以改寫故事。

我問起以前的事情。那是我要離家去楊百翰的前幾週，翔恩剛發飆，惹得母親淚漣漣。後來他一屁股坐在沙發前看電視，我發現她坐在餐桌邊啜泣，還叫我別去上大學。「只有妳夠堅強能應付他，」她說：「我沒辦法，妳父親也沒辦法，只有妳有這個能耐。」

我不甘願地緩緩打字，妳還記得叫我別去上學，說家裡只有我能對付翔恩嗎？

我記得。

片刻停頓之後才是一連串的字句。我從沒想過自己需要聽到這些話，但我一看到，就知道我這輩子都等著這句話。

妳也是我的孩子，我應該保護妳。

我讀到這幾行時，一生都在我眼前閃過，那一生不是我實際體驗過的人生。我成了另一個人，記憶中的童年也不一樣了。當時我不明白那幾個字的魔力，如今依舊不明白。我只知道，當母親說她沒扮演好她心目中的母親角色時，她就已經成了那個角色。

我愛妳，我寫道，然後闔上電腦。

母親和我只聊到那段對話一次，那是我們一週後通電話。「事情已經處理了。」她說：「我把妳們姊妹倆說的話告訴妳們父親了，翔恩會去尋求協助。」

我放下這件心事。母親已經接手處理，她很堅強，創業有成，手下雇用那麼多員工。相較之下，父親的事業，甚至全鎮的生意都相形失色。她，那個溫順的女人，竟然有我們所有人想都不敢想的力量。而且爸爸，爸爸也變了。他變得比較溫柔、愛笑。未來可能與過去不同，就連過去都能有出入，因爲我的記憶可以改變。翔恩將我壓在地上，掐住我的脖子時，記憶中的母親不是只在廚房袖手旁觀，我不再記得她別開頭不看我們。

我在劍橋的生活改頭換面，或者，應該說我改頭換面，我開始相信自己有資格當劍橋的學生。家人帶來的恥辱幾乎一夕之間消失殆盡，我生平頭一次暢所欲言地提到家鄉。我在朋友面前坦承自己從未上學，描述遍布廢鐵場、穀倉、畜欄的巴克峰。我甚至提到麥田裡的防空洞、埋在舊穀倉附近的汽油。

我告訴他們，我生活貧困又無知。我提到這些事情時，一點也不覺得羞愧。那時我才知道以往爲何覺得抬不起頭，不是因爲我沒上過貴族音樂學院，不是因爲父親不是外交官。不是因爲爸爸瘋瘋癲癲，也不是因爲母親對他言聽計從。原因出在我的父親推我去操作無比危險的剪切機，而不是拉我離開。原因出在我曾被壓在地上，而且母親就在旁邊不聞不問，選擇放棄她當母親的責任。

我幫自己創造了新歷史。我成了大家爭相邀約的客人，因爲我有許多狩獵、騎馬、撿廢鐵、對抗山火的小故事。因爲我的母親聰慧過人，還是產婆、創業者。因爲我的父親有個廢鐵場，是宗教狂熱分子。我以爲自己終於能坦誠面對過去的人生，其實那不是眞眞正正的事實；然而就更廣的層面而言，如今一切都有起色，如今母親夠堅強，所以那的確**可能成為**我的未來。

過去只是一縷幽靈，不眞實，不重要。未來才有分量。

第三十二章／閣屋裡的潑婦[76]

我下次回到巴克峰是八月，當時山下的祖母即將病危。她和骨髓癌奮鬥七年，這場仗就要打到尾聲。我剛聽說自己可以進劍橋攻讀博士，母親就寫信來：「祖母又進醫院了，快回來，這次大概是最後一面。」

我抵達鹽湖城時，奶奶已經意識不清。德魯到機場接我，當時我們已經不只是朋友，他說要開車送我到鎮上醫院。

自從幾年前送翔恩去過之後，我再也沒進去。當我走在充滿消毒劑味道的白色走廊上，很難不想起他。我們找到奶奶的病房，爺爺就坐在床邊，握著她布滿斑點的手。她看著我說：「小泰拉大老遠從英國回來看我。」就閉上眼睛。爺爺握握她的手，她已經睡著，護士說她大概會睡上好幾小時。

德魯提議送我回巴克峰，我也答應了，但是我看到大山之後就納悶自己是否做錯事。德魯聽過我的故事，然而帶他來依舊有風險，眞實世界不是故事，我也不確定每個人是否會照我的劇本演出。

76 《聖經》箴言第二十一章第九節：「寧願獨居在屋頂的一角，也不要跟潑婦同處一室。」

家裡亂七八糟，觸目所及都是婦人。有人聽電話接訂單，有人調配精油或過濾酊劑。屋子南側又增建邊廂，較年輕的女子就在那裡裝瓶、打包。我將德魯留在客廳，逕自去洗手間，只有那個地方與我的記憶相符。出來時，有位頭髮粗硬、帶著方框眼鏡的老婦迎面走來。

「只有主管階層可以用這間洗手間，」她說：「負責裝瓶的人只能用邊廂的廁所。」

「我不是員工。」我說。

她瞪著我。認為我當然是員工，這裡每個人都在這裡上班。

「只有主管可以用這個洗手間，」她站直身子重複說：「**妳**不可以離開邊廂。」

我還來不及回答，她便信步離開。

我依舊沒看到爸媽。我穿過屋子找到沙發上的德魯，他正在聽某個女人解釋阿斯匹靈會導致不孕。我抓起他的手，拉他走到我後面，直接穿過一群陌生人。

「還真有這種地方？」他說。

我在沒有窗戶的地下室找到母親，依稀覺得她似乎是躲來這裡。我介紹德魯給她，母親報以溫暖的笑容。「爸呢？」我說。我懷疑他生病臥床，自從爆炸灼傷他的肺，他就容易得肺病。

「他一定幹勁十足。」她對天花板翻白眼，樓上則傳來腳步砰砰聲。

母親和我們一起上樓，她才踏上階梯最上面的平台，就有員工圍上來幫顧客發問。每個人都想聽聽她的意見，問題包括燙傷、心臟細震顫、嬰兒體重過輕。她揮手示意她們離開，逕自往前走。母親在自己家裡走動，猶如名人進入擁擠餐廳，只想努力別被認出。

父親的書桌和車子一樣大，四周亂哄哄。他正在通電話，話筒就夾在臉頰和肩膀之間，免得從他光滑的手中溜掉。「醫生沒辦法治療糖尿病，」他的音量極大。「上帝才有辦法！」

我側身看德魯，他正在微笑。爸爸掛斷電話，轉向我們，咧嘴對德魯打招呼。爸爸渾身是勁，人聲嘈雜更讓他精神百倍。德魯說他對他們的事業刮目相看，爸爸彷彿又長高六吋。「因爲我們在地上行主的旨意，所以得到上帝賜福。」他說。

電話又響。雖然接電話的員工至少有三人，但是爸爸搶著接，彷彿正在等某通重要來電。我從未見過他這麼生氣勃勃。

「上帝行在地上的力量，」他對著話筒大喊。「這些精油就是耶穌基督開的藥方！」

屋裡吵得教人不知所措，我便帶德魯到山上。我們在野麥田之間散步，再走到山腳的松樹林外圍。秋天的色彩令人心曠神怡，我們待了好幾小時，凝視著山下幽靜的河谷。我們回到家已經是傍晚，德魯開車回鹽湖城。

我從對開門進禮拜堂，很意外屋裡如此寂靜。家裡空蕩蕩，每支電話都被拔掉，工作站也都沒有人影，只有母親獨自坐在房間正中央。

「醫院打來，」她說：「祖母走了。」

父親沒精神管生意。他越來越晚起床，即使起床也只想侮辱或指責別人。他拿廢鐵場的事情罵翔恩、教訓母親管理員工不當、奧黛莉想幫他準備午餐換來一陣罵，還咆哮我打字太吵。他似乎想找人吵架，因爲老母親過世，想懲罰自己。也許，他因爲母親過世才自責，因爲他們母子始終吵個不停，現在之所以休兵，只是因爲她死了。

家裡又漸漸人滿爲患。電話已經接上，有女人負責接。爸爸的書桌依舊沒有主人，他多半待在床上，盯著灰泥天花板。我像小時候一樣送晚餐進去，和以往一樣納悶他是否知道我進去過。

母親以一抵十，不只負責調配酊劑、精油，還得交代員工辦事、安排葬禮事宜、下廚招待突然來緬懷奶奶的叔伯阿姨。我常看到她穿著圍裙，顧著燉肉之餘還得拿兩支電話，一邊是顧客，一邊是慰問致意的親戚。而父親從頭到尾都躺在床上。

爸爸在葬禮時發表二十分鐘的演說，主題是上帝對亞伯拉罕的承諾，其中只提到奶奶兩次。陌生人一定覺得他幾乎不受母親過世的影響，但是我們心知肚明，知道他有多傷心。

葬禮結束之後，爸爸回家還沒有午餐吃便暴跳如雷，母親慌張地端上她早上就開始小火慢燉的料理。飯後，爸爸看到水槽裡的碗盤又發火，母親急忙洗碗。他不高興孫子在外面吵鬧玩耍，母親又衝出去叫他們壓低音量。

當天晚上，所有人離開，屋裡很清靜。我坐在客廳，聽到爸媽在廚房吵架。

「你至少可以寫這些謝卡，畢竟是**你的**媽媽。」母親說。

「那是妻子的責任，」爸說：「我沒聽說有男人負責寫卡片。」

他完全講錯話。十年以來，母親是主要掙錢的人，但她依舊負責下廚、打掃、洗衣，我一次也沒聽過她發牢騷。直到這次。

「那你就該負起丈夫的責任。」她提高音量。

他們很快就開始大吼大叫。一如往常，爸爸想藉由發怒來控制她、威嚇她，但是這次只讓她更拗。她把卡片丟在桌上。「隨便你寫不寫，你不寫，沒人會幫你回！」然後就下樓。爸跟下去，他們繼續吵了一小時，音量大到穿過地板。我從沒聽過父母大聲怒罵，至少母親從未扯開喉嚨，我沒見過她固守己見。

隔天早上，爸爸在廚房把麵粉丟進可能是鬆餅麵糊的膠黏物質中。他一看到我，就丟了麵粉坐下。「妳是女人吧？」他說：「廚房交給妳了。」我們對望，我沉思我們之間的距離拉得有多遠，他竟然可以自然而然地說出那些話，我卻覺得刺耳不堪。

母親不可能讓爸爸自己準備早餐，我以爲她生病，便下樓探望她。我還沒走到階梯最後一級，就聽到浴室傳來啜泣聲，伴隨著吹風機規律的隆隆聲。我站在門外，呆若木雞地聽了一分多鐘。她會不會希望我離開，假裝沒聽到。我等她歇口氣，可是哭聲越來越淒慘。

我敲門。「是我。」

門開了。起初只有一個小縫，後來開得更大，站在裡面的母親閃著淋浴後的水珠，身上的浴巾小到無法蔽體。我沒見過母親裸體，直覺地閉上眼睛。世界一片暗黑，我聽到塑膠碰撞的聲音才睜開眼睛。母親關掉吹風機，機器敲到地板聲音更大，因爲水泥地有回音。我望著她，她將我拉過去抱住。她身上的水滲進我的衣服，水珠從她的髮梢滴到我的肩膀。

第三十三章／物理的巫術

我在巴克峰待得不久，大概一週吧。我離開山區當天，奧黛莉要我別走。我不記得對話內容，但記得我在日記寫到這件事。我回劍橋第一晚就寫，當時我坐在石橋上，抬頭凝視國王學院的禮拜堂。我記得平靜的河水，記得清澈的水面飄著秋葉，記得原子筆在紙上沙沙地寫著，總共八頁，鉅細靡遺地記載姊姊說的話。但是我不記得她當面說的情景，我似乎就是爲了忘記才寫下來。

奧黛莉要我留下。翔恩太強硬，她說，太有說服力，她無法獨自抵抗他。我說她不是孤軍奮戰，還有母親的支持。奧黛莉說我不懂，畢竟沒有人相信我們。如果我們向父親求助，她確定他會說我們兩個說謊。我說爸媽已經改變，我們應該信任他們。然後我便登機，離家五千哩遠。

在安全距離之外寫下姊姊的恐懼，四周盡是宏偉的圖書館和古老禮拜堂，我並不覺得愧疚，就算有，也只能從當晚最後一行看出來：**今晚的劍橋沒那麼美**。

德魯申請到劍橋研究所的中東研究，所以隨我回學校。我將我和奧黛莉的對話告訴他，他是我第一個坦承家庭狀況的男友，而且是全盤托出，不是只說趣聞軼事。我說：一切當然已經過去，現在我家不一樣了。但是你應該知道，才能看好我，免得我有瘋狂之舉。

第一個學期就在無數的晚餐、深夜派對、圖書館熬夜中過去。要拿到博士學位，我得寫出一篇具有原創性的學術研究。換言之，我研讀歷史五年，如今必須創造歷史。

但寫什麼呢？攻讀碩士時，我發現十九世紀偉大哲人的理論竟然能呼應摩門教信仰。我告訴指導教授大衛．朗希曼，他說：「**那**是妳的研究，妳可以開先例，不要只將摩門教當成宗教運動，也視為某種哲學思潮。」

我開始拜讀約瑟．斯密和楊百翰的信。小時候，我帶著虔敬的心情讀，現在的角度不同；不是為了批評、抨擊，但也不再以信徒的視角仰望。我探討一夫多妻制，不當它是教條，而是社會方針。我用這個制度的目標加以檢視，也拿同時期的其他運動和理論加以分析。一夫多妻制就像是某種激進的思維。

劍橋的朋友漸漸成為我的家人，我在他們身上找到我在巴克峰多年不可得的歸屬感。有時，我因為那些情感而覺得自責。怎麼會有人愛陌生人勝過愛自己的哥哥，我心想，哪種人寧可與老師作伴也不想陪親生父親？

儘管我希望事實正好相反，卻不肯回家。我寧可和自己選擇的家人在一起，也不想回到有血緣羈絆的家庭。因此我在劍橋越開心，背叛巴克峰所帶來的腐臭罪惡感越發濃烈。那種心情化為具體特徵，我在舌尖上嚐得到，在自己的氣息中也聞得到。

我買了機票，預定聖誕節回愛達荷州。登機前一晚，學院舉辦盛宴。我有個朋友組了室內合唱團，計畫在晚餐時間唱聖歌。他們排練了好幾週，演出當天，女高音卻因為支氣管炎病倒。傍晚，我的電話響起，是那個朋友。「拜託妳說妳有朋友會唱歌。」他說。

我已經多年沒唱歌，而且父親每次都在旁邊聽。幾小時後，我在屋頂椽木附近的平台上合唱，底下就是廳堂主角的巨大聖誕樹。我很珍惜那一刻，也享受音樂再次從胸口湧現所伴隨的輕快心情。如果爸爸在這裡，不知道他會不會爲了聽我唱歌，願意接受大學和大學所代表的社會主義。我深信，他一定願意。

巴克峰完全沒變。「公主」埋在白雪中，但我看得到她雙腿的輪廓。我回家時，母親正在廚房，一手攪燉肉，一手拿著話筒解釋益母草的特性。爸爸的書桌依舊空蕩蕩，母親說他在地下室的床上，肺部又感染了。

有個魁梧的陌生人從後門走進來。幾秒之後，我才認出那是哥哥。路克的鬍子很茂密，那模樣就像他養的山羊。他的左眼失去視力，一片慘白，因爲他幾個月前給漆彈打到臉。他走進來，拍拍我的背，我盯著他還健康的那隻眼睛，希望認出他的身分。我看到他的前臂有隆起的疤痕，想到這個歪曲的勾狀傷疤是剪切機所致，才認出這個男人是我的哥哥。他說他和妻小住在穀倉後面的拖車裡，在北達科塔的鑽油平台工作維生。

兩天過去了。爸爸每晚上樓，坐在禮拜堂的沙發上咳嗽看電視，或讀《聖經舊約》。我忙著溫書或幫忙母親。

第三晚，我坐在餐桌邊讀書，翔恩和班哲明從後門走進來。班哲明正在告訴翔恩，他在鎮上發生小事故，結果和人打架。他說他下卡車找對方理論，還把手槍插在牛仔褲腰間。

「那傢伙搞不清楚狀況。」他咧嘴笑。

「白痴才會在那時候帶槍。」翔恩說。

「我又不會拿出來。」班哲明囁嚅地說。

「那就別帶下車，」翔恩說：「你才**知道**你不會用。帶了，**可能**就會拿出來，道理就這麼簡單。本來只是打架，很快就會演變成槍戰。」

翔恩語調四平八穩、體貼親切。他那頭金髮亂七八糟、髒兮兮又沒修整，臉上的鬍碴顏色就像頁岩，眼睛在泥垢中發出藍光。他的表情和話語似乎來自更老邁的男人，暴躁歲月彷彿走入歷史，他成了心平氣和的人。

翔恩轉向我。我本來盡量躲開他，突然發現自己對他不公平，他畢竟已經改變，假裝他依然故我實在太殘忍。他問我要不要去兜風，我說好。翔恩想吃冰淇淋，所以我們點了奶昔。我們自在地聊天，彷彿回到多年前的陰暗馬廄裡。他說到如何代替父親管理工班，聊到彼得脆弱的肺部，聊到手術和他兒子晚上還要戴著的氧氣管。

我們就快回到家，離巴克峰只有一哩。翔恩突然猛然轉動方向盤，車子在冰上打滑，他踩油門加速，輪胎停住，車子彈到小路上。

「我們要去哪裡？」這條路的目的地只有一個。

教堂很暗，停車場沒有人煙。

翔恩繞過停車場，選定入口附近的位子。他熄火，關掉頭燈。我在暗夜中幾乎看不清他的輪廓。

「妳和奧黛莉聊過？」他說。

「沒怎麼聊。」我說。

他似乎放鬆下來。「奧黛莉是個說謊精。」

我別開頭，目光停在星空下依稀可見的教堂尖塔上。

「我會賞她腦袋一槍。」翔恩說。我發現他的身子轉向我。「但我不想在這個垃圾賤貨身上浪費一顆子彈。」

我絕對不能看他。只要繼續盯著尖塔，我幾乎就能相信他碰不了我。幾乎。即使我緊抱著這種信念，也等著他的雙手掐住我的脖子。我知道我逃不了，而且很快就要遭殃，卻不敢輕舉妄動，以免打斷這個等候的魔法。當時，我一方面相信，如同以往，打破這個魔咒的人會是我。當這個靜止狀態結束，他對我發怒時，我會知道自己的舉止就是導火線。這種迷信隱含希望，我幻想可以控制局面。

我紋風不動，不思考也不亂動。

引擎又開始隆隆響，風口吹出暖氣。

「妳想看電影嗎？」翔恩語氣一派輕鬆。我看著車子轉彎，回到高速公路，世界轉了一圈。「來看部電影吧。」他說。

我默不作聲，不想動也不想說話，以免擾亂救了我的奇怪物理巫術。翔恩似乎沒注意到我的沉默，最後一哩路開心閒聊是否該看《糊塗福星闖倫敦》[77]，語氣近乎俏皮。

77 The Man Who Knew Too Little，比爾・莫瑞飾演愛達荷州的秀逗錄影帶店員，決定飛往倫敦慶生。

第三十四章／事物的實底[78]

當晚我到禮拜堂找父親時，並不覺得格外勇敢，只是去傳遞消息，去告訴爸爸，翔恩威脅要殺掉奧黛莉；因爲我相信爸爸知道該如何處理。

我心情平靜也可能是因爲我人在心不在。也許我的魂魄遠在大海彼端，正在岩石拱門下讀著休謨的作品。也許我正在國王學院狂奔，腋下夾著一本《不平等論》[79]。

「爸，我有話告訴你。」

我說翔恩開玩笑說要射殺奧黛莉，可能是因爲姊姊直指他之前暴力相向。爸爸瞪著我，嘴唇的部位線條緊繃。他大喊母親，她隨之出現。她的心情陰鬱，我不懂她爲何不直視我。

「妳到底鬼扯什麼？」爸說。

此後就是一連串的質詢。每次我暗示翔恩有暴力傾向、操控人心，爸就對我大吼大叫：「證據在哪裡？妳有證據嗎？」

「我都寫在日記裡。」我說。

「去拿來，我要看。」

「不在我身邊。」我說謊，日記就在我床下。

「如果妳沒有證據，教我怎麼相信？」爸依舊扯著喉嚨。母親坐在沙發邊緣，張著的嘴巴歪斜，彷彿痛苦至極。

「你不需要證據，」我平淡地說：「你看過，你們兩個都看過。」

爸說除非翔恩在監獄裡老死，我不會罷休，說我大老遠從劍橋回來就是要惹事生非。我說我不希望翔恩坐牢，只希望有人出面管一管。我轉向母親，等她出聲幫腔，但是她沉默不語。她死命盯著地板，彷彿爸爸和我都不在場。

我終於明白她不會出聲，只會默默坐著，我只能靠自己。我想安撫爸爸，但是我的聲音顫抖、分岔。接著我開始哭，那陣啜泣從我心中某個角落爆發，我已經多年不曾碰觸那塊地方，甚至忘記它的存在。我覺得噁心欲吐。

我衝到洗手間，從頭到腳都抖個不停。

我得快點停止哭泣，否則爸爸會當我兒戲。我用以往的方法壓下哭嚎，瞪著鏡子裡的臉孔，將每滴眼淚歸咎於它。這個過程是那麼熟悉，執行之餘也粉碎了我這一年精心營造的假象。虛偽的過去、不實的未來都煙消雲散。

我盯著鏡中人。框著假橡木的三面鏡有催眠的功效，我幼時曾專注凝視，孩童時期盯過，半大不小的少女時期也曾瞅著看。後面的馬桶還是同一個，翔恩曾經把我的腦袋壓進去，我不承認自己是娼妓，他就不放手。

---

78 The substance of things，《聖經希伯來書》第十一章第一節：「信就是所望之事的實底，是未見之事的確據。」

79 *Discourse on Inequality*，啟蒙時代的法國思想家盧梭的著作。

翔恩鬆手之後，我常將自己鎖在這間浴室。我會調整鏡子，讓鏡子反映出三張臉孔，然後盯著每張臉，思索翔恩先前說的話、沉吟他逼我說的話，不再認爲剛剛自己被迫說的話只是制止他傷害我，漸漸認同他的指責。如今我依舊站在這裡，面前是同樣的鏡子，三面鏡中照出同一張臉孔。

然而事實不然。這張臉年紀更長，底下是柔軟的喀什米爾毛衣。但凱利博士說得對，這身衣服無法讓這張臉、這個女人有所轉變。從她的眼睛、她的下顎線條可以看出某種希望、信念或信仰，她認定生命不是不能改變。我無法描述自己看到什麼，大概是某種**信念**。

我稍微恢復鎭靜，離開洗手間時也小心翼翼地呵護著那種心情，彷彿頭上頂著脆弱的瓷盤。我慢慢穿過走廊，步伐細碎、平和。

「我要睡了，」我回到禮拜堂時說：「明天早上再談。」

爸爸坐在桌前，左手握著電話。「現在就談。」他說：「我把妳說的話告訴翔恩，他現在過來。」

我考慮逃跑。我可以在翔恩來之前衝到車上嗎？鑰匙呢？我得帶走電腦，我心想，裡面有我的研究報告。**別管了**，鏡子裡的女孩說。

爸要我坐下，我照辦。我不知道等了多久，因爲躊躇不決而無法動彈。但是門被推開，翔恩走進來時，我還想著是否有時間逃走。突然間，偌大的房間變得擁擠，我看著自己的雙手，無法抬頭看。

我聽到腳步聲，翔恩走過來坐在我旁邊的沙發上。他等我看著他，因爲我不肯，他伸手牽我。他溫柔地張開我的手指，彷彿對待一朵玫瑰，然後放了一樣東西在我的手心。我還沒看到就感覺到冰冷的刀刃，尚未瞥見弄髒我掌心的汙漬就知道那是血跡。

那把刀很小，大概只有五、六吋長，而且相當細，刀刃一片血紅。我用大拇指和食指捏住，湊到鼻子前聞。有金屬味，絕對是血。不是我的血，他只是把刀子遞給我，那是誰的血？

「妹蕭，如果妳夠聰明，」翔恩說：「妳就會用這個了結自己，否則我對妳可不會這麼客氣。」

「沒必要這樣。」母親說。

我瞠目結舌地看著母親，又看看翔恩。他們一定覺得我像個白痴，但我搞不清楚所以然，無法做出適當反應。我開始納悶自己是否該回洗手間，爬進鏡子裡，派另外一個女孩出來，派出那個只有十六歲的少女。**她**可以處理這種場面，我心想。她不會像我現在這麼害怕，她不會受傷，不像此刻的我。她是銅牆鐵壁，不是脆弱的肉身。我還不明白，到頭來救了我的就是這種脆弱，就是因爲我離家幾年允許自己放下鐵石身段。

我瞪著刀刃。爸爸開始說教，幾次停下來等母親附和。我聽到歌聲，裡面摻雜著我的聲音，那是在古老廳堂的合音。我聽到笑聲，聽到倒紅酒的聲音、奶油刀碰到瓷器的聲音。我幾乎聽不到爸爸的說話聲，卻記得我回到海洋彼端的三天前，回到與朋友合唱的那一晚。**我一定睡著了**，我心想，**都怪我喝太多紅酒、吃太多火雞。**

認定自己正在作夢，我就像所有夢中的人，努力想了解這個詭異世界的規則。我和那些假裝是家人的鬼魅講道理，他們聽不進去，我只好說謊。那些冒牌貨扭曲事實，現在換我了。我告訴翔恩，我沒對爸爸說什麼。「我不知道爸爸怎麼會這麼想」、「爸爸一定聽錯了」。我希望推翻他們的認知，這些魍魎就會消失。一個小時後，我們四人還坐在沙發上，我終於明白這眞的是家人的肉身。他們就在我旁邊，我也不是作夢。

我掌心的血已經乾涸。刀子就放在地毯上，除了我之外，沒有人記得它的存在。我努力不去看，那到底是誰的血？我端詳哥哥，他身上沒有傷口。

爸爸又開始說教，這次我終於專心聽進去。他說長輩要教導小女孩在男人身邊該如何應對進退，才不會讓人想入非非。他發現我姊姊的女兒就有些壞習慣，但她最大的女兒也才六歲。翔恩很平靜，因爲忍受說個不停的爸爸，所以略顯疲態。此外，他覺得有人袒護、撐腰，因此爸爸終於講完之後，他對我說：「我不知道妳今晚對爸爸說了什麼。但是我光看妳，就知道我傷害到妳，我很抱歉。」

我們互相擁抱，就像以往吵架完一樣大笑。一如以往，我對他微笑，**她**就會這麼做。但是她不在現場，那只是假笑。

我回房間關上門，悄悄推上門閂，打給德魯。因爲驚慌失措，我幾乎口齒不清，但是他最後終於聽懂。他說我應該立刻離開，他會到中途等我。不行，我說。現在一切太平，如果我半夜逃之夭夭，後果無法設想。

我上床，但不是爲了睡覺。我等到早上六點，在廚房找到母親。我向德魯借車，所以我告訴母親德魯有急用，要我開回鹽湖城。我說我一、兩天後就回來。

幾分鐘後，我已經開車下山。高速公路就在眼前，我卻因爲某個景象而停車。那是翔恩、愛蜜莉和彼得的拖車，門外幾呎處的雪地有一灘血跡，某種動物死在那裡。

後來我聽母親說，死的是翔恩幾年前買回來的牧羊犬迪亞戈，那隻寵物深得彼得疼愛。爸爸打給翔恩之後，他出門將那隻狗砍死，他的兒子就聽著狗狗尖叫哀號。母親說翔恩殺狗與我無關，是因爲迪亞戈咬死路克的雞，一切只是巧合。

我想相信她卻辦不到。迪亞戈咬死路克的雞已經不只一年，況且那隻狗是純種牧羊犬，翔恩花了五百元買下，他大可賣掉狗。

然而我不相信她的眞正理由是那把刀。這麼多年來，我看過父親和哥哥撲殺幾十條狗，多半是不肯遠離雞舍的流浪犬。我從未見過他們用刀子對付狗，我們直接對狗狗的腦袋或心臟開槍，免得動物受苦。但是翔恩選了刀子，刀刃還不比他的大拇指粗。選擇這種刀就是想體驗屠殺的感受，當對方心臟停止時，感受到鮮血順著你的手往下流。農人，甚至屠夫，都不用這種刀，那是盛怒之下的凶器。

我不知道後來幾天發生了什麼事情。即使現在仔細回想那場衝突，回想那晚的威脅、否認、說教、道歉，我都難以感同身受。幾週後再思索，我似乎犯了一千個錯，對自己家人捅了一千次。後來我才明白，無論那晚對我們一家造成哪些傷害，都不是我一人所致。我一年後才想到當場就該明白的事實，就是母親根本沒質問過父親，父親也沒質問過翔恩。爸爸從未答應幫助我和奧黛莉，母親說謊。

如今回想母親說過的話，記起當初那些字句魔法般出現在螢幕時，有件事情顯而易見。母親說父親有躁鬱症，那是我自己本人的懷疑，那是**我的**想法，不是她的話。母親總是順從地執行父親的命令，也許那晚也只是照本宣科，打出我說過的話。

不，我告訴自己，那是她說的。無論她是真心或附和，無論那些字句帶給我多大慰藉，最後也只是空話。她多少相信那句話，但說得再真誠都不是重點，一旦起大浪，那些話馬上被捲走。

第三十五章／太陽之西

我沒打包完行囊就逃離巴克峰，也沒再回去收拾落下的東西。假期後半段，我都和德魯在鹽湖城度過。

我努力想忘記那一晚，那也是我十五年以來，初次闔上日記，另外收好。寫日記幫助我反省深思，但我不想再想起任何事情。

新年過後，我回劍橋，卻避開所有朋友。我看到大地動搖，感受到初步的震盪，現在就等著驚天動地的大地震到來。我知道故事將如何揭開序幕，翔恩會反覆思索爸爸在電話中告訴他的事情，遲早會發現我說爸爸誤會一事只是說謊。等他明白眞相，他可能自我厭惡一小時，之後就會將反感轉到我身上。

這件事發生在三月初，翔恩傳電郵給我。他沒打招呼，也沒留言，只引用《聖經》馬太福音的一個章節，其中一句話還特別用粗黑體標出來：**你們這些毒蛇的子孫，你們既是惡人，怎麼能說出好話來呢？**[80]血液在我血管中凍結。

一小時後，翔恩打來，語氣輕鬆。我們聊了二十分鐘彼得的事情，聊到他的肺部發育。

80 出自《馬太福音》第十二章第三十四節。

他接著說：「我要做決定，需要妳的建議。」

「你說。」

「我拿不定主意，」他停住，我以爲是電話收訊出問題。「究竟是親手殺了妳，還是雇用殺手。」話筒傳來靜電滋滋聲。「考慮到機票費用，找人下手可能比較經濟實惠。」

我假裝聽不懂，但是這個反應只讓他更暴跳如雷。他開始咆哮侮辱我，我努力安撫他，卻不得要領。到頭來，我們終於看清彼此的眞面目。我掛斷電話，他又打來，而且一次又一次回撥，每次都說同樣的話，要我提高警覺，他的殺手隨時會取我性命。我打給爸媽。

「他不是眞心的。」母親說：「況且他沒錢。」

「這不是重點。」我說。

爸爸要證據。「妳沒錄音？」他說：「我怎麼知道他是不是認眞的？」

「他的口氣就像上次拿沾滿血的刀子威脅我一樣。」

「喔，那次他只是說說。」

「這不是重點。」我又說。

最後翔恩不再打來，但不是因爲父母出面阻止，而是因爲翔恩與我斷絕關係。他傳電郵，要我遠離他的妻小，更要我他媽的遠離他。那封信很長，大概有一千字的指責和惡意辱罵，但他寫到最後，語氣悲戚。他說他愛他的兄弟，他們是最好的人。我最愛妳，他寫道，結果妳始終在我的背後搞鬼。

我和翔恩已經多年沒有太多互動，雖然幾個月前就能預知，現在失去這個親人依舊令我震驚。

爸媽說他與我脫離關係絕對有道理。爸說我歇斯底里，說我無緣無故指責哥哥，但我的記憶顯然不值得信任。母親說我的憤怒太可怕，翔恩有權力保護他的家庭。「當晚妳的怒氣，」她在電話中提到，說的就是翔恩殺害迪亞戈的那晚。「比翔恩危險兩倍。」

眞實世界變幻不定。我腳下的地面坍塌，將我迅速往下拉，我彷彿陷入宇宙底部的流沙洞。下一次我和母親說話，她說那把刀不是用來威脅我。「翔恩只想讓妳自在一點，」她說：「他知道如果他手裡拿著一把刀，妳會害怕，才把它交給妳。」又過了一週，她說根本沒有那把刀。

「跟妳說話啊，」她說：「妳的認知非常**扭曲**，我彷彿是跟一個當天不在場的人說話。」

我同意，就我看來，的確如此。

我拿到一筆助學金，那年夏天可以去巴黎，德魯陪我一起去。我們的公寓在第六區的盧森堡公園附近，我在那裡度過未曾經歷的人生，幾乎可說是大家都聽過的陳腔濫調。我最喜歡遊客出沒的地方，我便能置身其中。這種手忙腳亂的生活可以忘記前塵往事，我整個夏天都追求這種日子，在摩肩擦踵的旅客當中，任憑自己失去所有特質、個性與過去。景點越擁擠、無聊，越吸引我。

我在巴黎住了幾週之後，某天下午上完法文課，我在咖啡館查看電子信箱，看到姊姊的信。

父親去看她，這點我馬上就看懂，但我來回看了好幾次，才明白究竟發生了什麼事情。父親向她保證，翔恩經過基督的贖罪已經得到新生。爸爸警告奧黛莉，她再提起過去就會摧毀我們的家庭。上帝要奧黛莉和我原諒翔恩，爸爸說，否則我們罪孽更深重。

要想像這場會面很容易，我可以想見父親坐在姊姊對面的莊重神情，想見他話語的肅穆和力量。

奧黛莉告訴爸爸，她早已接受贖罪的力量，也原諒哥哥。她說我煽動她，點燃她的怒火；還說我背叛她，因爲我向畏懼低頭，而那正是撒旦的國土，說我沒懷抱信仰，未與上帝同行。我很危險，她說，因爲我受到那種恐懼的控制，遭到恐懼之父，也就是惡魔的宰制。

姊姊信末告訴我，他們家不歡迎我，我也別打給她，除非有人在旁邊監督，以免她屈服在我的影響力之下。我讀到這裡時放聲大笑，這種狀況違反常情，又充滿諷刺。幾個月前，奧黛莉才說不能放翔恩與孩子單獨相處。結果經過我們一番努力，該受管束的卻是我。

失去姊姊之際，我也失去了家人。

我知道父親會找奧黛莉，也會去造訪幾個哥哥。他們會相信他嗎？應該會。畢竟奧黛莉可以作證。我否認也毫無意義，只是一個陌生人的狂言妄語。我走得太遠，變得太多，已經不是當年他們印象中膝蓋滿是傷痕的小妹妹。

我不太可能推翻父親和姊姊爲我創造的過去，他們的說法會先贏得哥哥們的信任，接著就傳到叔伯阿姨那裡，傳遍整個山谷。我失去所有親人，換來什麼？

我在這種心情之下收到另一封信，我拿到哈佛的訪問學人資格。但是我從未收到某個消息卻如此漠然，我明白自己應該心懷感激，畢竟我一個來自廢鐵場的無知女孩竟然能到哈佛上課，然而我就是提不起勁。我開始思考我受教育的代價，心生悔恨。

我讀完奧黛莉的信之後，過去改變了，就從印象中的姊姊變起。當我想起我們共處的童年時光，想起孩提時期的我和她，想起那些溫柔、開心的時光，記憶立刻出現斑點，開始腐敗。過去和現在一樣混沌不明。

我對家裡每個成員的記憶都不一樣了，充滿不滿、指責。他們當中那個曾經是我的小女孩不再是個孩子，成了冷酷的危險分子，所有人爲了她心力交瘁。

這個小怪物跟蹤我一個月，我才想到合情合理的辦法驅逐她離開，那就是我可能有精神疾病。如果我神智不清，一切就說得過去了。如果我神智清楚，一切都沒有道理。這種邏輯充滿自虐，又能令我如釋重負。我不邪惡，只是有病。

我開始接受他人的判斷。如果德魯的記憶和我有出入，我馬上就讓步。我開始依賴德魯，每件事都得由他確定。我開心地懷疑自己上週或上上週是否見過某個朋友，或是我們最愛的可麗餅究竟在圖書館或博物館附近。因爲質疑這些雞毛蒜皮的小事、質疑自己的理解能力，我便能懷疑印象中每件事情是否眞正發生過。

我的日記是個問題。我知道我的記憶不只是記憶，我還加以記錄，因此這些記憶有白紙黑字的證據。這表示我不只記憶有誤，腦中還有更深層的妄想，才會虛構出那些事情，還寫下不曾發生過的故事。

接下來那個月，我過得像個瘋子。看到陽光就懷疑那是雨水。我隨時都想請別人證實我看到的景象，這本書是不是藍色？我想問。那個男人高嗎？

有時這種懷疑的態度反而化為毫不妥協的篤定，有時我越懷疑自己是否神智正常，越拚命捍衛自己的記憶、自己認定的「眞相」才是唯一可能的事實。翔恩暴力、危險，父親只袒護他。關於這個話題，我受不了其他說法。

那時我會拚命找理由相信自己神智正常。我需要證據，就像我需要空氣。我寫信給艾琳，那是翔恩在莎蒂之後約會的女友，我十六歲之後就沒再見過她。我將自己記得的事情告訴她，也直率地問她我是否精神錯亂。她立刻回答我沒瘋，爲了幫助我信任自己，她也分享她的記憶，敘述翔恩如何對她大吼大叫，說她是娼妓。那個詞彙勾起我的回憶，我沒告訴她，那是他對我的指控。

艾琳又告訴我另一件事。有一次她頂撞翔恩，只是輕微反駁，她說，只是試水溫，翔恩就將她抓到她家外面，拚命拿她的頭撞磚牆，她以爲自己要被殺死了。他的雙手緊緊抓住她的喉嚨，**我很幸運**，她寫道。**我在他掐住我之前放聲尖叫，我爺爺聽到，及時阻止他。但是我知道我在他眼裡看到什麼**。

她那封信就像事實的扶手，只要我開始覺得頭昏腦脹，就能伸手抓住。但是我又想到，她也許和我一樣瘋狂。我告訴自己，她顯然也不健全。她經歷過那麼多事情，我怎麼能信任她？我不能相信她，因爲我最清楚她心理創傷有多嚴重。因此我繼續從其他人身上尋找證詞。

四年後，我終於找到證據，而且純粹是走運。

我到猶他州做研究時，有名年輕人光聽到我的姓就火大。

「維斯托，」他臉色一暗。「妳是翔恩的親戚？」

「他是我哥哥。」

「上次我看到妳哥哥，」他講到最後兩個字，那神情彷彿想啐一口。「他兩手掐住我的表姊，還拿她的頭撞磚牆。要不是我外公，他可能會殺了她。」

有了，我有了證人，我拿到不偏頗的敘述。但是我聽到那件事時，已經不需要這些證據了。我早已不再懷疑自己，我當然不是完全信任自己的記憶，但我的記憶力和他人差不多，可信度絕對超過某些人。

然而那已經是多年之後了。

第三十六章／兩雙揮動的胳膊

我拖著行李箱走過哈佛校園的那天是晴朗的九月下午。相較於劍橋哥德風格的尖塔，殖民式風格的建築很陌生，卻顯得格外清爽、平易近人。校園中央的懷德納圖書館是我見過最大的圖書館，在那幾分鐘內，我看得目瞪口呆，完全忘記過去一年的遭遇。

我的房間在法學院附近的研究所宿舍，猶如一個小山洞，陰暗、潮濕、寒冷，牆壁灰白，冰冷的磁磚是鐵灰色，所以我盡量少待在房裡。哈佛似乎是個新開始，我決定把握機會。從德國唯心論、世俗主義歷史、道德倫理學到法律，只要我有空堂，都盡量修課。我參加每週一次的聚會練習法文，還上課學編織。研究所提供炭筆素描的免費課程，我這輩子從未畫畫，所以我也選了那門課。

我開始閱讀，讀遍休謨、盧梭、斯密、戈德溫[81]、沃斯東克拉夫特和米爾。我全心全意投入他們的世界，栽進他們想解決的問題。他們對家庭的看法令我深深著迷，他們認為人們應該權衡他們對親屬的特殊情義，以及他們對社會的責任。我開始寫作，擷取休謨的《道德原則研究》與米爾的《女性的壓迫》的吉光片羽。那篇文章寫得很精采，我撰寫時就瞭然於心。寫完之後，我便放在一旁，那就是我博士論文的第一章。

某個週六早晨，我上完素描課回來收到母親的電郵。我們要去哈佛，她說。我重複讀這行至少三次，確定她是開玩笑。爸爸從來不出門旅遊，他只會去亞利桑那看奶奶。所以我不相信他會大老遠飛到東岸，探訪他那屈服於惡魔的女兒。後來我才懂，他要來拯救我。母親說他們已經訂好機票，就下榻我的宿舍。

「你們要不要住飯店？」我問了，他們不要。

幾天後，我登入多年沒用的聊天軟體。有個歡欣鼓舞的旋律，某個名字從灰色變成綠色。**查爾斯上線了**，螢幕顯示。我不確定是誰先攀談，也不記得是誰建議用電話聊。我們聊了一個小時，一點也不覺得多年未聯絡。

他問我在哪裡上學，我回答之後，他說：「哈佛！老天爺！」

「誰會料到？」我說。

「我啊。」他說。沒錯，早在他看到任何證據之前，他就很看得起我。

我問他大學畢業之後在哪兒高就，結果是一陣緊繃的沉默。「人算不如天算。」他說他沒畢業，大二那年兒子出生，他便輟學，因爲妻子生病，有一堆醫院帳單要付。他去懷俄明州當鑽油工人。「本來應該只做幾個月，」他說：「結果從去年做到現在。」

我告訴他翔恩的事情，說我如何失去他，如何失去全家人。他默默聽著，然後長嘆一聲。「妳有沒有想過，也許妳應該放開他們？」

81 作者指的應該是William Godwin（一七五六—一八三六），沃斯東克拉夫特的丈夫，英國哲學家。

我沒有，一次也沒有。「這不是永久狀態，」我說：「我可以解決。」

「妳變了那麼多，」查爾斯說：「語氣竟然還和我們當年十七歲一樣。」

父母抵達哈佛時，正好是樹葉開始變色，秋天的紅色、黃色襯著酒紅色的殖民式建築，那是學校最美麗的時節。爸爸一口農民式文法、穿著牛仔襯衫、戴著美國步槍協會終生會員的棒球帽，在哈佛校園中原本就格格不入，他臉上的傷疤更強調出他的突兀。自從爆炸意外之後，我見過他許多次，但是他來到哈佛，出現在我的校園生活中，我才明白他毀容的程度有多嚴重。我從別人的眼光了解這一點，有些人看到他走過，臉色為之一變，有時甚至再看一眼。那時我也會看著他，發現他下巴的皮膚緊繃，散發塑膠感，發現他的嘴唇缺乏自然的圓潤線條，發現他的臉頰凹陷程度近乎骷髏。他時常舉起右手指東西，那隻手扭曲、變形。當我盯著他的右手，背景襯著哈佛的古老尖塔、圓柱，那手就像某種神話動物的爪子。

爸爸對大學沒什麼興趣，因此我帶他進城，教他如何搭波士頓地鐵，如何將票券放進票口，如何通過旋轉門。他大笑，好像覺得這項科技非常有意思。有個流浪漢經過我們地鐵車廂，向我們討一塊錢，爸爸給他嶄新的五十元鈔票。

「你繼續在波士頓撒錢，很快就會破產。」我說。

「不太可能，」爸爸眨眨眼。「我們生意興隆，賺的錢都來不及花！」

因為父親身體虛弱，所以他睡床鋪。我買了氣墊床給母親睡，我睡磁磚地板。爸媽打呼都很嚴重，所以我整晚沒闔眼。終於日出之後，我繼續躺在地上，閉著眼睛，慢慢深呼吸，爸媽翻遍我的迷你冰箱，壓低音量討論我。

「上帝命令我見證，」爸說：「也許還能帶她回到神的面前。」

他們計畫如何讓我重拾信仰，我也沉思該如何束手就擒。我已經準備讓步，即使要進行驅魔儀式也在所不惜。奇蹟可能派得上用場，如果我可以演出令人信服的重生戲碼，我就可以擺脫我去年說過的話、做過的事。我可以全數收回，怪罪到撒旦身上，重新做人。我想像自己會受到多大的尊重，我是個重新洗滌過的器皿。我會受到多大的寵愛。我只要將自己的記憶換成他們的，就能重回家人的懷抱。

父親想去紐約帕爾米拉的聖林，約瑟．斯密說上帝在那裡現身，命令他創建眞正的教會。我們租了車，開了六小時才進入帕爾米拉。高速公路底下的樹林附近有個閃閃發亮的聖殿，旁邊有金色的莫羅尼[82]天使雕像。爸爸靠邊停，要我走過聖殿。「摸摸聖殿，」他說：「它的力量可以洗滌妳。」

我打量爸爸的面孔，他的表情複雜，眞誠又感到絕望。儘管五味雜陳，他仍然希望我摸聖殿，得到救贖。

我們父女倆望著聖殿，他看到上帝，我看到花崗岩。我們對望，他看到遭到詛咒的女子，我看到錯亂的老人，因爲信仰搞得自己面目全非，卻洋洋得意。我想起桑丘潘薩[83]的

82 Moroni，在摩門教中，這位天使自一八二三年九月二十一日以來曾多次前往約瑟．斯密的住處。

83 Sancho Panza，《唐吉軻德》中主角的隨從。

話：**一個冒險患難的騎士，就是落敗之後還能稱霸天下**。

現在回想起那一刻，畫面變得模糊，我只看到一個熱血沸騰的騎士跨坐在駿馬上，衝進一場不存在的戰役，對著影子、空氣揮劍。他緊閉嘴巴、挺直背脊，眼神堅定，灼灼目光彷彿落在哪裡，哪裡就要燃燒。母親的臉色蒼白，一臉不可置信，但是當他望向她，兩人立刻有志一同，用長矛刺向風車。

我越過聖殿，舉起手心摸岩石。我閉起眼睛，希望相信這個簡單的舉動就能實現父母祈求的神蹟。我只要摸這個古蹟，上帝的大能就會撥亂反正。可是我沒有任何感覺，只覺得石材冰涼。

我走向車子。「走吧。」

人生就是那麼愚蠢瘋狂，誰曉得何謂失常？[84]

後來幾天，我到處寫下這句話，而且是無意識又帶有強迫性。如今我在當初讀的書、課堂筆記、日記邊緣都能看到這句話。那就像朗誦經文，我希望自己會相信，相信我所認知的正確和謬誤之間沒有太大差別。我才能說服自己相信，我即將做的事情也有其尊嚴可言，畢竟我得交出自己對是非黑白的看法，推翻我認定的事實，放棄理智，只爲了贏回父母的親情。我相信爲了他們，我可以穿上盔甲、迎戰巨人，即使我事實上只看到風車。

我們走進聖林，我走在前頭，看到樹蔭底下有張長凳。那片森林很可愛，有豐富的歷史，我的祖先也是因此才飄洋過海來美國。我聽到小樹枝斷掉的聲音，爸媽出現，一左一右坐在我旁邊。

父親講了兩個小時。他說他見過天使和惡魔，看到撒旦本人現身，見到耶穌基督降臨，就像古代先知約瑟．斯密在這片樹林所見。他的信仰不再只是信仰，他說，而是全備的知識。

「妳被撒旦控制，」他輕聲說，手搭在我的肩上。「我一進妳的房間就知道。」

我想到宿舍房間，想到黯淡的牆壁、冰冷的磁磚，也想到德魯送我的向日葵，想到辛巴威朋友從家鄉帶來送我的掛毯。

母親不發一語。她盯著地面，眼神空洞，緊抿著嘴。爸爸戳我要我回答，我腸枯思竭，想找出他要聽的話。可是我心中沒有答案，還沒有。

我們回哈佛之前，我說服爸媽繞路去尼加瓜拉瀑布。車裡的氣氛凝重，起初我很後悔提出這個建議，但是爸爸一看到瀑布，整個人變了樣，心情大好。我帶了相機，爸爸向來討厭拍照，但是他看到我那台，興奮得眼睛閃閃發亮。「泰拉！泰拉！」他大叫，跑在母親和我的前頭。「從這個角度拍一張，很美吧！」他彷彿知道我們正在製造回憶，日後也許會需要這個美麗的記憶。也許那只是投射心理，因爲那就是我當時的感想。**今天拍到的照片也許會幫我忘記樹林的事情**，我在日記裡寫著。**有張照片是我和爸爸的開心合照，證明這件事不是毫無可能。**

84　引自百老匯音樂劇《夢幻騎士》的台詞，該劇採用《唐吉軻德》的元素。

我們回到哈佛，我提議由我付錢訂飯店，但他們拒絕。那一週，我們在宿舍房間碰來撞去，每天早上，爸爸披著白色小浴巾走到樓上的公共澡堂。如果是在楊百翰，我可能覺得顏面盡失，但在哈佛，我只是聳聳肩。我已經完全擺脫尷尬的心情。誰看到他，他對別人說了什麼，別人有多震驚，又有什麼關係？我關心的是**他的**看法，我就快失去他。

他們隔天就要離開，我依舊沒得到新生。

母親和我在共用的廚房料理馬鈴薯燉牛肉，然後用餐盤端進房間。父親默默地看著他那盤，彷彿旁邊空無一人。母親對餐點發表意見，然後緊張大笑，隨後也沉默不語。

我們吃完之後，爸爸說他有禮物要送我。「這就是我的目的，」他說：「來送妳聖職人員的祝福。」

在摩門教中，聖職人員代表上帝在世上的力量，可以提出建議、勸告、治療病人、驅逐邪靈。只有男人才能擔任。這一刻到來了，如果我接受祝福，他就會洗滌我的罪孽，將雙手放在我的頭上，驅逐我體內的邪靈。也就是因爲那個邪靈，我才會說出那些話，才會不受自己家人歡迎。我只要讓步屈服，五分鐘後，一切就結束了。

我聽到自己說不要。

爸爸不可置信地看著我，然後開始見證，不是爲主見證，而是說到母親。藥草學，他說，就是耶穌基督所賜的天職。我們一家發生的每件事情、每次受傷、每次瀕死經驗，都是因爲我們是上帝的選民，我們很特別。上帝精心策劃，就爲了讓我們揭穿醫療機構，證實祂的大能。

「記得路克燒傷他的腿嗎？」爸說，彷彿以為我忘得了。「那就是耶穌的計畫，那是妳母親的功課，之後才能處理我的傷。」

那次爆炸事故，那些灼傷都是最高的屬靈榮耀，他說，目的就是要讓他成為上帝力量的活生生見證人。爸爸把我的手握在他扭曲的手指間，說他遭到毀容是上天注定。那是神的恩慈，就為了將靈魂帶到主的面前。

母親低聲補充，聲音充滿敬意。她說她調整脈輪就能防止別人中風，光用能量療法就能預防心臟病，只要人們有信心，她就能治癒癌症。她自己就得過乳癌，她說，但是她治好了。

我突然抬頭。「妳得癌症？」我說：「妳確定？妳去檢驗了？」

「我不需要接受檢驗，」她說：「我用手指測試過。那是癌症，我也治好了。」

「我們本來也能治好奶奶，」爸說：「但是她背棄耶穌基督，她缺乏信心才會死。上帝不會治沒有信心的人。」

母親點頭，但是依舊沒抬頭。

「祖母罪孽深重，」爸說：「但是妳的罪孽更重，因為妳知道真相還選擇背叛。」

房裡靜悄悄，只聽得到牛津街傳來的模糊車流聲。

爸爸盯著我瞧。那是先知的目光，那眼神來自神聖的智者，而他的力量和權威皆取自宇宙。我想正面迎擊，證明我能承受那威力。但是幾秒後，我心裡有樣東西崩塌，內心的力量讓步，我低頭看著地板。

「上帝要我指出妳即將面臨的災難，」爸說：「就快來了，非常快。到時妳會崩潰，徹底崩潰，墮落到最低賤的地方。等妳支離破碎地躺在那裡，就會懇求聖父開恩。」爸爸的聲音本來很激動，現在成了喃喃低語。「祂卻聽不到妳了。」

我與他四目交接，他深信不疑，我幾乎可以感受到他散發的熱度。他身子往前傾，臉幾乎碰到我，說：「但是我會聽到。」

室內寂靜無聲，沒有人出聲，氣氛教人難以忍受。

「我這是最後一次提議祝福妳。」他說。

他的祝福就是寬恕。他開的條件一如當初他給姊姊的提議，我可以想像她知道自己能用她認知的事實（她與我分享的事實）交換他的，肯定覺得如釋重負。只要付出那麼小的代價，她一定心懷感激。我無法評論她的選擇，但是那一刻，我知道自己無法接受。我這麼多年的學習、這麼多年的努力，就是爲了爭取這個特權，不單只是接受父親所指派的眞相，我還想了解更多、體驗更多，繼而建構我自己的想法。我漸漸相信，有能力評估各種看法、斟酌歷史、討論不同觀點，就是自我創造的精髓。如果我現在讓步，我不只輸掉一種論調，也輸掉自己的想法。爸爸要我付出這個代價，現在我懂了。父親要我擺脫的不是惡靈，是我。

爸爸從口袋拿出一小瓶聖油放在我的掌心，我仔細端詳。這個儀式只需要這些油，以及父親變形雙手的神聖職權。我想像自己屈服，想像我閉上眼睛、放棄褻瀆聖靈的言行。我想像我將如何描述我的改變、我的神聖轉化，又該喊出哪些充滿感激的話。那些話語已經蓄勢待發，即將離開我的雙唇。

但是我一開口，它們又消失了。

「我愛你，」我說：「但是我辦不到，對不起，爸爸。」

父親突然站起來。

他又說我的房間有邪靈，沒辦法再住下去。他們明天早上才要搭機，但爸爸說他寧可睡在機場長凳上，也不和惡魔共眠。

母親匆匆忙忙地把衣服、襪子丟進行李箱。五分鐘後，他們已經離開。

第三十七章／救贖的賭注

有人正在尖叫，是又長又不間斷的吶喊，聲音大到吵醒我。當時天色昏黑，周圍有路燈、人行道和遙遠的車聲。我站在牛津街中央，宿舍在半條街外。我光著腳，只穿緊身背心和法蘭絨睡褲。我覺得人們瞠目結舌地看著我，然而當時是凌晨兩點，整條街空蕩蕩。

我想辦法回到宿舍，坐在床上，努力思索來龍去脈。我記得上床睡覺，記得那個夢。但我**不記得**離開床鋪，奔過走廊，衝到街上大喊，但那明明是我做過的事。

我夢到家。爸在巴克峰蓋了迷宮困住我，牆壁有十呎高，他用防空洞的補給品築牆，例如一袋袋的穀物、一箱箱的彈藥和一桶桶的蜂蜜。夢中的我要找某樣東西，某樣無可取代的珍貴物品。我必須逃出迷宮才能找到，但我找不到出路，爸爸在後面追趕，還用穀物袋做成的路障封住出口。

我不再去法語聚會，後來也停了素描課。我沒去圖書館看書或聽課，光在房裡看電視，看遍過去二十年所有熱門影集。看完一集，想都不想就看下一集，就像一口接著一口氣呼吸。我一天看十八到二十小時的電視，睡著就夢到家。一週至少有一次半夜醒來發現自己站在馬路上，納悶夢裡聽到的叫聲是不是自己喊的。

我沒溫書，雖然想閱讀，句子卻毫無意義，剛好正中下懷。我無法忍受將句子串成思緒，也無法將思緒串成想法。想法太類似省思，而我一省思，就想到父親匆忙離開我之前拉長的臉。

精神崩潰的問題就是無論患者的症狀有多明顯，本人絕對無法察覺。我很好，人們會這麼想。就算昨天連看電視二十四小時又如何？我這不是崩潰，只是怠惰。為何我們覺得怠惰好過沮喪，我也不明白。但怠惰真的更好，比更好還要好，是不可或缺的。

到了十二月，我的論文進度嚴重落後。某晚正要開始看另一集《絕命毒師》，我發現自己可能無法拿到博士學位。這個諷刺的事實讓我瘋狂大笑了十分鐘，因為我為了教育犧牲家庭，現在卻即將失去學業。

又過了幾週同樣的生活，某晚我從床上搖搖晃晃往前走，認定自己鑄下大錯。當初爸爸願意祝福我，我就該接受，但是一切還不晚，我還能修補關係，糾正錯誤。

我買了機票打算回愛達荷州過聖誕節。起飛前兩晚，我一身冷汗醒來。我夢到我躺在醫院的白色被單上，爸爸站在擔架床尾告訴警方我刺傷自己，神色驚慌的母親也附和他。夢中的我聽到德魯的聲音很驚訝，他大叫我應該送到其他醫院。「他會找來這裡。」他一直重複這句話。

我寫信給當時住在中東的德魯，我說我要回巴克峰。他回覆的語氣又急又尖銳，似乎想吹散我眼前的迷霧。**親愛的泰拉**，他寫道。**如果翔恩刺傷妳，妳不會被送到醫院，只會被抬到地下室，用薰衣草治療傷口**。他哀求我別去，說了一百件我早就知道也不在乎的事，當他發現這些話都不奏效，便說：**妳把妳的故事告訴我，當妳要做瘋狂事情時，我才能阻止妳。泰拉啊，就是這件事了。妳這個決定太瘋狂。**

我還能解決問題，飛機起飛時，我反覆說著。

我抵達巴克峰那天早上是個晴朗的冬天。我記得走近家門時聞到清新的冰凍土地味道，也記得被我靴子踩得嘎嘎響的冰塊和小石子的觸感。蒼芎是驚人的青藍，我大口吸進可親的松柏清香。

目光望向山腳，我倒抽一口氣。祖母還在世時會嘮叨、大吼大叫、怒罵威脅爸爸把廢鐵場收拾好。如今垃圾布滿整座牧場，蔓延到山腳。以前高低起伏的山丘是完美的雪地，現在多了破爛的貨車、生鏽的化糞池。

我進門的時候，母親欣喜若狂。我沒說我要回家，希望大家事先不知情，我就能夠避開翔恩。她說話速度極快，語氣很緊張。「我烤甜麵包、熱肉汁給妳吃！」然後她飛快奔進廚房。

「我馬上去幫忙，」我說：「先等我傳一封電郵。」

家裡的電腦還是在未增建的地方，那裡本來是起居室。我坐下來準備寫信給德魯，因爲我們兩個達成協議之後決定，我在山區時就得每兩小時傳訊給他。我推推滑鼠，螢幕出現畫面。瀏覽器本來就開著，有人忘記登出。我正要點開另一個瀏覽器，卻看到自己的名字而停住。母親不久前剛傳訊，信中提到我，那封信是傳給翔恩前女友艾琳。

信的前提是翔恩已經重生，靈魂得到淨化。耶穌的贖罪已經治癒我們家，一切都恢復正常，只有我除外。**聖靈悄悄將我女兒的真相告訴我**，母親寫。**我可憐的孩兒向恐懼屈服，那種恐懼迫使她急於證實她的誤解。我不知道她是否會威脅到我們家，但我有理由相信她可能會。**

尚未讀到這封信之前，我就知道母親同意父親的扭曲看法，相信惡魔控制我，相信我很危險。但是親眼看到這段文字，閱讀之際彷彿聽到母親的聲音，我立時覺得毛骨悚然。

信中還提到其他事情。母親在最後一段提到愛蜜莉一個月前產下第二個孩子，是個女嬰。母親負責接生，愛蜜莉在家生產。根據母親的說法，他們趕到醫院之前，愛蜜莉差點失血致死。母親以見證結束這段故事，她說上帝當晚透過她的手行神蹟，那孩子的誕生就證明了祂的大能。

我還記得彼得出生時搞得大家人仰馬翻，他從愛蜜莉體內滑出來，體重還不足一磅。我記得他是可怕的灰白色，大家都以爲他沒氣了。我記得他們在暴風雪中趕到鎮上的醫院，醫生卻束手無策，又不能派直升機出勤，只能指揮兩部救護車載他們到奧格登的麥凱迪醫院。有這種病歷的女人，一個顯然有高風險的孕婦，竟然企圖在家產下第二胎，這種行爲魯莽愚蠢，簡直瘋狂至極。

如果第一次意外是上帝的旨意，第二次又該由誰負責？

我還在沉思姪女出生的事，艾琳已經回信。**關於泰拉，妳沒說錯**，她說。**她已經失去信仰，步上歧途**。艾琳告訴母親我懷疑自己，說我寫信給她，問她我是否搞錯了，我是不是記錯，這正好證實我的靈魂陷入險境，我不值得信任。**她的人生建立在恐懼之上，我會為她祈禱**。最後艾琳讚美母親的接生技巧，**妳是個真正的英雄**，她這麼寫。

我關上瀏覽器，盯著螢幕後方的壁紙。打從我童年以來，牆上就是這張印花壁紙。我夢想看到這張壁紙有多久？我回家取回這個人生、搶救這個人生。然而這裡沒有任何事物需要搶救、把握。只有流沙，只有出爾反爾，只有反覆改變的過去。

我想起那個夢、那座迷宮。我想起那面一袋袋穀物、一盒盒彈藥築成的高牆，我想起父親的恐懼、妄想、經文和預言。我想逃出那座迷宮，那裡有著難以分辨方向的之字道路、不斷改變路線的小徑，我想找到那樣珍寶。現在我明白了，那珍貴的事物就是那座迷宮。以往我留在這裡的人生只剩下這座迷宮，我永遠不懂其間的規則，因爲那根本不是規則，而是用來囚禁我的鐵籠。我可以留下來，尋找我印象中的家，也可以立刻就走，免得高牆移動，封閉出路。

我走進廚房時，母親正要把麵包放進烤箱。我環顧四周，在心中搜索這個屋子。**我希望從這個地方得到什麼？**只有一樣，我的記憶。我在床底下的盒子裡找到，我上次就把它們留在那裡。我拿到車上，放到後座。

「我去兜風。」我告訴母親，努力保持聲音平靜。我抱抱她，然後好好端詳巴克峰，記住每個線條、陰影。母親看到我搬日記上車，一定知道這個舉動背後的意義，察覺我的道別意味，因爲她叫來父親。他僵硬地擁抱我說：「我愛妳，妳知道嗎？」

「我知道，」我說：「我向來不懷疑這一點。」那就是我對父親說的最後一句話。

我往南開，卻不知道自己要去哪兒。那時已經接近聖誕節，我剛決定到機場搭下一班飛機回波士頓，泰勒就打來。

我已經好幾個月沒和哥哥說話，因爲經過奧黛莉那件事，我覺得和手足掏心掏肺已經沒有意義。我相信母親會把她對艾琳說的話，再轉告每個哥哥、叔伯阿姨，說我被惡魔附身，很危險，已經成了撒旦的爪牙。我沒料錯，母親的確警告過他們，但是她犯了一個錯。

我離開巴克峰之後，她很驚慌，擔心我和泰勒聯絡，也擔心這個哥哥站在我這邊。她決定先找上泰勒，否認我可能會說的所有事情，可惜她失算。她並未料到，無來由的否認只會造成反效果。

「翔恩當然沒刺死迪亞戈，也沒拿刀子威脅泰拉。」母親向泰勒保證。然而泰勒沒聽過這個故事，沒有任何人對他說過，母親的講法反而更讓他擔心。泰勒對母親說再見之後，過了一會兒就打給我，要我解釋來龍去脈，說明我爲何沒找他。

我以爲他會說我騙人，但他沒有，幾乎立刻接受我花了一年否認的事實。我不明白他爲何信任我，後來他說出親身遭遇，我才恍然大悟，畢竟翔恩也是**他的**哥哥。

後來那幾週，泰勒開始用他獨特的方法含蓄、溫和地測試爸媽。他暗示當時的狀況可能沒處理好，也許我不是遭魔鬼附身，也許我根本不邪惡。

泰勒好心幫我，我本來應該心懷感恩，但是姊姊那件事帶來太大打擊，所以我不相信他。我知道只要泰勒當面質問爸媽，不拐彎抹角，他們會逼他在我和他們之間做選擇，逼他選我或是其他家人。奧黛莉的經驗告訴我，他不會選我。

我在哈佛的訪問研究時間於春季結束，我飛往中東，因爲德魯拿了傅爾布萊特[85]獎學金在那裡做學術交流。我費力隱瞞德魯我過得有多差，至少我認爲自己可以瞞天過海，其實不然。畢竟我半夜尖叫衝出去，不知道自己身在何方，只知道拚命逃跑，那些時候都是他出來追我。

我們離開安曼往南開。美國海豹特種部隊殺死賓拉登的那天，我們就在約旦沙漠的貝都因[86]營地。德魯會說阿拉伯語，我們得知消息之後，他和我們的嚮導聊了好幾個小時。「他不是穆斯林，」我們坐在冰冷的沙子上，看著即將熄滅的營火時，他們這麼說。「他不了解伊斯蘭教，否則不會做那些可怕的事情。」

我看著德魯和那些貝都因人交談，聽到他發出那些奇特又圓滑的聲音，覺得自己能置身此地簡直難以置信。十年前，雙子星大樓倒塌時，我從未聽過伊斯蘭教，如今我和札拉比部落的貝都因人一起喝甜茶，蹲坐在又名月谷的瓦地倫的沙流上，不到二十哩外就是沙烏地阿拉伯。

想到這十年走過的距離，無論是外在或心理，我幾乎無法呼吸，也許我變得**太**多了。這些年來的學習、閱讀、思考，是否將我改造成再也不屬於任何地方的人？我想到那個盯著電視看的女孩，她看到兩架飛機飛進兩棟白色巨塔，當時她只認得自家的廢鐵場和屋後的大山。那個女孩的教室是一堆廢鐵，破銅爛鐵就是她的課本。而我，儘管我有這麼多機會（也可能就是因爲這些機會），卻失去她所擁有的珍貴事物。

我回到英國，繼續發懶。回劍橋的第一週，我幾乎每晚都夢遊衝到街上大喊大叫地醒來，一頭痛就是好幾天，牙醫說我會磨牙。我的皮膚嚴重過敏，走在街上兩次被陌生人攔下，善意詢問我是否過敏。不是，我說，我本來就長這樣。

某個晚上，我和朋友爲細故爭吵，我還搞不清楚狀況就已經縮在牆角，膝蓋抵著胸口，以免心臟跳出來。朋友衝過來幫忙，我驚聲尖叫。一小時後，我才肯讓她碰我，才願意離開牆邊。**原來那就是焦慮症發作**，我隔天這麼想。

不消多時，我寄信給父親。我並不引以爲傲，字裡行間充滿暴怒，就像任性的小孩對家長鬼吼亂叫「我恨你」。我寫滿了「惡棍」、「暴君」，而且接連寫了好幾頁，不斷辱罵，宣洩挫折感。

我就是用這種方式告訴父母，我要和他們斷絕往來。我在侮辱和暴怒之間說，我需要一

85 Fulbright，傅爾布萊特計畫（the Fulbright Program）係由美國國務院與外國政府共同推動之學術與文化交流計畫，目的在透過人員、知識和技術的交流，促進美國和世界各地人民的相互了解。

86 Bedouin，以氏族部落為基本單位，在沙漠曠野過游牧生活的阿拉伯人。

整年治癒自己，才有辦法回到他們的瘋狂世界，努力釐清其中的邏輯。
母親哀求我另找解決辦法，父親一個字也沒回。

第三十八章／家人

我攻讀博士失敗。

如果我向指導教授朗希曼博士解釋無法工作的原因，他一定會幫忙，會爭取額外費用，說服系所給我更多時間。但是我沒解釋，就是說不出口。他不明白我為何將近一年都沒有新文章，七月某個下午我們約在他辦公室，他便建議我放棄。

「要拿博士學位非常辛苦，」他說：「做不到也沒關係。」

我離開他的辦公室時非常氣自己，因此去圖書館抱六本書回房間放在書桌上。但是我一進行邏輯思辨就覺得噁心，隔天早上，書本已經挪到我床上架高筆電，方便我看影集《魔法奇兵》。

那年八月，泰勒直接找上父親。他先打電話給母親，然後打來敘述通話過程。他說母親「支持我們」，她認為翔恩的狀況無可接受，也說服爸爸要想辦法。「爸已經著手處理，」泰勒說：「沒有問題，妳可以回家。」

兩天後，我的電話又響，我暫停《魔法奇兵》，是泰勒，他栽了個大跟斗。他和母親談話之後依舊覺得不安，因此打給爸爸，詢問他如何處置翔恩。爸爸暴怒，出言恫嚇，大罵泰勒日後膽敢再提，父子就恩斷義絕，接著便掛斷電話。

我不願想像他們的對話內容。每當泰勒和爸爸說話，口吃就更嚴重。我想像哥哥駝背拿著電話，努力專心說出卡在喉嚨的句子，父親則連珠炮地拋出醜陋的字眼。

泰勒還無法從爸爸的威脅平復過來，電話就響了。他以為是爸爸打去道歉，結果是翔恩，爸爸都告訴他了。「我可以在兩分鐘內就把你逐出家門，」翔恩說：「你心知肚明，去問泰拉就知道了。」

我聽泰勒講述這故事時，眼睛盯著莎拉·蜜雪兒·吉蘭[87]暫停的臉孔。泰勒說了很久，與家人的交手過程只輕描淡寫帶過，卻不斷自責、浪費時間合理化整件事。爸爸一定誤會了，泰勒說，一定是哪裡說錯或溝通不良。也許事情該怪**他**，可能是他的態度不妥。肯定是這樣，既然是**他**捅出來的婁子，**他**就能解決。

我傾聽時有種奇特的疏離感，幾乎覺得事不關己，彷彿我和這個從小就認識、敬愛的哥哥未來的關係只是我最近看過的電影，而且還知道結局。我知道這齣戲的梗要，因為我和姊姊經歷過。我就是在這時失去奧黛莉，就在這時知道我要有所犧牲，就在這時知道要付稅、繳租。她也在這時明白掉頭轉身有多輕鬆，明白為了一個妹妹賠上整個家庭有多不划算。

即便事情尚未發生，我已經料到泰勒會有同樣反應，幾乎能從電話回音聽到泰勒不斷絞手。他正要決定該怎麼做，但我知道他不知情的事情，就是一切已成定局，他現在只是花時間說服自己。

我十月收到信。

泰勒和史蒂芬妮寄來的電郵附了一個ＰＤＦ檔案，電郵說那封信經過深思熟慮，爸媽也會拿到一份。我看到這裡已經瞭然於心，泰勒準備與我斷絕兄妹關係，他會重複父親的話，說我遭邪靈附身，是危險人物。那封信就是憑證，也是他回到家人懷抱的通行證。

我提不起勇氣點開附件，因爲某種直覺而不肯移動手指。我記得泰勒在我小時候是個安靜的哥哥，他看書時，我就躺在他的桌下，看著他的襪子，聽他的音樂。我不確定自己受得了聽到他說出**那些**話。

我按滑鼠，點開附件。因爲我太抽離，以致讀完整封信還看不懂：**虐待、歪曲和控制的鎖鏈困住我們的父母……他們認為改變很可怕，任何人要求改變都會遭到流放。他們對家人之間的忠貞存在著扭曲的看法……他們自稱是信徒，此舉卻不符合福音教義。保重，我們愛你們**。

後來我從泰勒的妻子史蒂芬妮那兒聽說這封信的由來，知道父親威脅泰勒斷絕父子關係之後，哥哥每晚上床前反覆大聲對自己說：「我該怎麼辦？她是我的妹妹啊。」

我聽說這件事情之後，做了幾個月以來唯一最棒的決定，我求助於劍橋的心理諮商部門，學校指派精力充沛的中年婦女輔導我，她有一頭極捲的頭髮，眼神犀利，鮮少在諮商過程中開口，寧可讓我暢所欲言。週復一週、月復一月，我的確講個沒完沒了。起初諮商毫無效果，我想不起哪一次稱得上「有幫助」，但是日積月累下來的力量無可否認。當時我不了

---

87 Sarah Michelle Gellar，美國演員，主演《魔法奇兵》。

解，現在依舊不明白，但是每週特地撥出時間接受輔導、承認自己需要自身無法提供的力量，這都令我覺得舒心。

泰勒的確把信寄給爸媽，他一旦打定主意，再也沒動搖過。那年冬天，我和他與史蒂芬妮常常通電話，她成了我的大姊。只要我有需要，他們隨時陪我聊天，而且當時我亟需找人傾訴。

泰勒爲那封信付出頗大的代價，儘管那代價很難闡述。爸媽並未與他斷絕關係，至少不是永久。後來他與我的父親停戰，然而他們的關係恐怕再也難以修復。

因爲泰勒爲我犧牲，我向他道歉無數次，但是我措辭笨拙，說得吞吞吐吐。怎麼說才恰當？害別人疏離他的父親、原生家庭，又該如何道歉？也許根本沒有言語可以表達。當妳決定放棄掙扎、沉入水底時，哥哥拒絕放手，還一把抓住妳往上拉，妳該如何表達謝意？這也沒有言語可以表達。

那年的冬天很漫長，時間枯燥無聊，我每週只去接受輔導，看完一套影集又得另外找一套時，我竟然覺得失落、如喪考妣。

接著就是春天、夏天，炎夏終於轉爲涼秋時，我發現自己又能專心閱讀了。腦中除了憤怒、自責之外，我還能產生其他的想法。我重新拿出將近兩年前在哈佛寫的文章，再次拜讀休謨、盧梭、斯密、戈德溫、沃斯東克拉夫特和米爾，我又開始思索家庭的問題。拼圖缺了一角，有個問題尚未解決。我們心自問：如果人們對家庭的責任與其他義務有所牴觸呢？例如對朋友、社會，甚或他們自己的義務？

我開始研究，縮小問題範圍，問得更符合學術研究、更仔細。最後我從十九世紀挑出四個思想運動，探討它們如何處理家庭義務的問題，其中一個就是十九世紀的摩門教。我扎扎實實地研究了一年，最後寫出論文草稿，題目就是「一八一三至一八九〇年的英裔美國人共同思想中之家庭、倫理暨社會科學」。

摩門教那章最得我心。從小主日學就教我們，歷史上發生的所有事情都是為了摩門教做準備，耶穌基督死後的每件事都由神精心設計，只為了等待約瑟·斯密在聖林跪下，神才能恢復唯一的真正教會。戰爭、移民、天災等都只是摩門教的序曲。相反地，俗世的歷史則完全忽略摩門教等思潮。

我的論文為歷史賦予不同的形態，不偏袒摩門教，也不反對摩門教，不以教會角度論述，也不是一味抨擊宗教。這篇論文並未將摩門教視為人類歷史的目標，也不忽略摩門教試圖解決當時問題所做的貢獻。我將摩門教的觀念當成人類歷史的一章，在我看來，歷史並未斷然切開摩門教與其他人的關聯，反而緊密結合。

我將草稿寄給朗希曼博士，幾天後，我們在他的辦公室見面。他坐在我對面，一臉震驚地說文章寫得好。「有幾段寫得非常好，」他現在已經展露笑容。「妳沒拿到博士學位，我才驚訝呢。」

我抱著厚重的手稿回房時，想起凱利博士某堂課。他一上課就在黑板上寫「誰撰寫歷史？」我記得當時覺得這個問題很奇怪，我認定的歷史學家並非普通人，應該是類似我父親的人物，這個人更像是先知，他對過去、未來的看法不容置疑，也不容畫蛇添足。現在我走過國王學院，走在偌大禮拜堂的影子裡，當年的敬畏心情簡直荒謬可笑。**誰撰寫歷史？**我心想：**就是我**。

當年我自己選定生日，後來我在二十七歲生日當天交出博士論文。口試是十二月，地點在陳設簡單的小房間。我通過口試，回到倫敦，德魯已經開始上班，我們合租一間公寓。我第一次踏進楊百翰大學校園將近十年後的一月，收到劍橋大學的通知，我已經是維斯托博士。

我建立嶄新人生，而且過得幸福快樂，然而我的失落感不只是失去家人，也失去了巴克峰。並非因爲我丟下故鄉，而是因爲我悄然離開。我撤退，逃到海外，允許父親幫我敘述我的故事，向我認識的每個人詮釋我的爲人。我退讓太多，不只放棄巴克峰，也拱手讓出我們共享的歷史。

該回家了。

第三十九章／「公主」

我回到河谷時是春季，我沿著高速公路開到小鎮外圍，停在可以俯瞰熊河的陡坡上。我看得到整個盆地，一塊塊欣欣向榮的田野延伸到巴克峰。山上布滿常綠樹，在頁岩和石灰岩的棕色、灰色襯托下格外清晰。「公主」依舊如同我的記憶，線條分明，站立的「公主」面對我，隔著河谷散發著永恆的光輝。

「公主」讓我魂牽夢縈，在大海彼端都能聽到她的呼喚，我彷彿是迷途羔羊。她的聲音和善，起初就像好言相勸，但我沒回應，又遠遠避開，那聲音就變得怒不可遏。我背叛她，我想像她的面孔因為暴怒而扭曲，她的站姿沉重，令人心驚膽跳。她在我印象中就是這種形象，是個藐視我的女神。

但是現在看到她，俯瞰她的田野、草地，我才發現自己誤解她。她並不氣我離開，因為**離開**也是她循環中的一部分。她的角色不是圈住野牛，不是強硬囚禁牠們，而是歡慶牠們的歸來。

我往回開四分之一哩回到鎮上，車子就停在鎮上外祖母的白色圍籬外。對我而言，那還是**她的**圍籬，儘管她已經搬到大街附近的安養院。

自從爸媽開始告訴親友我被邪靈附身之後，我已經三年沒見過外公、外婆。我的外祖父母深愛他們的女兒，一定相信她的說法，因此我便拱手讓出他們。我已經無法找回外婆，因爲她罹患阿茲海默症，認不出我了。我是來看外公，探究他是否還願意接納我。

我們坐在客廳，地毯還是如同我童年記憶中一般潔白。那次拜訪短暫、客氣。外公聊著外婆，他在她不認得丈夫之後依舊殷勤照顧她。我聊著英國。外公提到我的母親，講到她時，他崇敬的眼神如同她的追隨者。我不怪他，聽說爸媽成了山谷中的權威人士。母親的行銷手法就是將她的產品說成歐巴馬健保[88]的替代方案，產品一推出就售罄，即便有幾十個員工都供不應求。根據哥哥的說法，他們每個月的進帳就有幾十萬美元。想到翔恩和路克依舊住在馬廄後方的拖車裡，這個數字更令人吃驚。

外公說，公司能如此成功，背後一定有神背書。我的父母做這門生意肯定是受到主的欽點，才能爲人治病、帶領衆人的靈魂到主的面前。我微笑起身準備離開，他還是我印象中的和善老者，只是我沒有想到我們之間有如此大的鴻溝。我在門口擁抱他，好好地看了他一眼。他已經八十七歲，我懷疑自己能不能在他有生之年證實我不如父親所說，不是邪惡的壞坯子。

泰勒和史蒂芬妮住在巴克峰北方一百哩外的愛達荷瀑布，我原本就計畫接著拜訪他們。但我離開河谷前傳了一則短訊給母親，說我就在附近，希望能與她在鎮上碰面。我還沒準備好見爸爸，我說，但是我好久沒見到她，她肯不肯來？

我在史托克商店外的停車場等她回覆，很快就收到。

妳竟然覺得可以提出這個要求，我真是心痛。做妻子的人不去丈夫不受歡迎的地方，我不想和這種公然不敬的行為沾上邊。

簡訊頗長，光讀都令我疲倦，彷彿跑了好長一段距離。內容是教訓我應該對家人盡忠，說家人之間會互相原諒，如果我做不到，將終生抱憾。她寫道：**無論過去發生了什麼事情，都應該被推到五十呎底下，任其腐爛。**

母親說她歡迎我回家，祈禱我有一天會從後門衝進家裡，大喊著：「我回家了！」我希望她願望成眞，而且我離家不到十哩，但是我知道進門就等於默默認可。我可以擁有母親的愛，卻有但書，那但書是他們三年前就提過，就是要我接受他們認定的事實，我只能將我看到的事實埋進洞裡，任其腐壞。

母親的訊息最後有個哀的美敦書，我可以見她和父親，否則永遠見不到她，她從未收回這句話。

我讀信時，停車場的車子越來越多。我接受她的話之後便發動引擎，轉進大街。我在十字路口往西轉，開向山區。我離開河谷之前，要再看我家一眼。

88 Obamacare，就是簡稱PPACA的患者保護與平價醫療法案。因為在二〇一〇年由時任總統歐巴馬簽署，而有此暱稱。

這麼多年來，我聽到很多關於爸媽的謠言，例如他們已經是百萬富翁，他們在山區建堡壘，他們儲藏足夠食物，自給自足幾十年都不成問題；但是爸爸聘請或解雇員工的小故事最耐人尋味。山谷的經濟始終沒有起色，人們急需工作。爸媽算是郡上的主要雇主，但就我看來，爸爸的精神狀態無法與人維持長久的雇傭關係。當他恐慌症發作，很容易因爲細故就炒人魷魚。幾個月前，他解雇黛安．哈迪，她的前夫就是我們發生第二次車禍前來解救的羅柏。這對夫妻和爸媽交好二十多年，直到爸爸炒了黛安。

爸爸解雇媽媽的妹妹安姬可能也是類似狀況。那次安姬找上我母親，以爲她姊姊不可能對家人出此重鍘。在我小時候，這是母親的生意，如今公司由她和父親共同經營。經過這次測試，爸爸贏了，原來他說了算，安姬只能走路。

我難以得知後續發展，只輾轉聽說安姬申請失業救濟金。當勞工部打給爸媽確定阿姨已經不是員工時，爸失去最後一丁點理智。他說打去的不是勞工部，而是國土安全局，安姬將他的名字放進恐怖分子名單。這下政府追上來，想要他的錢、他的槍和他的汽油。紅寶崖事件又再度重演。

我開下高速公路，駛上小石子路，下車凝視巴克峰。我馬上就知道至少有個謠言屬實，爸媽眞的收入豐厚，家裡變得好大，小時候，家裡只有五個房間，如今屋子往外擴建，看起來至少有四十個房間。

爸爸遲早會利用這些進帳準備迎接「世界末日」，我可以想像太陽能面板就像一疊撲克牌似的鋪在屋頂上。「我們必須自給自足。」我想像父親拖著面板走過寬闊的屋子。新的一年，爸爸會花幾十萬美元買設備，在山裡找水源。他不想靠政府，也知道巴克峰一定有泉水，只要他找得到。山腳下會出現大如足球場的開墾痕跡，原來的森林將只殘留斷株殘根。他可能一邊唸唸有詞地說「必須自給自足」，一邊跳上拖拉機，長驅直入麥田。

鎮上的外祖母在母親節過世。

我聽到消息時，正在科羅拉多州做研究。我立刻啟程回愛達荷，但旅途上才想到自己沒有地方可以下榻，這時我想到安姬阿姨，想到爸爸告訴所有人，她害自己姊夫上了恐怖分子名單。母親已經不與她來往，我希望能找回這個親戚。

安姬住在外公隔壁，我這次同樣停在白色圍籬外。我敲門，阿姨客氣寒暄的態度與外公如出一轍。過去五年，她顯然從我爸媽那裡聽到許多事情。

「我們打個商量，」我說：「如果妳能忘記我爸對我的批評，我也不會把他對妳的指責放在心上。」她閉眼睛仰頭大笑，那模樣與我母親極其神似，差點令我心碎。

我在阿姨家住到葬禮結束。

葬禮前幾天，母親的兄弟姊妹紛紛回到童年老家。他們是我的舅舅、阿姨，但是有些人從我小時候就沒再見過。我幾乎不認得的達洛舅舅，建議大家一起去他們最愛的餐廳共度一個下午，那地方就在熔岩溫泉。母親不肯去，她不願意撇下父親隻身前往，而父親又不肯和安姬有任何瓜葛。

那是個晴朗的五月午後，我們所有人擠進超大廂型車，展開一個多小時的車程。我不自在地意識到，自己替代母親與她的兄弟姊妹、落單的父親去紀念她的母親，我卻不熟悉這個外婆。但我很快就發現，對外婆的子女而言，我不了解她反而好，他們正好可以緬懷她，也很愛搶答關於他們母親的話題。因爲那些趣聞軼事，外婆的形象越來越鮮明。但是這些記憶堆砌出的女人不同於我印象中的婦人，我這才明白以前對她的看法有多殘酷，對她的了解有多扭曲，只能怪我透過父親嚴苛的角度評估。

回程車上，黛比阿姨邀請我去猶他州找她，達洛舅舅也附和。「要是妳能來亞利桑那就太好了！」他說。不過一天的光景，我已經找回一個家庭，卻不是我的原生家庭，而是母親的。

葬禮就在隔天，我站在角落看著哥哥姊姊魚貫進入。

我看到泰勒、史蒂芬妮。他們決定讓七個孩子自學，就我觀察，那些孩子的教育程度極高。接著是路克，他的孩子多到我數不清。他看到我便走過來，我們閒聊了幾分鐘，彼此都沒提起我們五年沒見，也不提原因。**你相信我是爸爸口中的那個人嗎？**我想問。**你相信我很危險？**但是我沒問。路克在爸媽的公司上班，他沒有學歷，需要那份工作養家活口。逼他選邊站，只是平添他的麻煩。

即將拿到化學博士學位的理查，帶著妻子卡蜜和孩子從奧勒岡趕來，他在禮拜堂後方對我微笑。幾個月前，理查寫信給我，說他很抱歉誤信爸爸，眞希望當初在我有難時幫助我。打從那時候起，我就得到他的支持。我們是一家人，他說。

奧黛莉和班哲明選了靠近後方的長凳。奧黛莉很早到，當時禮拜堂還沒有幾個人。她抓住我的胳膊，湊在我耳邊說我拒絕見父親是重大罪孽。「他是個了不起的人，」她說：「妳這輩子都會後悔不夠謙虛，竟然不聽從他的建議。」這麼多年來不見，姊姊開口就說了這些話，我無言以對。

翔恩在葬禮開始前幾分鐘抵達，帶著愛蜜莉、彼得和我從未見過的小女兒。自從他殺了迪亞戈之後，這是我們頭一次共處一室。我很緊繃，其實沒必要，他沒瞧過我一眼。

大哥東尼坐在爸媽旁邊，五個子女也坐在同一排。東尼拿到高中同等學歷，本來在賭城經營卡車公司相當成功，後來公司沒撐過經濟蕭條。如今他是爸媽的員工，翔恩、路克和他們的老婆、奧黛莉夫妻也都是。現在回想起來，我發現所有手足的經濟都仰賴我們爸媽，只有理查和泰勒除外。我們一家一分為二，一邊是離開山區的三個，另一邊就是留下來的四個。我們三個有博士學位，另外四個連高中畢業證書都沒有。我們兩方有莫大鴻溝，而且那深淵越來越大。

我又過了一年才回愛達荷。

在倫敦登機前幾小時，我寫信給母親，我向來如此，以後也不會變。我問母親是否肯來見我，她總是迅速回覆。她不願意，絕對不肯，除非我願意見父親。撇開他來見我，她說，就是不尊重他的丈夫。

在那片刻之間，我每年朝聖般返回拒絕我的故鄉似乎毫無意義，我也納悶自己該不該去。我接著又收到訊息，這次是安姬阿姨。她說外公取消隔天的計畫，甚至放棄週三的慣例，拒絕去教堂，就因爲他要在家等，免得錯過我。安姬又補上一句：**再過十二小時就能看到妳了呢！但誰「在乎」啊？**

第四十章／受過教育

小時候，我等待心智成長，等待經驗累積，等待抉擇穩固，漸漸化爲人形。那個人，或者該說那個人形，有歸屬感。我曾經屬於那座山，那座山造就了我。我稍長之後才開始納悶，最原始的樣貌是否至死都無法改變；一個人最初成形的模樣，是不是就是唯一眞實的模樣。

走筆至此，故事即將結束，自從外婆葬禮之後，我多年沒見過爸媽。我和泰勒、理查、東尼很要好。從他們與其他親戚口中，我持續聽到山上的勁爆故事，例如意外事故、暴力事件，以及猜忌背叛。現在聽在耳裡，都像事不關己的傳聞，那倒是好事。我不知道是否會永久斷絕關係，抑或我終究會找到回家的路，只知道我因此心靈平靜。

那份平靜得來不易。我花了兩年時間列舉父親的過錯，不時更新帳本，彷彿詳述每個不滿、每件發生過或想像中的殘暴、冷落事件，就能證明我有正當理由與他斷絕關係。我以爲合理化自己的行爲，就能擺脫教人窒息的愧疚感，我便能喘口氣。

然而再有道理都無法洗滌我的罪惡感，無論那怒氣有多深。因爲罪惡感向來無干**他人**。罪惡感是因爲害怕自己的卑劣，與他人無關。

我理所當然地接受自己的決定之後便甩掉罪惡感，不再沒完沒了地檢視新仇舊恨，不再計較他和我的罪孽孰輕孰重。不再惦念父親之後，我接受這個決定是爲我自己好，我才是主角，不是他。我必須這麼做，不是因爲他活該。

唯有如此，我才能愛他。

當爸爸還在我的人生占有一席之地時，他與我爭奪控制權，當時我以步兵的眼光看待他，我們之間橫著大小不斷的紛爭，我看不清他溫柔的特質。在我小時候，當他高大憤慨的身影站在我面前，我記不得他一笑肚子就會震動，眼鏡反射出光芒。在他擺出嚴厲面孔時，我便忘記每當回憶牽動他的眼淚，他燒傷前的嘴唇抽動的模樣有多討喜。唯有在山長水遠之外，唯有時間的阻隔，我才想得起這些事情。

然而我們父女之間本來就有隔閡，還因爲我自己的改變。我已經不是爸爸當年養大的孩子，他卻還是當年養大她的父親。

我們父女之間本來就有裂縫，二十年來不斷擴大，要說哪一刻導致嫌隙成爲不可跨越的鴻溝，應該就是我猛盯著浴室鏡子的那個冬夜，那時父親以扭曲的手指拿起電話，背著我打給哥哥。然後是迪亞戈、刀子。後來發生的事情異常戲劇化，但最誇張的情節已經在浴室演完。

那時我無法爬進鏡子，抓出十六歲的自己來面對一切，理由不得而知。

在那之前，那女孩始終存在。無論我外表改變多大，無論我的教育養成多麼顯赫，無論我的穿著舉止改變有多大，我依然是**她**。充其量，我也只是一人分飾兩角。她始終在我體內，我一跨進父親家的門檻，她就會出現。

那一晚，我呼喚她，她卻沒有回應。她離開我，只留在鏡子裡。她不會做出我後來的決定，那些選擇出自一個改頭換面的人，一個新的自我。

這種自我可以有許多名字。轉變。蛻變。虛偽。背叛。

我說是教育素養。

感謝辭

這本書能問世，我要鄭重感謝哥哥泰勒、理查與東尼，謝謝你們與我一同走過，謝謝你們幫助我寫完。我從他們以及嫂嫂史蒂芬妮、卡蜜、米雪兒身上，了解何謂家人。

尤其要感謝泰勒、理查慷慨撥出時間，分享他們的回憶。他們讀了好幾版的草稿，提供細節，幫助我盡可能精確地完成這本書。儘管我們在某些小事有不同看法，也是因爲他們願意驗證這個故事的眞相，我才有辦法寫下來。

大衛．朗希曼教授鼓勵我寫這份回憶錄，也是最初閱讀手稿的人之一。少了他對這本書的信心，我可能永遠沒有自信。

我深深感激以出版爲志業的人，也謝謝他們願意撥時間給這本書。謝謝我的經紀人安娜．史坦（Anna Stein）、卡洛琳娜．蘇頓（Karolina Sutton）。謝謝我了不起的編輯，「蘭登書屋」的希拉蕊．雷蒙（Hilary Redmon）、安迪．沃德（Andy Ward）以及「赫金森」的尤卡絲塔．漢彌頓（Jocasta Hamilton）。也謝謝其他編輯本書、排版作業、協助出版的人員。特別要感謝班．費蘭（Ben Phelan），他負責查核本書的事實，謝謝他仔細精確，周全又不失專業。

在這本書問世之前，在它只是一大疊家用印表機的成品時，有些人已經深具信心，我格外感謝他們。這些早期的讀者包括瑪莉翁・坎特（Marion Kant）博士、安妮・威汀（Annie Wilding）、莉薇亞・千罕（Livia Gainham）、桑雅・泰許（Sonya Teich）、唐尼・亞洛（Dunni Alao）和蘇拉雅・席狄・辛恩（Suraya Sidhi Singh）。黛比、安姬阿姨在重要時刻回到我的人生，她們的支持非常重要。謝謝強納森・史坦柏（Jonathan Steinberg）教授總是對我深具信心。我還要感謝我親愛的朋友德魯・米坎（Drew Mecham），謝謝他無論在情緒上、生活上，都提供我寫書的避風港。

媒體／名人推薦

- 《紐約時報》、《華爾街日報》、《波士頓環球報》暢銷書排行榜第一名
- 《紐約時報書評》評選年度十大好書
- 美國前總統歐巴馬年度最愛書籍
- 比爾·蓋茲假期推薦書單
- 美國國家書評人協會自傳類獎項決選入圍
- 美國國家書評人協會約翰·倫納處女作獎決選入圍
- 美國筆會珍·史坦新書獎決選入圍

以下報刊媒體評選爲年度好書：

《華盛頓郵報》、《歐普拉雜誌》、《時代雜誌》、「美國全國公共廣播電台」、「早安美國」、《舊金山紀事報》、《衛報》（*The Guardian*）、《經濟學人》、《金融時報》、《紐約日報》、《紐約郵報》、*theSkimm* 新聞電子報、時尚生活網站 *Refinery29*、《彭博商業周刊》、《悅己雜誌》、《*Real Simple*》、《*Town & Country*》、新聞網站 *Bustle*、《*Paste*》、《出版者週刊》、《圖書館學刊》、「全美圖書館員推薦書單」圖書網

站 *BookRiot*、《紐約時報書評》編輯潘蜜拉．保羅於KQED電台評選、「紐約公共圖書館」。

維斯托在愛達荷偏僻山林長大，兒時沒上學、不能看醫生，與外界也沒有互動。但她離家去上哈佛之後，一切風雲變色，她的信仰也有所改變。這本童年自傳令人聯想到《玻璃城堡》。

——娜妲莉．畢奇（Natalie Beach）Oprah.com

「優美又蒼勁……泰拉的文字獨樹一格，自成一派……雖然她的童年經歷獨特，書中提出的問題卻是古今東西皆然：我們應該爲摯愛的親友犧牲多少？爲了成長又要背叛他們多少？」

——《*Vogue*》

「優美又蒼勁……儘管情節慘絕人寰，維斯托的作品並非集慘事之自傳。誠然，那些經歷艱辛困苦，堪可比擬珍妮．華特的《玻璃城堡》或托拜厄斯．沃爾夫的《男孩的生活》。但本書行文流暢雅致，敘述一名女孩離開美國轉往歐洲之後如何找到自我，因此風格更接近亨利．詹姆斯（Henry James《慾望之翼》作者）而非詹姆斯．弗雷（James Frey著有《絕境之戰》）。」

——《*Vogue*》

「故事精采，發人省思。人人都會喜歡，比傳聞更棒。」

——比爾．蓋茲（Bill Gates）

「值得玩味的故事。」

——比爾．蓋茲（Bill Gates）

「故事令人揪心……完美詮釋教育如何讓人開眼界，如何改變生命。」

——《虎媽的戰歌》作者蔡美兒（Amy Chua）

教人屏氣凝神，肝腸寸斷又發人省思——在我所讀的書中是前所未見。《垃圾場長大的自學人生：從社會邊緣到劍橋博士的震撼教育》敘述少女如何逃出暴力和情感勒索的牢籠。本書著墨家庭之愛與家庭所帶來的痛苦，描述靈魂的韌性以及教育改變人生的力量。我已經多年沒讀過這麼棒的書，維斯托也是難得一見的天才作家。

——《紐約時報書評》虎媽 蔡美兒（Amy Chua）

「如果〔傑德〕凡斯（J.D. Vance《絕望者之歌》作者）的自傳有海洛英等級的戲劇張力，〔泰拉〕維斯托的就等同可以麻醉大象的卡芬泰尼。維斯托透過她的第一人稱敘述，逐漸揭露成長背景之極端，這種敘事方法也更引人入勝、痛徹心扉……」

——《紐約時報書評》

「最後一次和家人痛苦決裂，讀者才會明白這些掏心掏肺的內容有多勇敢。揭露事實一定會留下傷口，但是讀者會深信這些代價都值得。最後，維斯托不只成功克服不尋常的家庭背景，現狀也與他人無異，可以引起眾人的共鳴。她只是另一個離鄉背井追求高等教育的年輕人，回頭檢視意識形態迥異的原生家庭，最後決定不再回頭。」

——亞歷克·麥吉利斯（Alec MacGillis）《紐約時報》

《紐約時報書評》選爲「二〇一八年十大好書」。維斯托出色的自傳體現了勇氣和自立自強的精神。排行最小的老七，作者在愛達荷出身長大，她的家庭深信末日即將來臨，與社會脫節，以致她甚至沒有出生證明，生平第一次上學就是上大學。對她而言，上大學並非理所當然；在家時，閱讀就是讀《聖經》和《摩爾門經》，童年多半都在幫忙父母，亦即無照的產婆母親和經營回收廢鐵場的偏執狂父親。敘述成長經歷以及如何克服萬難（最後拿到劍橋大學的歷史學博士學位），維斯托接受挑戰，與家人漸行漸遠。最後的成果就是一本書，這本書見證了難以抑制的求知慾。

——《紐約時報》

「維斯托犀利又誠實地點出孝親之難，也寫出智識人生的魅力所在。」

——《紐約客》

「維斯托毫不避諱地詳實檢視她的童年，更令人驚訝的是，她懷抱著好奇心與愛，甚至對那些令她失望、冤枉她的人也不例外。」

——撰稿人亞麗珊卓・史瓦茲（Alexandra Schwartz）《紐約客》

「維斯托的獨特自傳描述心智如何成形……她以簡潔的散文回憶當初塑造她之所以爲她的童年。然而她也漸漸察覺童年對她的傷害。她的無知令她困惑，也激發她向上，她不屈不撓地自學，參加美國大學入學測驗ＡＣＴ，十七歲申請進入楊百翰大學就讀，最後還在劍橋大學取得歷史博士學位。」

——教育專家安・赫伯特（Ann Hulbert）《大西洋月刊》

「泰拉・維斯托活生生見證有些人就是全力以赴，永遠一絲不苟，不屈不撓。她的新書《垃圾場長大的自學人生：從社會邊緣到劍橋博士的震撼教育》令人心碎又感人，內容描述跨越家庭、環境限制，爭取更美好的人生，這是多年來難得一見的自傳……四顆星，滿級分！」

——《今日美國報》

「本書令我驚訝得無言以對。維斯托優雅的文體和親身經歷令人看得入迷，她的家庭只期望女孩長大成為妻子，期待受教育無啻於重大罪孽。無論男女，都會因為她的心路歷程感到驚訝，得到啓發。」

——時尚生活網站 Refinery 29

「維斯托小姐藉由《垃圾場長大的自學人生：從社會邊緣到劍橋博士的震撼教育》這本引人入勝的自傳，帶領讀者深入外界無法窺見的世界……故事精采，以流暢的散文敘述每件不可思議的經歷。她在如此艱困的環境中成長，還能有今日的成就實在令人刮目相看，即使平凡家庭長大的讀者亦能同感身受。書中著墨的最主要拉鋸，就是她想忠於自我，又想維繫親情。她的成長背景奇特，內心的掙扎則非。」

——《經濟學人》

「格外發人省思……這本自傳絕對不只敘述未受正規教育的女子如何取得大學學位，而是描寫一個必須學習如何汲取智識的女人。」

——《哈佛緋紅報》

「本書敘述的改變是如此勇敢、全面，簡直難以形容……本書細緻、觀察入微地探討，即使在最平凡的家庭結構中，各種功能失調都有可能被正當化，本書也探索這些高壓管制可能造成的傷害。」

——《金融時報》

「無論敘述憤怒、火爆場面，回憶山林風景或進行痛苦的自我剖析，維斯托的寫作都充滿不凡的智慧與氣度。本書是我近年來讀過最不可思議又耐人尋味的人生經歷。」

——《每日新聞》

《垃圾場長大的自學人生：從社會邊緣到劍橋博士的震撼教育》是一記直拳，是悶燒的怒火，是無情的控訴，也是一封情書。泰拉·維斯托引領我們看到她如何在壯麗的美國西部山區成長，並且用清晰、溫婉的散文讓我們讀者感同身受，體會她如何在宗教狂熱家庭的童年。我們全然沉浸在她的故事裡，即使她深入描述家庭的陰暗面。我鮮少看到一本書令我如此不自在，如此憤怒，又看得如此著迷。我喜歡這本書，喜歡這名女子。

——《瑜伽人生：身體告訴我的生命實相》作者克萊兒·戴德勒（Claire Dederer）

這本不凡的自傳描述如何成功跨越看似永無止境的難關，作者以清晰、不偏頗的語調娓娓道出她的故事，讀來便是一大樂事。這本書剖析復原力的力量與其奇妙之處。

——作家席兒・桑萊斯・波森（Cea Sunrise Person）

精采絕倫。發現才華洋溢的年輕作家出頭，最令人覺得開心。

——英國演員、喜劇演員、作家和電視主持人史蒂芬・約翰・佛萊（Stephen Fry）

如同《玻璃城堡》，《垃圾場長大的自學人生：從社會邊緣到劍橋博士的震撼教育》睿智又深刻地省思逃出原生家庭的桎梏。我要向泰拉・維斯托致敬，不只因爲她字字珠璣，也敬佩她能從如此艱苦、驚險的童年中找到正面意義。這就是最優秀的自傳。

——《當時應該說出口的話》作者凱莉・柯利根（Kelly Corrigan）

這本了不起的自傳——在我拜讀過的書籍中是數一數二的精采——就是我眼中的奇蹟。這本書令我不寒而慄、大聲呼喊、害怕地遮住眼睛、憤怒地發抖、得意洋洋，也令我感激自己受教育過程中的重重試驗。泰拉的故事可以與現代經典自傳並列，例如《那時候，我只剩下勇敢》和《玻璃城堡》。它就是這麼特別。

——《我發瘋的那段日子》作者蘇珊娜・卡哈蘭（Susannah Calahan）

這本難以置信的作品，敘述匱乏、困惑、求生和成功。

——《柯克斯書評》

這個震撼人心的故事，最能講述教育讓人改頭換面的潛力。

——《書商》雜誌卡洛琳・桑德森（Caroline Sanderdon）

這本聰穎過人的自傳以吸引人又充滿同理心的角度描述另一個世界，也寫出作者掙脫那個世界，爭取受教育之餘，又能努力理解自己的出身。

——「The Pool」網站《愛的最後一幕》作者凱西・瑞森布克（Cathy Rentzenbrink）

泰拉・維斯托行雲流水的自傳讓人窺見我們國家常遭人忽視的角落。她這個震撼人心的故事——如何在這個世界找到安身立命之地，又能保有深愛的家人——值得廣爲傳頌。我的母親一定會爲泰拉加油打氣。

——《絕望者之歌：一個美國白人家族的悲劇與重生》作者傑德・凡斯（J. D. Vance）

一部熾烈的自傳處女作……維斯托生動的文筆，將這個被迫唯唯諾諾、以及扭曲一個家庭的獨斷專制編織而成的宏大故事寫得既令人膽戰心驚，又像是再尋常不過。

——《出版者週刊》

維斯托在愛達荷州山區長大，深信末日將來的父母不讓子女上學、不信任醫療體制，然而作者渴望受教育，透過自學上了楊百翰大學，最後還拿到劍橋大學的博士學位。這是出版商年度重點書。

——《圖書館學刊》

一本打動人心、教人震驚的書。

——《*STYLIST*》雜誌

打動人心、令人動容，勇敢地展示深沉的羞辱，赤裸裸又從容自在。

——《*Casebook*》與《*Anywhere But Here*》作者夢娜・辛普森（Mona Simpson）

這本令人驚嘆連連的作品，敘述不凡的心靈如何克服更不尋常的難關，找到自由。

——英國《衛報》專欄作家與《*The Reluctant Bride: One Woman's Journey*》作者露西・孟甘（Lucy Mangan）

不同凡響、令人斷腸，最後又能鼓舞人心。

——《*A Song for Issy Bradley*》與《*The Museum of You*》作者凱莉絲・布雷（Carys Bray）

泰拉．維斯托在愛達荷偏僻山區的基本教義派摩門教家庭長大，沒有醫療照護、未受教育，前途無望。但維斯托希望人生不僅止於此，最後更上了哈佛和劍橋。這部自傳講述她如何努力改頭換面，文筆動人，應該也會吸引喜歡雪兒．史翠德（Cheryl Strayed）《那時候，我只剩下勇敢》的讀者。

——英國《*Red*》女性雜誌文學編輯莎拉．曼寧（Sarra Manning）

這本自傳精采地證明只要下定決心，能有多大的成就……泰拉的故事發人省思，是個獨一無二的成長故事。

——英國廣播公司新聞頻道

在這部令人震驚的自傳中，泰拉．維斯托描述認定世界末日將臨的父親所主宰的摩門教童年故事。

——英國《每日快報》

這部熾烈的自傳處女作中的女孩，拚命逃出有幽閉恐懼症、暴力傾向的激進摩門教家庭，追求頂尖學術生涯……她終於逃離專制、猜忌、父權的惡劣環境，上了大學、劍橋研究所，卻產生身分認同危機。維斯托生動的文筆將這個被迫唯唯諾諾、以及扭曲家庭的獨斷專制編織而成的宏大故事寫得既令人膽戰心驚，又像是再尋常不過。

精采絕倫……讀到最後一百頁更感揪心，我幾乎無法呼吸。

——《出版者週刊》重點書評

這個難以置信又鼓舞人心的故事，講述教育改造一個人的力量。

——《白羅再起：倫敦死亡聚會》作者蘇菲・漢娜（Sophie Hannah）

——英國《星期日郵報》2018文化精選

《垃圾場長大的自學人生：從社會邊緣到劍橋博士的震撼教育》勇敢地敘述親情、殘忍行徑、血緣的韌性和想像力的力量，書中這名年輕女子的智慧、自覺和勇氣在每頁閃閃發光。有些段落栩栩如生得令人難受，在讀者的記憶中留下揮之不去的陰霾，維斯托卻不耽溺在痛苦中，也不苛刻批判，即使在最幽暗之處，字裡行間還是充滿同理心和從容氣度。無論作品或作者，在各方面的表現都可圈可點。

——《*Melmoth*》作者莎拉・佩里（Sarah Perry）

維斯托的作品不但顯露溫情，無情的寫實描述也不放過任何人，甚至包括她自己……《垃圾場長大的自學人生：從社會邊緣到劍橋博士的震撼教育》不只是奮鬥成功的故事，還深度探索家庭、歷史，以及我們如何陳述自我。

——《*Booklist*》雜誌阿曼達・溫特羅（Amanda Winterroth）

這本書有種驚人的直率，因為書中描述的駭人事件才剛發生……讀者可從泰拉了不起的故事得到的深遠啓發就是：要過哪種生活，操之於己。

——《哈潑時尚》雜誌

這個故事講述一名年輕女子如何不屈不撓地對抗赤貧、專制的宗教信仰、暴力和親人的背叛。這個美麗的故事記載她如何理解世界的浩瀚無邊，並努力找到安身立命之處。這本自傳值得與珍奈・溫特森（Jeanette Winterson）、洛爾娜・薩奇（Lorna Sage）、安蒂亞・艾許渥斯（Andrea Ashworth）、派翠西亞・洛克伍德（Patricia Lockwood）等人的經典作品並列。

——英國《星期日泰晤士報》

泰拉・維斯托不凡的自傳令人念念不忘，她寫出了震撼人心的成長傳奇。

——Paste 網站

《垃圾場長大的自學人生：從社會邊緣到劍橋博士的震撼教育》遠超過發人省思的層級，有《玻璃城堡》的氛圍。

——美國《娛樂週刊》

泰拉・維斯托的自傳——版權已可洽談——描述她如何由愛達荷州信仰末世論的父母撫養長大，從小未學數學、歷史，後來卻上了哈佛和劍橋。

——《綜藝》雜誌

維斯托十七歲才上學，以前一天也沒踏進過教室。她在愛達荷山區長大，父母信仰末世論，隨時都準備迎接世界末日到來。後來維斯托決定追求新人生，進入大學受教育。本書是敘述她人生經歷的成長故事。

——美國《太浩每日論壇報》記者歐唐恩・惠尼（Autumn Whitney）

維斯托的自傳記錄她非凡的童年，以及獨特的受教育經歷——從她在楊百翰大學的尷尬遭遇，最後卻在劍橋拿到歷史博士學位。

——Brit + Co 時尚生活網站艾希莉・梅西（Ashley Macey）

要寫出一本令人信服的自傳，作者必須百分之百誠實，也必須提及自己與親友。泰拉．維斯托在這本《垃圾場長大的自學人生：從社會邊緣到劍橋博士的震撼教育》便做到這一點……她詩作般的文筆寫出痛苦、成功的過程，令人感同身受。

——美國《*Idaho Statesman*》新聞記者韋恩．卡坦（Wayne Catan）

維斯托在《垃圾場長大的自學人生》中審視她從獨特的童年、外面的世界所得到的經驗，展現她因此成爲什麼樣的人、又覺得人生哪些事情最重要。

——美國《蜜蜂新聞報》編輯蜜雪兒．賈瑞．布希維（Michelle Garrett Bulsiewicz）

這個塑造自我的故事值得我們驚嘆：維斯托由末世論父母在偏鄉撫養長大，最後上了哈佛和劍橋。展卷讀來令人佩服，也教人心痛。

——英國《倫敦標準晚報》

愛米粒出版
Emily

當讀者碰上愛米粒

掃回函 QR Code 線上填寫或填寫回函資料後，拍照以私訊愛米粒臉書或寄到愛米粒信箱 emilypublishingtw@gmail.com，即可獲得晨星網路書店 50 元購書優惠券。

線上回函
QR Code

得獎名單會於愛米粒臉書公布，敬請密切注意！
愛米粒 FB：https://www.facebook.com/emilypublishing

更多愛米粒出版社的書訊

晨星網路書店愛米粒專區
https://www.morningstar.com.tw/emily

愛米粒的外國與文學讀書會
https://www.facebook.com/groups/emilybooks

愛米粒出版
Emily

- 書名：垃圾場長大的自學人生：從社會邊緣到劍橋博士的震撼教育
- 您想給這本書幾顆星? ☆ ☆ ☆ ☆ ☆
- 這本書是在哪裡買的?

____

- 是如何知道或發現這本書的?

____

- 會被這本書給吸引的原因?

____

- 對這本書有什麼感想?想對作者或愛米粒說什麼話?

____

____

____

- 姓名：__________ □男 □女　出生年月日：__________
- 職業/學校名稱：__________
- 地址：__________
- E-mail：__________

購書優惠券將mail至您的電子信箱（請以正楷填寫，未填寫完整者，恕無法贈送。）

educated

Tara
Westover